依宪治国专题研究

YIXIAN ZHIGUO ZHUANTI YANJIU

祁建平 著

人民出版社

目　录

前　言

本书是以"专题研究"形式展现出来的关于中国依宪治国的实体与程序问题的"某些想法",而不是系统论著。当然,本书不是形而上地讨论依宪治国,而是在"中国特色"这一背景下展开讨论。也就是说,本书讨论的依宪治国,属于中国特色法治理论的一部分;我们是在坚持党的领导和中国特色社会主义制度这一前提下讨论依宪治国问题。

"依宪治国"无疑是当下中国最为重要的社会共识之一,在依法治国的时代背景下对"依宪治国"相关问题进行研究,对于推进"法治中国"建设具有非常重要的现实意义。"依法治国"的核心在于一个"法"字,而"依宪治国"最突出的是"宪"字。"依法治国"与"依宪治国"之间的关系可以简化成"法"与"宪"的关系。"依法治国"中的"法"最重要的应当是"宪法","依宪治国"是"依法治国"的基础和核心内容。

"依法治国"是当下中国法治形态耳熟能详的具体表达,但法治具有"思想"、"价值"、"手段(方略)"、"结果(状态)"等多维性。本书开头即从"思想"、"价值"维度入手对"法治"思想的历史源头与流变轨迹进行了考察梳理,以此作为展开依宪治国专题研究之铺垫——毕竟依宪治国的大背景是法治,揭示法治的历史必然性对进一步丰富中国特色社会主义法治理论具有非常重要的现实意义。作为对法治和依宪治国问题的概括性描述,本书从宪法是"母法"、宪法是法律体系的"统帅"、"坚持依法治国首先要坚持依宪治国"三个方面说明了依宪治国在法治中的地位,提出依宪治国的形式要件是"行宪"、依宪治国的实质要件是"良宪"的命题。在专题研究部分,本书选择了对我国依宪治国具有重要意义但却研究并不充分的"私产保护"、"有限政府"、"司法"、"违宪审查"四个专题作为研讨主题,并且将它们区分为"实体论"和"程序论"。鉴于"私产"问题长期被忽略,本书从"私产保护"的公法价值、制度配套、立法完善与司法救济等方面进行了探讨;基于"将权力关进制度的笼子"这一思路,本书从依宪治国视角论述了"有限政府"及其必须遵循的行政合法原则,将"听证"作为以权利制约权力的路径之一加以剖析,也论及了我国反腐治权的"软肋"——国际合作;鉴于如果司法缺乏公信力,社会公正就会受到普遍质疑,依宪治国和法治也将难以实现,因此本书也探究了司法公正和司法改革问题,还以刑事被告人为样本探讨了弱势群体的平等权问题。依宪治国的核心设计当为宪法监督(违宪审查),这一核心设计必须立足本国,但"他山之石,可以攻玉",所以本书也介绍了意大利和法国的违宪审查制度。

以上是本书的大致构思和内容框架,但是这种粗线条的勾勒远未呈现本书的主要内容,因此以下的内容摘要就是不可或缺的。

法治是全人类的共同价值追求,是最理想的一种政治法律制度模式,是各国人民通向民主、自由、幸福、安康的必由之路。对"法治"进行历时性考查——探究其思想渊源、流变轨迹等问题,有助于对"法治"有一个较为全面的了解,从而深入理解法治视野下依宪治国的精髓。

"法治"作为一种现象,是人类社会的文明成果,是社会调整向高级阶段发展的必然产物;"法治"作为一种思想,可谓源远流长,而且大致起源于同一时代,有两个主要的历史源头——西方的古希腊、东方的古中国。

古代希腊政治法律思想中占有突出地位的话题就是比较各种组织形式,选择优良政体,保障过好城邦生活,等等。在苏格拉底以前,希腊的哲学主要研究宇宙的本源是什么,世界是由什么构成的等问题。苏格拉底建立了一种知识即道德的伦理思想体系,核心是探讨人生的目的和善德。柏拉图认为,真正的政治家(哲学王)无须用法律进行统治,但现实中真政治家极为罕见,即使有真政治家,法律也还有一定的作用。

亚里斯多德是西方思想史上第一位把政治学从哲学中分离出来的思想家,他把正义和善德当成城邦和法律的目的,其伦理学思想成为政治法律思想的主线。他对古希腊的全部法律思想进行了概括和总结,第一次明确提出了法治概念,并坚持法治优于人治,建立了系统的法治主义法律哲学。在西方两千多年的法律文化进程中,亚里斯多德的法治思想起了奠基作用和引导作用。

在古代中国,虽然在"灋"的寓意、"皋陶造狱"的传说、殷商《洪范》、西周

《吕刑》里,我们都可以发现"碎片化"的法治观念,但是真正对"法治"进行系统论述的,乃是春秋战国时期与儒、墨、道等"诸子百家"比肩的"法家"。法家其思想源头可上溯于春秋时期的管仲、子产,战国时李悝、吴起、商鞅、慎到、申不害等人。《管子》对"法"做了一个形象比喻:"尺寸也,绳墨也,规矩也,衡石也,斗斛也,角量也,谓之法。"《管子》最先提出了"以法治国",即所谓"威不两错,政不二门,以法治国,则举错而已"。在先秦的法家代表人物中,慎到、申不害和商鞅分别重视"势"、"术"、"法",但都是在提倡法治的基础上提出各自不同的观点。韩非则主张君王应该将"法"、"术"、"势"三者结合起来治理国家,此为法家博采众长之集大成者。

法治思想的流变轨迹可以分西方和东方两条线进行勾勒。

西方法治思想源于古希腊,而且它沿着限制公权力和保护私权利这样两个向度发展。罗马人击败了希腊人,但在法治思想领域,罗马人变成了希腊遗产的继承者——西塞罗的"理性法治观"就是对希腊法治思想的发展。

中世纪早期,日耳曼人的习惯法取代了罗马法,古代法治文明日渐衰落,基督教一夜之间成了唯一"合法"的精神产品。11 世纪末,随着《国法大全》在意大利比萨城被发现,波伦那大学教师伊尔纳留斯创立注释法学派,从而先在意大利后在欧洲范围内掀起一场复兴罗马法的热潮。13 世纪,托马斯·阿奎那对亚里斯多德的法治思想进行了神学包装和改造,最终把中世纪早期的神学法治思想演绎为系统的神学法治理论。14 世纪初,"灭神兴人"的文艺复兴开始,神的价值淡化,人的价值上升,法治思想实现了从神性到人的理性的回归。16 世纪,文艺复兴达到巅峰时期,神学家胡克提出服从法律即遵从公意的思想,暗含了"社会契约"概念。17 世纪,欧洲人摆脱了一直统治着他们精神领域的神性主义,笛卡尔式的理性主义得到确立。斯宾诺莎对《圣经》进行了猛烈批判,以摧毁神性,确立人的理性。18 世纪,启蒙运动爆发于德法并迅速波及欧洲其他国家,在新的历史条件下继续弘扬文艺复兴运动的人文主义精神。这一时期,一大批彻底否定神学体系、系统而深入地阐述法治理论学说的思想家涌现出来,英国的洛克、法国的孟德斯鸠和卢梭便是其中杰出的代表。正是他们,将法治理论推向一个崭新的发展阶段。19 世纪,自然法学说日渐衰微,历史法学、哲理法学、分析法学三大流派崛起。20 世纪以来,随着西方资本主义从自由竞争发展到垄断阶段,西方社会经济生活发生了很大变化,西方近代以来形成的法治主义原则受到了强烈的挑战,富勒的"法治八原则"、哈耶克的新自由主义法学、拉兹"法律至上"的形式法治理念等应运而生。

中国传统社会是一个以儒家的"礼"或礼教伦理维系的社会。儒家讲究私人关系,强调内外有别的道德价值和伦理规范。因此,古代中国社会整体上看并不是法治社会。但是,这一判断并不排斥古代中国社会出现过短暂的君主主导下的法治(比如贞观之治),也不否定曾经出现过一些与法治有关的观念或思想。

春秋战国之前,法治思想就"闪现"在一些传说、古文献、律典条文之中,只是其表现形式不是系统化的思想体系。春秋战国时代,王权衰落,诸侯争霸,社会发生剧变,各种学说、思想纷纷出现。其中,法家学派的管仲、子产、李悝、商鞅、申不害、慎到、韩非等人主张以法治国——"不别亲疏,不殊贵贱,一断于法"。先秦儒家强调理性法(即道德法或伦理法)。墨家创始人墨翟则认为,法是治国所必需的,"天下从事不可以无法仪,无法仪而其事能成者,无有也"。道家创始人老聃在社会大动荡面前鼓吹无为而治的自然法思想:"人法地,地法天,天法道,道法自然。"

秦灭六国,中国进入"家天下"时代。李斯和嬴政把先秦法家的思想理论在秦朝付诸实践,推行"法治"。汉初,刘邦用"黄老学说"治国,成就了文景二帝的"文景之治";武帝时,"罢黜百家,独尊儒术",董仲舒以"天人感应"将儒学谶纬神学化,此后新儒学便成为统治中国两千余年的正统思想。此后,历朝历代并不缺少法治思想,但是它们都被"罩"于封建正统儒学之下,宛若欧洲中世纪的法治思想"罩"于神学之下。

明末清初,社会大动荡,各种"异端"思想应运而生,其中最为典型的是黄宗羲、王夫之、顾炎武、唐甄等人为代表的社会批判思潮。1840年后"西学东渐",各种思潮应运而生,影响较大的有张之洞的"中体西用"、梁启超的"开民智"及权利自由立宪说、严复的法治概念及自由主义法律观、沈家本的"融会中西"、章太炎的"中西合璧"、孙中山的"五权宪法"等。

北洋军阀统治时期,军阀割据,政权不统一。国民党统治时期,1946年制定的《中华民国宪法》中也有一些资产阶级国家宪法"通例"式规定。这一时期,一些学者也关心国家命运,呼吁"法治"。胡适根据西方宪政观念,提出了"好政府主义"的三个好处,认为改革中国政治的最低限度就是建立一个"好政府"。

中国共产党人对现代中国法制建设的探索，早在革命根据地时期就已开始——毛泽东与黄炎培关于"历史周期率"的著名谈话就是一个很好的例证。1949 年新中国成立至 1957 年"整风反右"运动这一段时期，应该说是新中国"法制"建设起步和奠基阶段。这一时期，可圈可点的法治事件就是"五四宪法"的制定。1957 年以后，人治思想占据主流，作为法治基础的法制被逐渐破坏，最终发生十年"文革"。1978 年中共提出了社会主义法制建设的方针——有法可依，有法必依，执法必严，违法必究。1982 年通过了现行宪法，开启了中国依宪治国的新纪元。2014 年 10 月 28 日党的十八届四中全会通过《中共中央关于全面推进依法治国若干重大问题的决定》，成为现代中国法治史上一个里程碑。该决定指出，全面推进依法治国，总目标是建设中国特色社会主义法治体系，建设社会主义法治国家。

"法"在外延上包含了"宪法"，"法治"也就包含了"依宪治国"，也就是说"依宪治国"包含于"依法治国"之中。对于"法治"，我们依据的是亚里斯多德的经典定义："法治应包含两重意义：已成立的法律获得普遍的服从，而大家所服从的法律又应该本身是制订得良好的法律。"对于"依宪治国"，我们依据的是习近平总书记的"依宪治国"论断。

宪法首先是法，其次才是根本法。突出其"法"的属性，有利于宪法摆脱被纯粹视为"政治宣言"束之高阁的状态而得以实施，可以说是针对中国宪法目前不能实际有效运行而谋求的一种对策性定位。宪法是诸法之母，是所有普通法律的最高来源，所以其他的法律必须遵守宪法而不能违反宪法，宪法具有凌驾于一切普通法律之上的至尊地位。

中国特色社会主义法律体系，是以宪法为统帅，以法律为主干，以行政法规、地方性法规为重要组成部分，由宪法相关法、民法商法、行政法、经济法、社会法、刑法、诉讼与非诉讼程序法等多个法律部门组成的有机统一整体。

依法治国中的"法"并非普通法律，而是指以宪法为核心的法律体系，在这个体系中，宪法是根本和依据。依宪治国是落实依法治国的重点与关键，是建设法治中国的内在要求。

由亚里斯多德关于法治"两重意义"的经典命题就可以合乎逻辑地推导出依宪治国的"两重意义"——已经制定的宪法得到实施即"行宪"；所行之宪为"良宪"。前者，我们称之为形式要件；后者，我们称之为实质要件。

　　依宪治国意义上的宪法,应该是"行动中的宪法",而不是"纸上的宪法"。讲宪法,关键在于实施。宪法的力量,不仅在于其崇高的地位,更在于其有效实施。

　　西方学者用"善""正义""自然"之类范畴对法或宪法加以论述。当然,对于法或宪之良与否的判断或其标准设定,必然是在"法"之外且高于法,比法更加"本源"。亚里斯多德以合乎正义、社会善德、公共利益为良宪判断标准。西塞罗把"自然法"(人类理性)作为良法与否的判断标准,因而也是宪法之良恶的判断标准。近代启蒙思想家孟德斯鸠、伏尔泰、狄德罗、卢梭、康德、霍布斯、洛克等人虽未明确提出良法或良宪概念,但是他们在讨论自然法时提出关于法律之下人人平等、三权分立、理性、主权在民、天赋人权等主张,无疑是良法因而也是良宪的价值标准。当然,也有一些西方学者在论述宪法与政府的关系以及宪法功能时也间接映射出其"良宪"价值标准,比如著名思想家潘恩所说:"宪法是一样先于政府的东西,而政府只是宪法的产物。"

　　中国古代,礼法合一,法自君出,皇帝"口含天宪",历朝历代不乏令、诏、敕、诰等效力高于国家"正律"之例,可见位阶高于法者,或"礼"或帝诏,而"礼"包罗万象又模糊不清,帝诏具有很大的不确定性,因此古代思想家们很难据此展开"良宪"问题的讨论。至于儒法"义利之争",是为人"性善性恶"争论之展开,非为讨论"良宪"问题,当然这不排除他们也据此评价法(宪)之良恶。

　　中国近代最早讨论"良宪"问题的是孙中山先生,"五权宪法"是其思想的精髓所在。孙中山认为,传统西方宪法的三权分立(行政权、立法权、司法权)制度中,行政机关拥有考试权将可能滥用人才,立法机关拥有监督权则将有国会专制的流弊,因此认为应该将此两者分离,另设考试院和监察院,此乃五权分立之由来。

　　保障公民权利(人权)和制约国家权力,是"良宪之治"不可或缺的基本功能(价值或作用)。以私有财产权为样本,可以观察分析保障公民权利(人权)的情况;以行政权力为样本,可以观察分析制约国家权力的情况;司法,则是一国法治文明的标尺。

　　之所以选择"私产保护"作为依宪治国实体论的首个主题,是因为:(1)我国有数千年"重公轻私""重义轻利"的文化传统,但是也有"有恒产者有恒心"这样宝贵的思想资源;(2)新中国成立后特定历史条件下"私产"是一个敏感话题——"私产"一度与"资本主义"画上等号，其保护当然也容易被忽略；(3)在现代社会，个人越来越多成为社会关系或法律关系主体，要使其成为一个独立主体，个人财产(私产)的保护是一个无法绕开的话题，且"私产保护"逐渐被纳入"人权保护"的范畴。

我国"私产保护"主要体现在宪法第十三条的第一款和第二款规定："公民的合法的私有财产不受侵犯。国家依照法律规定保护公民的私有财产权和继承权。"

中国古谚"有恒产者有恒心"及古罗马法律格言"无财产者无人格"无不印证了私有财产权的重要性。我国宪法对公民财产权的规定显然是不足的，而公民财产权是人权不可或缺的基本内容。以私有财产权为核心内容的财产权是宪法的重要内容、人权的屏障、制约公权力的有效手段，与维护依宪治国秩序、促进社会效益密不可分；它是谋求人类生存与发展的动力、维系人类自由与尊严的根基，堪称孕育人类物质文明、精神文明和政治文明的温床。

为了实现"良宪之治"，必须正确认识"社会主义公有财产神圣不可侵犯"和"公民的合法的私有财产不受侵犯"两个规定之间的关系。财产权保护的法理依据应当是财产取得方式的合法性而不是"所有制"的优越性。

在传统法律概念里，"私产保护"属于民商法范畴。然而，在人权视野里，将私有财产权保护上升到宪法高度并固定为一项"基本权利"，首先体现的是该规定本身的公法价值。应当从保障人权的角度认识"私产保护"，同时要从公法、私法领域完善"私产保护"的部门立法，实践中还要健全司法救济制度，以使"私产保护"制度真正发挥法律实效。

依宪治国要求"将权力关进制度的笼子里"，亦即制约权力。在西方国家，制约权力通常是通过"三权分立"(立法，司法，执法)这一宪法制度设计实现的。社会主义国家类似"制约权力"的传统表达为国家权力的"分工配合"，反对"三权分立"。

依宪治国要求"有限政府"即政府权力制约。政府权力不能无限，"有权不能任性"，权力必须受限制，而宪法是限制权力的根本法。依宪治国之下的权力是一种有限权力，严格依法行政的政府必然是有限政府。没有限制的权力，必然导致对权力的滥用。因此，一个合理的政府理所当然地只能是有限政府。

"有限政府"意味着政府自身在规模、职能、权力和行为方式上受到法律和社会的严格限制和有效制约。制约权力的手段很多,有道德、教规、纪律、政策、利益及法律等等。在众多手段中,唯有法律是最有效的制约手段,通过宪法和法律的权力制约也就是依法治权。

在任何一个推行法治的国家,行政合法原则都是其法律制度的重要原则,它要求行政机关实施行政管理行为时不仅应遵循宪法、法律,还要遵循行政法规、地方性法规、自治条例和单行条例等。合法不仅指合乎实体法,也指合乎程序法。行政合法原则中还包括"法律优先"、"法律保留"、"禁止越权"三原则。

行政许可与信息公开,是制约行政权力的有效"手筋"。《行政许可法》限制行政许可事项的范围,体现了法治政府减少限制、放松规制的要求。"信息公开"是公民、法人和其他组织依法监督政府的有效手段;从依宪治国视角讲,是"权利制约权力"的"手筋"之一。

行政权是实权,是一种"实践的力量",更具有扩张和侵害的危险性,所以必须完善行政监督机制。首先,要以权制权,即通过合理配置国家不同职能机构的权力,以达到权力的适度分散与平衡,并相互制约。其次,要以法治权,即明确规定执法者行使职权的适用范围,以法制化的规则和程序制约权力,使掌握行政权力的人在法律界定的范围内行事。要建立过错责任追究制,从制度上解决权力与责任脱钩、有权无责的问题。

"听证"是以权利制约权力的有效路径。除"司法听证"外,听证主要有立法听证和行政听证。行政听证制度的建立及其实行,对于中国社会主义民主与法制建设起到了积极的作用,具有重要的价值,这种价值主要体现为:平衡、平等、民主、科学、公正、效率、廉政。

行政听证制度的一般原则有程序法定原则、程序公开原则、职能分离原则、事先告知原则、案卷排他性原则等。我国现行行政听证制度整体设计过于空泛,操作明显不足。另外,在听证主持人身份、听证会参与人结构、听证结果对行政决定的约束力、行政机关的信息公开等方面也存在不足之处。完善我国行政听证制度,必须扩大行政听证制度适用范围、行政听证主持人保持中立、公正合理遴选听证代表、听证结果对行政决定具有约束力、听证过程具有透明性。

没有制约的权力,必然产生腐败。腐败是法治之敌,也是依宪治国之"熵"。全面推进依法治国和依宪治国,必须反腐治权。目前,我国反腐治权的软肋是"国际合作"。2005 年全国人大常委会批准《联合国反腐败公约》(以下简称《公约》)。《公约》是联合国历史上通过的第一个用于指导国际反腐败斗争的法律文件,对各国加强国内的反腐行动、提高反腐成效、促进反腐国际合作具有重要意义。但是,《公约》本身不能替代"反腐"。相反,我们既要解决国内法与《公约》的衔接问题,又要完善相关制度。只有如此,才能真正在"反腐"国际合作中受益。

司法是维护社会公平正义的最后一道防线。要全面推进依法治国和依宪治国,司法公正、司法体制改革、司法的人权保障等,都是必须触及的话题。

司法公正的功能定位是促进实现民主、促进社会公平正义、维护社会安定有序。司法公正是人类进入文明社会以来解决纠纷的一种法律理想和信仰,也是依宪治国和法治社会的崇高目标。公正是司法的最高价值,司法公正是实现法治的保证。法律的生命在于它的执行,只有司法公正,才能树立法律的权威,才能确保国家的政治安定和社会稳定;只有司法公正,才能维护法律的尊严,才能保证社会主义市场经济健康、有序地发展。

司法公正离不开一定的条件,这些条件主要是法治条件、司法独立的体制条件和司法人员综合素质和司法机关内部审判机制要件。目前我国与构建法治社会相适应的司法公正还远远没有实现。这种司法公正的缺失,原因是多方面的,但主要是体制因素、主体因素、文化心理因素。实现司法公正的切入点在于以先进司法理念引领司法实践、以程序促公正、以实体促和谐。

不存在绝对完善或永远完善的司法制度。因此,司法改革是世界各国面临的共同性问题。司法改革必须稳妥、渐进,当下中国司法改革的务实思路应当是立足于现行政治体制,以维护社会整体利益为价值目标。为此,应科学地制定、设计体制内司法改革目标蓝图,立足本国,适度借鉴西方社会业已成熟的依宪治国经验,使我国的司法改革逐步走向深入。2015年4月,中共中央办公厅、国务院办公厅印发的《关于贯彻落实党的十八届四中全会决定进一步深化司法体制和社会体制改革的实施方案》就体现了这种务实思路。

我国司法实质性改革面临的主要问题并不在于法律制度本身,而在于支撑制度的条件不具备。因此,目前司法改革只能采取一种渐进的改良方式。不可否认,我国目前司法改革,离不开中国现阶段的国体、政体、历史传统、思想观念、社会发展水平等条件。无视客观条件,试图一蹴而就,简单地采取"拿来主义",囫囵吞枣地接受西方政治学和法学的理论和主张,硬性搬运国外法律制度和条文,只能导致理论与实践脱节,法律条文执行走样。这样,不但不能达到预想的司法改革效果,反而还会因为司法体制过早的或不适当的伤筋动骨和司法环境的陡然变化而影响司法程序正常运作,最终动摇法治权威和稳定。

"人权司法保障"是党的十八届四中全会通过的《中共中央关于全面推进依法治国若干重大问题的决定》的主题词之一。探究"人权司法保障",可以选择"刑事被告人"作为样本。之所以如此,是因为"刑事被告人"的权利最容易被侵犯、最容易被忽略。刑事诉讼是围绕对被告人是否定罪量刑这一核心主题进行的,所以被告人理应成为刑事诉讼的中心。然而,在我国现行刑事诉讼体制中,较之其他诉讼主体,被告人是地位最低的一方。这种不平等设置是与我国人民当家作主的社会主义体制不相符,也与法治主义精神相悖。

保障被告人平等地位的公法意义在于:维护人类的平等权是人权最基本的要求,它与保障公民政治权利密不可分。对犯罪嫌疑人、被告人权利的保护,最主要的是维护犯罪嫌疑人、被告人的平等权;诉讼地位不单纯是个法律问题,实际上诉讼地位是政治地位的表现之一。所以,要谈被告人的诉讼地位,就离不开谈公民的政治地位和政治权利——这也是依宪治国所关注的问题之一。

"依宪治国"是党的十八届四中全会《决定》的文眼,标刻了法治的高度,它将推动我们的国家和社会迈向新阶段,形成价值观统一、权力运行有序、人权保障有力的法治新常态。但是,这一目标的实现,仍然有赖于许多具体的制度支撑,比如宪法监督(违宪审查)制度、宪法解释程序机制、宪法实施的公民参与、党的决策制度等等。

广义的宪法监督,是指对有关宪法的活动实行全面的监督,除了法定专职机关监督外,也包括其他国家机关、政党、社会团体、公民等主体进行的监督。狭义的宪法监督,则是国家保障宪法在社会生活中得以贯彻实施的一系列"宪法设计",也就是保障文本上的宪法成为现实中宪法的一种宪法实施制度。

"宪法监督"与"违宪审查"既有区别又有联系。(1)从二者价值功能看,宪法监督着眼于"实施"——"文本上的宪法"成为"现实中的宪法",违宪审查着眼于"纠偏"——通过审查发现并撤销违反宪法的一切规范性法律文件或使违宪行为无效;(2)从二者发生时间顺序看,宪法监督主要是"事先",违宪审查主要是"事后";(3)宪法监督事项范围更为宽泛——有些宪法监督事项(比如国家机关之间的权限争议)无法纳入"违宪审查";(4)宪法监督方式更为多样。除此之外,二者在审查和监督方式上、启动程序上也有不同,但它们的共同目的都是为了保障宪法得到更好的实施。

宪法也是一种特殊性质的法律,具有法律的规范性。引导全民自觉守法、遇事找法、解决问题靠法,本质上是守宪法、找宪法、靠宪法。全民守法,既包括对宪法和法律的服从和遵守,也包括运用宪法和法律维护自身合法权益,还包括为宪法和法律的发展完善建言献策。

"宪法的生命在于实施,宪法的权威也在于实施。"正如有法不等于法治一样,有宪法也不等于有依宪治国。为完善宪法监督,除法治、民主、分权、公正、程序等诸原则之外,权力有限原则和人权保障原则是必须重点强调的,这两个原则本身又说明了宪法实施及其监督的必要性。

宪法是人民与政府的政治契约,制宪的目的在于保护人民权利、防止政府权力的恣意妄为。在该契约里,人民与政府"约定":政府在行使人民赋予的有限权力时,必须保障人权,必须履行给社会创造安全、自由、平等以及无限福祉等义务。

没有宪法监督,就不会有真正的依宪治国。徒法不足以自行,如果宪法在社会中未予实施或者其实施与否、实施效果如何、法律法规是否违宪及其如何审查、如何纠正等一系列问题的解决缺乏一个实际有效的运作机制,那么宪法就只能是一纸空文,宪法中规定的公民权利再完善也毫无意义。有无宪法、宪法如何规定是一回事,宪法是否实施、实施是否置于有效监督之下则是另一回事。

我国现行宪法监督制度的不足之处在于思想观念认识不到位、缺乏有效专职机构、"监督"尚未制度化和程序化、具体违宪行为未纳入监督视野。

对"经典"不能简单奉行"拿来主义"。不管是普通司法机关模式、宪法委员会模式,还是宪法法院模式,都不可能简单地直接地被移植过来。可以说,在宪法监督或违宪审查的制度设计上,没有绝对的经典,只有符合本国国情的实际有效运行的模式才是本国的"经典"模式。

如果宪法监督制度必须完善,那么违宪审查模式问题就是一个难以回避的话题;也许,直面它只是一个时间问题。其实,违宪审查制度不是资本主义国家的专利,我们不能先给它一个"资"姓,然后一棍子打死。"古为今用、洋为中用"虽然是毛泽东同志当年针对文艺工作的指示,但是对于我们做好其他方面的工作仍不失启示意义。进而言之,只要坚持中国特色社会主义道路大方向不变,我们完全可以了解和研究外国违宪审查制度，找出其共性的一些具体设计或其他合理因素，为建立有中国特色的违宪审查制度服务。

意大利违宪审查制度属于宪法法院模式。标定意大利宪法时代特征的是"宪法的保障"被作为专章予以规定，"宪法法院"作为独立的一节置于该章之首，从而使战后意大利的违宪审查制度最终确立并安全运行。意大利宪法法院是法定的司宪机构，也是专门行使违宪审查权的唯一机构。也就是说，一项法律或行为是否有悖于现行宪法，宪法法院的裁决是唯一的认定依据。

意大利违宪审查制度的特点在于专门机构违宪审查、事后与被动审查、违宪即自动失效。在宪法监督意义上，我们所讲的"法院"不过是一个借用名称、一个符号而已，此"法院"非彼"法院"。对意大利违宪审查制度的考察研究，我们关注的重点应该是意大利违宪审查制度给了我们哪些启迪，而不是这个机构的名称是什么。

法国和中国同属大陆法系，都有以成文法形式表现的宪法和基本法律，在法律渊源、法典编纂技术、适用法律技术等方面也有诸多共同点，故从比较法角度而言，两国法律存在可比性。对法国和中国宪法监督制度进行比较研究，有利于借"他山之石"在尽可能短的时间内完善我国的宪法监督制度，有利于实现我国违宪审查制度设计、运作的成本最小化。

对中法宪法监督制度形成和发展历史的比较可见，两国都经历了宪法的频繁变动阶段，但法国宪法监督制度早于中国且以限制立法机关权力、保持国家各机关权力平衡为主线。法国宪法委员会监督模式基于分权制衡原则和社会契约论而建立，我国宪法监督的人大及其常委会模式的理论依据是议行合一和民主集中原则。宪法委员会属于旨在限制立法机关权力的政治机关，是行使宪法监督和违宪审查权的专门机关，而全国人大及其常委会属于立法机关，兼而行使监督宪法实施之职能。较之于我国的全国人大及其常委会，宪法委员会的监督职能更广泛、具体，有关规定可操作性强。两种模式各有利弊，但总体看法国宪法委员会在违宪审查、保障公民权利方面发挥着较大的作用，而我国宪法监督制度缺乏实效性。

在宪法监督和违宪审查的体制设计上，专门机构模式在欧洲国家的成功实践是值得我们认真研究的。法国宪法委员会在组织形式上比较灵活、富有弹性，更接近我国的政治体制，可以给我们一些借鉴经验。我们可以考虑在全国人民代表大会下设立独立的宪法委员会(也可称为宪法监督委员会),把最高国家权力机关的宪法监督与宪法委员会的专门机构违宪审查制结合起来,实行以宪法委员会的专门机构审查为主的体制。

必须正视的是,即使全国人大下设独立的宪法委员会这一构想得以实现,则实际运作过程中必然会遇到这样的追问和难题:全国人大制定的法律有无可能违宪?理论上说,答案是肯定的。那么,如果这样,谁去"纠偏"?从法律地位上讲,宪法委员会是"下级",下级机构纠正上级机构制定的法律或作出的决定,根本没有可能。这一难题的化解,显然有赖于我国政治体制改革的深化——在此进程中逐步被认识、被重视、被解决。违宪审查制度建设不可能一蹴而就,它必然要经历一个长期的实践探索过程。

依法治国的关键是依宪治国。依宪治国是法治的试金石,而宪法监督制度是依宪治国的盾牌。能否建立和完善我国的宪法监督和违宪审查制度,是能否将我国建设成为社会主义法治国家的关键。

第一专题　法治思想的源与流

　　我们讨论依宪治国,从对"法治"思想源与流的梳理开始,是因为"法"在外延上包含了"宪法","法治"也就包含了"依宪治国"。因此,我们所谓"依宪治国",是法治视野下的"依宪治国"。

　　"依法治国"是当下中国法治的具体表达,但法治具有"思想""价值""手段(方略)""结果(状态)"等多维性。"在当代中国,法治也常被人们称作'依法治国'和'法治国家'。法治是全人类的共同价值追求,是最理想的一种政治法律制度模式,是各国人民通向民主、自由、幸福、安康的必由之路。"①2014 年 10 月 23 日中国共产党第十八届中央委员会第四次全体会议通过了《中共中央关于全面推进依法治国若干重大问题的决定》。《决定》提出了全面推进依法治国的总目标和重大任务,深刻回答了把当今中国建设成为什么样的法治国家、怎样建设社会主义法治国家等一系列重大理论和实践问题,为坚持走中国特色社会主义法治道路提供了指引,指明了方向。虽然我国已经成为世界第二大经济体,但我国仍处于并将长期处于社会主义初级阶段的基本国情没有变,人民日益增长的物质文化需要同落后的社会生产之间的矛盾这一社会主要矛盾没有变。

　　在这样一个"直接碰到的、既定的、从过去承继下来的条件下"进行依法治国和依宪治国,②是国家治理领域一场广泛而深刻的革命。所以,对法治问题进

---

① 李步云.中国法治历史进程的回顾与展望[J].上海:法学,2007(9).27-34.
② 这里借用马克思在《路易·波拿巴的雾月十八日》一文中关于人们创造历史必须受制于历史条件的著名论断,用以说明:任何关于中国依法治国和依宪治国的理论都必须从中国当下的"历史条件"(基本国情)出发。马克思说:"人们自己创造自己的历史,但是他们并不是随心所欲地创造,并不是在他们自己选定的条件下创造,而是在直接碰到的、既定的、从过去承继下来的条件下创造。"(《马克思恩格斯选集》第一卷,人民出版社 1995 年版第 585 页)

行更加深入的理论研究,揭示法治的历史必然性,对进一步丰富和充实中国特色社会主义法治理论具有非常重要的现实意义。但是,如果不对"法治"进行历时性考查——探究其思想渊源、流变轨迹等问题,我们便无法对"法治"有一个较为全面的了解,从而无法深入理解"依宪治国"的精髓。

第一节　法治思想的历史源头

"法治"作为一种现象,是人类社会的文明成果,是社会调整向高级阶段发展的必然产物;"法治"作为一种思想,可谓源远流长,而且大致起源于同一时代,有两个主要的历史源头——西方的古希腊,东方的古中国。

一、古希腊的法治思想

（一）古希腊法治思想概说

爱尔兰哲学家 J.M.凯利曾说:"希腊人是欧洲最初开始认识世界的民族,在希腊,反思性的思考和辩论成为有教养之士的习惯。"①正是这种"习惯",催生了光辉灿烂的希腊文化,对后世有深远的影响。古希腊人在哲学、政治学(包含法学)、历史、建筑、科学、文学、戏剧、雕塑等诸多方面有很深的造诣,留下了许多不朽的传世经典。这一文明遗产在古希腊灭亡后,被古罗马人破坏性地延续下去,从而成为整个西方文明的精神源泉。

古希腊时期,自然科学和社会科学处于孕育阶段,因此并无我们今天这样明确的学科分类,有关法律的思想属于政治学的范畴,而政治学则是在亚里士多德时代刚刚从伦理学中分离出来。② 在古希腊人看来,哲学和科学是同一个范畴。古典希腊哲学对西方哲学、科学和宗教的发展都有深刻的影响。政治法律思想是哲学思想的一部分,有关法律思想也总是和自然、正义、利益等基本范畴联系在一起。

古希腊是由大大小小 100 多个独立自治的城邦组成的。在城邦内部,以奴

---

① ［爱］J.M.凯利著王笑红译.西方法律思想简史［M］.北京:法律出版社 2002.1.

② 法学作为一门独立学科始于 19 世纪,其标志是"现代英国法理学之父"约翰·奥斯丁（John Austin,1790—1859）名著《法理学的范围》的发表,它不仅标志着实证主义法学派的形成,也标志着法学作为一门独立学科的形成。

隶主为主的公民集团构成城邦的统治阶级,公民的经济与政治权利依赖于其所属的集团。公民的一切活动都离不开城邦,每个公民把自己的城邦看成是实现幸福生活的保障;只有参加城邦的生活和活动,才能获得最大幸福。因此,人们最关心的是如何才能过好城邦生活,这种情况决定了古希腊的政治思想是围绕着城邦问题展开的。在古希腊,"政治学"的含义就是关于城邦的科学,Politics一词就是由 Polis(城邦)和 Science(科学)所构成的。

由于各个城邦形成发展的特点不同,希腊各城邦的政体也是多种多样的。人们把幸福生活寄托于城邦,自然就十分关心何种形式的城邦才能达到此目的。相应地,古代希腊政治法律思想中占有突出地位的话题就是比较各种组织形式,选择优良政体,保证过好城邦生活等等。古代希腊政治思想尚未把政治与道德(伦理)分开,往往把道德作为政治所追求的目标。"至高无上的善"、"正义",被认为是国家存在的基础和要实现的最终目的。

在苏格拉底以前,古希腊哲学主要研究宇宙的本源是什么,世界是由什么构成的等问题,后人称之为"自然哲学"。苏格拉底认为研究这些问题对拯救国家没有什么现实意义,于是开始研究人类本身,即研究人类的伦理问题,如什么是正义,什么是非正义;什么是勇敢,什么是怯懦;什么是诚实,什么是虚伪;什么是智慧,知识是怎样得来的;什么是国家,具有什么品质的人才能治理好国家,治国人才应该如何培养;等等。后人称苏格拉底的哲学为"伦理哲学"。苏格拉底为哲学研究开创了一个新的领域,使哲学"从天上回到了人间"。

苏格拉底建立了一种知识即道德的伦理思想体系,核心是探讨人生的目的和善德。他强调人们应该认识社会生活的普遍法则和"认识自己",认为人们在现实生活中各种有益的或有害的目的和道德规范都是相对的,只有探求普遍的、绝对的善的概念,把握概念的真知识,才是人们最高的生活目的和至善的美德。苏格拉底认为,一个人要有道德就必须有道德的知识,一切不道德的行为都是无知的结果。

苏格拉底主张专家治国论,他认为各行各业,乃至国家政权都应该让经过训练、有知识才干的人来管理,而反对以抽签选举法实行的民主。他说:管理者不是那些握有权柄、以势欺人的人,不是那些由民众选举的人,而应该是那些懂得怎样管理的人。比方,一条船应由熟悉航海的人驾驶;纺羊毛时,妇女应管理男子,因为她们精于此道,而男子则不懂。他还说,最优秀的人是能够胜任自己工作的人。精于农耕便是一个好农夫；精通医术的便是一个良医；精通政治的便是一个优秀的政治家。

　　苏格拉底没有留下任何著作，我们只能从柏拉图和色诺芬的记载中加以探索，然而他们两人的记载又往往是互相矛盾的，因此对于何者的记载更接近真相便一直是争论的话题。由于时代局限性，苏格拉底没有直接关于法治的论述，但是"审判苏格拉底"和"苏格拉底之死"却是两千多年以来长盛不衰的经典法学话题。

　　千百年来，围绕苏格拉底之死进行的类似"雅典民主的缺陷"、"社会精英和普通民众的张力"等问题的讨论从未停止过。毋庸置疑的一点是，苏格拉底用自己的"死"成就了雅典法律的"活"，也给我们生动地诠释了那句法律名言——"法律必须被信仰，否则它将形同虚设。"①苏格拉底的学生柏拉图，一直因为主张"哲学王之治"而被归入"人治论"之列，但人们常常忽视了其年轻时所著《理想国》与晚年所著《法律篇》之间的思想落差，忽略了他向法治的慢慢靠拢。柏拉图在其最后的作品《法律篇》中进一步发展了关于法律作用的思想。从理想出发，他推崇哲学王的统治，"没有任何法律或条例比知识更有威力"；从现实出发，他强调人类必须有法律并且遵守法律，否则他们的生活将如同最野蛮的兽类。在这一思想指导下，他在《法律篇》中设计了他的"第二等好"的城邦，包括地理环境、疆域大小、人口规模与来源、国家经济生活、阶级结构、政治制度、法律等细则。由于指导思想的变化，第二等好的城邦与《理想国》中的正义之邦相比，在具体措施上有很大区别，这些措施中最重要的是政治制度由哲学王执政的贤人政体转为混合政体，以防止个人专权。《理想国》主张统治者实行公产、公妻、公餐、公育制，《法律篇》则恢复了私有财产和家庭。《理想国》中划分公民等级是依照其先天禀赋的优劣，而《法律篇》则是按照后天财产的多寡。

　　在《政治家篇》中，柏拉图认为真正的政治家（哲学王）无需用法律进行统治，但现实中真政治家极为罕见，即使有真政治家，法律也还有一定的作用。法

---

① 这句话出自《法律与宗教》，是伯尔曼 1971 年在波士顿大学的讲演集。当时西方社会法律与宗教脱节，法律失去原有神圣性。只有让法律抵达人心，只有在全社会高度弘扬法治精神，法治方能"形神兼具"。有鉴于此，伯尔曼指出：没有信仰的法律将退化成为僵死的教条，而没有法律的信仰也易于变为狂信，并呐喊"法律必须被信仰，否则它将形同虚设"。参见[美]J.伯尔曼著，梁治平译.法律与宗教[M].北京：中国政法大学出版社，2003.3.

律对于政治家,犹如教练和医生的训练方案和处方一样,法律虽然在理论上是荒谬的,在实践中却是必要的。在《法律篇》中他认为,政治学不是研究个人的善,而是研究公共的善,为了实现这种公共的善,单靠教育是不行的,因为人的本性只考虑个人的利益而不谋求公共的利益,所以必须要有法律,通过法律可以制裁或者惩罚人们的不善行为。

柏拉图认为,官吏是法律的仆人或法律的执行官。他说,我确信他们有遵守法律的品德,这是决定国家兴衰的因素;如果一个国家的法律处于从属地位,没有权威,我敢说,这个国家一定覆灭;然而我们认为一个国家的法律如果在官吏之上,而这些官吏服从法律,这个国家就会获得诸神的保佑和赐福。他还认为,人必须有法律并且要遵守它,否则他们的生活就像最野蛮的兽类一样;每个人应记住,对人类来说,凡是没当过仆人的也当不好主人;一个人应该为自己感到骄傲,如果他在服从方面比在统治方面做得更好。①

总体而言,古希腊的思想家大都强调法治。早期的政治家梭伦也被称之为立法家,城邦时代的早期也被称为立法时期。毕达哥拉斯明确提出"人治不如法治"。但是,柏拉图在其《理想国》中却提出,一旦由哲学家出任最高统治者,他们的理性、智慧、知识就会胜于法律制度。在《法律篇》中,柏拉图虽然肯定了法律的重要性,但仍坚持认为,只是在找不到卓越的哲学家和政治家出任最高统治者时才需要法律。在他看来,没有任何法律或条例比知识更有威力。

然而,在古希腊思想家中系统地论述了法治思想的,乃是柏拉图的学生亚里士多德。

(二) 亚里士多德的法治论

亚里士多德是西方思想史上第一位把政治学从哲学中分离出来的思想家,他把正义和善德当成城邦和法律的目的,其伦理学思想成为政治法律思想的主线。

与前人相比,他对古希腊的全部法律思想进行了概括和总结,第一次明确提出了法治概念,并坚持法治优于人治,建立了系统的法治主义法律哲学。在西方两千多年的法律文化进程中,亚里士多德的法治思想起了奠基作用和引导作

---

① 何华勤.西方法学史[M].北京:中国政法大学出版社,1996.17.

用。① 他的法治论,由三个高度关联的问题组成:何为法治? 为何要实行法治? 如何实行法治?

1. 何为法治?

在古希腊时期,无论是智者还是斯多葛学派,或者苏格拉底、柏拉图等人,都并没有对"什么是法治"做出回答,第一次明确阐述"法治"含义的是亚里士多德。

(1)"法治"含义

亚里士多德在《政治学》里有很多关于政体和法律的讨论。谈到法治的含义,他认为:"我们应该注意到邦国虽有良法,要是人民不能全都遵循,仍然不能实现法治。法治应包含两重意义:已成立的法律获得普遍的服从,而大家所服从的法律又应该本身是制订得良好的法律。"②这一著名论断被后世广泛引用。

在理解亚里士多德这一论断的时候,必须注意两点:第一,他所谓法治是与"轮番之治"相联系的。他说:"对不平等的人给予平等的名位,有如对体质不等的人们分配给同量的或对同等的给予不同量的衣食一样,这在大家想来总是有害(恶劣)的。依此见解所得的结论,名位便应该轮番,同等的人交互做统治者也做被统治者,这才合乎正义。可是,这样的结论就是主张以法律为治了;建立[轮番]制度就是法律。"③第二,他的"法治"并不排除"人治"。他说:"完全按照成文法律统治的政体不会是最优良的政体。但,我们也得注意到一个统治者的心中仍然是存在着通则的。而且[个人的意旨虽说可以有益于城邦],凡是不凭感情因素治事的统治者总比感情用事的人们较为优良。"④他还说:"主张法治的人并不想抹杀人们的智虑,他们就认为这种审议与其寄托一人,毋宁交给众人。参与公务的全体人们既然都受过法律的训练,都能具有优良的判断,要是说仅仅有两眼、两耳、两手、两足的一人,其视听、其行动一定胜过众人的多眼、多耳、多手足者,这未免荒谬。"⑤

---

① 赵峰.亚里士多德法治思想述评[J].北京:北京理工大学学报,2000(3).64-66.
② (古希腊)亚里士多德著吴寿彭译.政治学[M].北京:商务印书馆,2013.202.
③ (古希腊)亚里士多德著吴寿彭译.政治学[M].北京:商务印书馆,2013.171.
④ (古希腊)亚里士多德著吴寿彭译.政治学[M].北京:商务印书馆,2013.166.
⑤ (古希腊)亚里士多德著吴寿彭译.政治学[M].北京:商务印书馆,2013.174.

（2）"法治"的形式要件和实质要件

亚里士多德关于"法治"含义的著名论断，揭示了法治的两个要件：从形式上看，法治意味着"普遍守法"；从实质上看，法治意味着"良法之治"。

"普遍守法"是法治的形式要件。

"法治"的形式诠释是因"法律至上"而"普遍守法"，即法律具有至高无上的权威，任何公民、团体、执政人员必须普遍地遵从法律，不得有超越法律的特权，统治者也要遵从法律，城邦执政人员必须根据法律正确行使其管理和裁判的权力，这种权力必须由法律规定，受法律支配。亚里士多德指出："法律应在任何方面受到尊重而保持无上的权威，执政人员和公民团体只应在法律（通则）所不及的'个别'事例上有所抉择，两者都不该侵犯法律。平民政体原来是各种政体中的一个类型，但这种万事以命令为依据的'特殊'制度显然就不像一个政体，按照平民政体这个名词的任何实义说，这种政体都是同它不相称的。命令永不能成为通则（"普遍"）。"①

"良法之治"是法治的实质要件。

亚里士多德把法律分为良法和恶法。他认为，服从"恶法"不能称作法治，真正的法治必须以"良法"为基础和条件。亚里士多德为此提出了良法的三个标准：良法是指符合公共利益而非只是谋求某一阶级或个人利益的法，制定法律是为了保护整个社会的利益；良法必须能够促进建立合于正义和善德的政体，并为保存、维持和巩固这种政体服务，即"谋求一个城邦的长治久安"；自由为最高的道德价值，法律与自由是一致的，剥夺和限制自由的法律不可能成为良法。

亚里士多德认为，自然法高于人定法，是人定法制定的依据和体现。人定法的内容是变化不定的，到处一样内容的人定法是不存在的。自然法则不同，它的内容到处是一样的，是永久不变、普遍的。当然，无论是自然法还是人定法它们都必须符合正义。② 亚里士多德认为法律是正义（公正或理性）的体现，要使事物合乎正义（公平），须有毫无偏私的权衡，法律恰恰正是这样一个中道的权衡。

---

① （古希腊）亚里士多德著吴寿彭译.政治学［M］.北京：商务印书馆，2013.195.
② 何华勤.西方法学史［M］.北京：中国政法大学出版社，1996.21.

2. 为何要实行"法治"?

(1)"人治"不合乎正义

亚里士多德说:"凡由同样而平等的分子组成的团体,以一人统治万众的制度就一定不适宜,也一定不合乎正义——无论这种统治原先有法律为依据或竟没有法律而以一人的号令为法律,无论这一人为好人而统治好人的城邦或为恶人而统治恶人的城邦,这种制度都属不宜并且不合乎正义。"①

(2)法律是没有感情的智慧

亚里士多德说:"凡是不凭感情因素治事的统治者总比感情用事的人们较为优良。法律恰正是全没有感情的;人类的本性(灵魂)便谁都难免有感情。"②亚里士多德将"人治"与"法治"做了比较后还说:"谁说应该由法律遂行其统治,这就有如说,唯独神祇和理智,可以行使统治;至于谁说应该让一个人来统治,这就在政治中混入了兽性的因素。常人既不能完全消除兽欲,虽最好的人们(贤良)也未免有热忱,这就往往在执政的时候引起偏向。法律恰恰正是免除一切情欲影响的神祇和理智的体现。"③

(3)多数人比一人更聪明

在亚里士多德看来,法治是依照法律治理,而法律是多数人制订的,所以法治实为多数人之治,让多数人持有更大权力是合乎公道的。亚里士多德说:"单独一人就容易因愤懑或其他任何相似的感情而失去平衡,终致损伤了他的判断力;但全体人民总不会同时发怒,同时错断。"④

(4)法律具有稳定性

在亚里士多德看来,法律具有稳定性、明确性。法律一经制订不能随便改变,而这正是人治难以避免的。在人治之下,如果统治者才德平平,就必然会危及城邦。如果统治者是个最优秀的人,他有激情和欲望,自然会扭曲他的心灵,他说的话前后不一定一致,且不如法律明确,也会不利于城邦。法律具有稳定性、明确性,实行法治,自然就不会发生这种事情。他说:"变革一项法律大不同于变革一门技艺。法律所以能见成效,全靠民众的服从,而遵守法律的习性须经

---

① (古希腊)亚里士多德著吴寿彭译.政治学[M].北京:商务印书馆,2013.175.
② (古希腊)亚里士多德著吴寿彭译.政治学[M].北京:商务印书馆,2013.166.
③ (古希腊)亚里士多德著吴寿彭译.政治学[M].北京:商务印书馆,2013.172.
④ (古希腊)亚里士多德著吴寿彭译.政治学[M].北京:商务印书馆,2013.167.

长期的培养,如果轻易地对这种或那种法制常常作这样或那样的废改,民众守法的习性必然消减,而法律的威信也就跟着削弱了。"①

3. 如何实行"法治"?

在《政治学》中,亚里士多德从立法、司法和守法等方面对如何实行"法治"进行了说明分析。

(1)立法

亚里士多德认为,法律的制定应该与政体相适应。"相应于城邦政体的好坏,法律也有好坏,或者是合乎正义或者是不合乎正义。这里,只有一点是可以确定的,法律必然是根据政体(宪法)制订的;既然如此,那么符合于正宗政体所制订的法律就一定合乎正义,而符合于变态或乖戾的政体所制订的法律就不合乎正义。"②那么,何为正义? 亚里士多德说:"政治学上的善就是'正义',正义以公共利益为依归。按照一般的认识,正义是某些事物的'平等'(均等)观念。在这方面,这种世俗之见恰好和我们在伦理学上作哲学研究时所得的结论相同。简而言之,正义包含两个因素——事物和应该接受事物的人;大家认为相等的人就该配给到相等的事物。"③

亚里士多德认为,最优良的政治共同体应由中产阶层执掌政权,中产阶层掌握政权是完全符合城邦的自然本性,合乎中庸的,当然立法权也应由中产阶层掌握,具体由其议事机构去负责制订法律。立法的目的是促进城邦的内部福利,所以立法者应当直接关注两件事情即居民和国土,适当控制人口数量,财产分配公正,注意节制,使公民安居乐业等。

(2)司法

在《政治学》中,亚里士多德提出设公审法庭、陪审法庭和终审法庭。陪审法庭由全体平民组成,陪审员享有津贴,终审法庭由若干长老组成,受理一切判决不合理的案件,类似于现在的最高法院。他也提出要加强执法,裁决纠纷,维护各方的合法利益,打击违法犯罪活动,稳定城邦秩序,保护公共利益。"[在司法方面]有公众法庭制度,这些法庭由全体公民或由全体公民中选出的人们组

---

① (古希腊)亚里士多德著吴寿彭译.政治学[M].北京:商务印书馆,2013.82.
② (古希腊)亚里士多德著吴寿彭译.政治学[M].北京:商务印书馆,2013.151.
③ (古希腊)亚里士多德著吴寿彭译.政治学[M].北京:商务印书馆,2013.152.

成,有权审判一切案件,至少大多数案件,包括那些最重大的案件,例如审查政务和财务报告、法制事项以及公私契约。"①

（3）守法

亚里士多德认为,守法是维护社会秩序的基础,因而也是法治的关键。"经验证明,一个极为繁庶的城邦虽未必不可能、却总是很难使人人都能遵守法律（和礼俗）,而维持良好的秩序……法律（和礼俗）就是某种秩序;普遍良好的秩序基于普遍遵守法律（和礼俗）的习惯。"②守法的习惯需要长时间的培养,所以亚里士多德很重视教育,强调教育是促使公民守法的重要手段。"邦国如果忽视教育,其政制必将毁损。一个城邦应常常教导公民们使能适应本邦的政治体系[及其生活方式]。"③

亚里士多德法治观的形成有其深刻的历史背景,其法治思想蕴含着丰富的内容和精义。在当代,亚里士多德法治观对于建设中国特色社会主义法治国家,仍具有重要的启迪与借鉴意义。亚里士多德推崇正义,强调法律是正义的体现,明确指出要实现正义就要保持法的至上性。法律至上,即在国家和社会一切活动以及公民的日常生活中,法律处于支配、控制而无他物可以僭越的绝对的至上地位。国家权力的滥用,侵害的是公民、社会和国家的权益。必须防止权力的滥用,强化对权力的控制,这与我们党的主张是一致的。

二、古中国的法治思想

虽然在"灋"的寓意、"皋陶造狱"的传说、殷商《洪范》、西周《吕刑》里,我们都可以发现"碎片化"的法治观念,但是真正对"法治"进行系统论述的,乃是春秋战国时期与儒、墨、道等"诸子百家"比肩的"法家"。所以,论述法家的法治思想,可以把握古代中国法治思想的基本内容。古代中国春秋战国时期的百家争鸣,吹响了讨伐奴隶制度的号角。在这一历史进程中,产生了中国历史上研究国家治理方式、倡导"富国强兵、以法治国"的法家,《汉书·艺文志》将其列为"九流"之一。法家其思想源头可上溯于春秋时期的管仲、子产。战国时李悝、吴

---

① （古希腊）亚里士多德著吴寿彭译.政治学[M].北京:商务印书馆,2013.318.
② （古希腊）亚里士多德著吴寿彭译.政治学[M].北京:商务印书馆,2013.359.
③ （古希腊）亚里士多德著吴寿彭译.政治学[M].北京:商务印书馆,2013.412.

起、商鞅、慎到、申不害等人予以丰富和发展,法家遂成为一个学派。战国末期韩非对他们的学说加以总结、综合,集法家思想之大成。法家强调"不别亲疏,不殊贵贱,一断于法"。法家提出了一整套的理论和方法,为后来建立的中央集权的秦王朝统治提供了有效的理论依据,汉朝也继承了秦朝的集权体制以及法律体制,这就构成了我国古代封建社会"外儒内法"的政治与法律制度的主体。

(一) 古代中国法家思想概述

法家是先秦诸子中对法律最为重视的一派。他们以主张"以法治国"的"法治"而闻名,而且提出了一整套的理论和方法。法家对于法律的起源、本质、作用以及法律同社会经济、时代要求、国家政权、伦理道德、风俗习惯、自然环境以及人口、人性的关系等基本问题都做了探讨,而且卓有成效。

法家思想源头可上溯于夏商时期的理官。《汉书》说"法家者流,盖出自理官"。春秋时期齐国的管仲、晋国的商鞅和郭偃、郑国的子产等人,颁布法令与刑书,改革田赋制度,促进封建化过程,成为战国时期法家学派的思想先驱。在哲学上,他们表述了一些唯物主义的观点,管仲及其后继者提出"天不变其常,地不易其则"的观点,子产则提出"天道远,人道迩,非所及也"的命题,承认自然界有其客观规律,反对天人感应观念。

春秋战国时期,法家作为诸子百家的一个主要派系,提出了至今仍然影响深远的以法治国的主张和观念,凸显出他们对法制的高度重视以及把法律视为一种有利于社会统治的强制性工具的思想,这些体现法制建设的思想,一直被沿用至今,成为中央集权者稳定社会秩序、避免社会动荡的主要统治手段。

战国是一个大变革的时代,铁制工具的普及大大提高了生产效率,使个体家庭得以成为基本的生产单位。战国时期法家先贤李悝、吴起、商鞅、申不害、乐毅、剧辛等相继在各国变法,废除贵族世袭特权,使平民可以通过开垦荒地、获得军功等渠道成为新的土地所有者。让平民有了做官的机会,这就逐渐瓦解了周朝的等级制度,从根本上动摇了靠血缘纽带维系的贵族政体。作为平民的政治代言人,法家提出"缘法而治""不别亲疏,不殊贵贱,一断于法""君臣上下贵贱皆从法""法不阿贵,绳不挠曲""刑过不避大臣,赏善不遗匹夫"。法家的这些思想对中国封建社会的政治、文化、道德方面的约束还是不容小觑的,甚至对现代法制的影响也很深远。

　　前文已述,法家的代表人物,早期有管仲、子产、李悝,中期有慎到、申不害、商鞅,晚期有韩非、李斯,下面略述一二以为例证。

　　管仲的言行,主要记录在《管子》中。在古代中国法家思想形成的历史长河中,《管子》居于非常重要的地位。《管子》大约成书于春秋战国(公元前475—公元前221)至秦汉时期,是先秦时期各学派的言论汇编,篇幅宏伟,内容复杂,思想丰富,是研究我国古代特别是先秦学术文化思想的重要典籍。《管子》一书以黄老道家学说为主,既提出以法治国的具体方案,又重视道德教育的基础作用;既强调以君主为核心的政治体制,又主张以人为本,促进农工商业的均衡发展;既有雄奇的霸道之策,又坚持正义的王道理想;既避免了晋法家忽视道德人心的倾向,又补充了儒家缺乏实际政治经验的不足,在思想史上具有不可抹杀的重要地位。

　　《管子》对“法”做了一个形象比喻:“尺寸也,绳墨也,规矩也,衡石也,斗斛也,角量也,谓之法”(《管子·七法》)。《管子》最先提出了“以法治国”。《管子》认为只要国君集中权力,实行“法治”,就可以轻而易举地治理好国家,即所谓“威不两错,政不二门,以法治国,则举错而已”(《管子·明法》)。这是因为君主有了“法”,也就有了行赏施罚的客观标准。有了“法”,不但可以“兴功禁暴”“定纷止争”,使国家富强,社会安定,而且可以得到臣民的拥护,使“下之事上也,如响之应声也;臣之事主也,如影之从形也”(《管子·任法》)。因为“好利恶害”的人性是“贵贱之所同有”,所以只要实行“法治”,就能使所有臣民共同遵守。

　　子产在古代中国法治史上占有一席之地是因为“铸刑书”,公布成文法。子产,公孙氏,姓姬名侨,公元前543年到公元前522年执掌郑国国政,是当时最负盛名的政治家。公元前536年子产“铸刑书”,把自己所制定的刑书铸在鼎器上,开创了古代中国公布成文法的先例,否定了“刑不可知,则威不可测”的秘密法。

　　秦晋法家的创始人之一李悝,任魏文侯相,提倡“尽地力之教”,主张大力发展农业生产,调整租谷,创“平籴”法,兼顾农人与市民的利益。他还收集当时诸国刑律,编成《法经》六篇。《法经》为古代中国第一部较为完整的封建法典。

　　在先秦法家代表人物中,慎到、申不害和商鞅分别重视“势”“术”“法”,但都是在提倡法治的基础上提出不同观点。慎到重"势"和"无为而治"。重"势"是为了重视法律,君主只有掌握了权势,才能保证法律的执行。慎到把君主和权势分别比喻为飞龙和云雾,飞龙有了云雾才能飞得高,如果云雾散去,飞龙就是地上的蚯蚓了。

申不害著有《申子》,以重"术"著称。"术"是君主的专有物,是驾驭驱使臣下的方法。申不害在韩国实行"术"治,经过十五年改革,加强了君主集权,使韩国"国治兵强",政治局面比较稳定。但这种"术"治也产生了另一个后果,即"一言正而天下定,一言倚而天下靡"。"术"取决于君主本人的才能,君主本人有能力,决策正确,国家就会比较兴旺;相反,国家就会陷入混乱。申不害重"术"的法治思想为历代封建帝王加强君主集权提供了理论和经验,也为一些人搞阴谋诡计开了先河。

商鞅因"商鞅变法"而闻名于世。商鞅的"法治"思想主要有:(1)"定分止争"。他有过一个非常形象的比喻:"一兔走,百人逐之,非以兔可分以为百也,由名分之未定也。夫卖兔者满市,而盗不敢取,由名分已定也"(《商君书·定分》)。他所说的"名分已定",显然是指归属已定,即所有权已经明确。他已经认识到人类社会最初没有国家,也没有法律,法律是社会发展到一定阶段的产物。他已经看到法律产生与权利保护的关系,初步接触到了国家与法律是适应保护私有制的需要而产生的这一唯物主义命题。(2)"缘法而治"。商鞅以重法著称,他极力主张以"法"代"礼",反复告诫国君"不可须臾忘于法"。他认为,法之重要,是因为它有"定分止争"和"兴功禁暴"的作用。"缘法而治"是法家的基本主张,最早由商鞅在秦国实施。商鞅变法改"法"为"律",并不是简单的名称改变,而是体现了商鞅对法律的公开性和普遍性的重视,因为法主要强调的是内容方面的公平与公正;而律则侧重于法律规范在适用上的普遍性和统一性。(3)"刑无等级""不赦不宥"。商鞅指出:"法者,国之权衡也"(《商君书·修权》)。他将法律看作是称轻重的权衡,量长短的尺度,判断是非功过和行使奖罚的公平标准。他反对"刑不上大夫"的旧传统,否定贵族的特权,主张法律的统一性和平等性,强调在行赏施罚时要做到"不失疏远,不违亲近",有功必赏,有罪必罚。他关于法律面前贵贱平等的观点,此处表述得很明确。从政治上说,商鞅是法家最杰出的人物。商鞅以其思想和行动,创造了一个国家的富强,奠定了天下统一的基础,开创了一个新时代。

李斯贯彻重刑主义,主张轻罪重罚。他认为君主只有使用繁苛的刑罚来监督臣民,才能体现自己的绝对权威。李斯的法律思想和实践对秦产生了巨大的影响。

在先秦诸子百家代表人物中,法家思想的集大成者是韩非。

（二）韩非的法治思想

韩非(公元前280—前233年),战国末期著名思想家,法家代表人物,尊称韩非子或韩子。韩非,韩王之子,荀子学生,著有《韩非子》一书。

韩非的学说追本溯源,起于道家黄老之术,他对老子《道德经》有相当深入的研究。《韩非子》中著有《解老》《喻老》等篇,集中表述了韩非的哲学观点。韩非目睹战国后期韩国积贫积弱,多次上书韩王,希望改变当时治国不务法治、养非所用、用非所养的情况,但其主张始终得不到采纳。韩非认为这是"廉直不容于邪枉之臣",便退而著书,写出了《孤愤》《五蠹》《内外储》《说林》《说难》等著作。

韩非虽是荀子学生,但其思想主张却与荀子大相径庭,他没有承袭荀子的儒家思想,却爱好"刑名法术"之学,且归本于"黄老之学"。韩非总结法家三位代表人物商鞅、申不害、慎到的思想,主张君王应该用"法""术""势"三者结合起来治理国家,此为法家博采众长之集大成者。韩非死后,当时各诸侯国国君与大臣竞相研究其著作《韩非子》;秦始皇便是在韩非思想指引下完成了统一六国的千秋霸业。

韩非之学出于荀子,源本于儒家,而成为法家,又归本于道家。在韩非学说中,最高理想为"君无为,法无不为",认为法行而君不必忧,臣不必劳,民但而守法,上下无为而天下治。但其学说过于尊君,为后世所诟病。

1. 著《韩非子》,宣扬法治理论,主张因时制宜

《韩非子》共二十卷五十五篇,总字数达十多万言。在体裁上,有论说体、辩难体、问答体、经传体、故事体、解注体、上书体等七种。辩难体与经传体为韩非首创。

在内容方面,《韩非子》则论"法""术""势""君道"等,文裁条理清楚,用意深刻,其中以下五篇最能代表其思想:《孤愤》论述自己对更法之志的愤慨;《说难》第十二,论述对君主进谏的困难,反映韩非对君主的心理分析之清楚,为论说体;《奸劫弑臣》第十四,前半部论述奸臣的奸行及治奸之法,后半部则反对儒

家思想,倡导法家思想治国之道;《显学》批判儒家与墨家,阐扬法治,该篇是韩非法治思想的代表作,亦是中国古代哲学思想的重要史料来源;《五蠹》中"蠹"字意指由内部危损整体的木中之虫,五蠹指五种蛀虫,韩非即指学者(儒家)、言议者(纵横家)、带剑者(墨家侠者与侠客)、患御者(怕被征调作战的人)、工商买卖者等,为扰乱君王法治的五种人,应除掉他们。《五蠹》亦为历史上公认的韩非代表作。

韩非著作吸收了儒、墨、道诸家的一些观点,以法治思想为中心。他总结了前期法家的经验,形成了以法为中心的法、术、势相结合的政治思想体系。韩非着重总结了商鞅、申不害和慎到的思想,把商鞅的法、申不害的术和慎到的势融为一体。他推崇商鞅和申不害,同时指出,申商学说的最大缺点就是没有把法与术结合起来。他认为,申商学说的第二大缺点在于"未尽","申子未尽于术,商君未尽于法"(《韩非子·定法》)。韩非按照自己的观点,论述了术、法的内容以及二者的关系。他认为,国家图治,就要求君主要善用权术,同时臣下必须遵法。同申不害相比,韩非的"术"主要在"术以知奸"方面有了发展。他认为,国君对臣下,不能太信任,还要"审合刑名"。在法的方面,韩非特别强调了"以刑止刑"思想,强调"严刑"和"重罚"。

当时,在中国思想界以儒家、墨家为代表,崇尚"法先王"和"复古",韩非子的法家学说坚决反对复古,主张因时制宜。韩非在其《韩非子》里面有《解老》与《喻老》两篇,直述自己思想也源自于老子,故后世称之为道法家,意指从道家里面延伸出来的新法家思想。韩非认为,道是变化的,天地是变化的,人是变化的,社会是变化的,治理社会的方式方法也是变化的;但道也有相应的稳定性,这个稳定,就是人人应遵守的行为准则,在现实中就是法。法就是依着"道"而建立的。法必须随时代变化,法必须人人遵守。

2. 法不阿贵、以法为教,建立中央集权

在古代中国政治法律思想史上,韩非第一次明确提出了"法不阿贵"的思想,主张"刑过不避大臣,赏善不遗匹夫"(《韩非子·有度》)。这是对古代中国法治思想的重大贡献,对于清除贵族特权、维护法律尊严,产生了积极的影响。

韩非继承和总结了战国时期法家的思想和实践,提出了君主专制中央集权的法家法治理论。他主张"事在四方,要在中央;圣人执要,四方来效"(《韩非子·物权》),国家的大权要集中在君主(圣人)一人手里,君主必须有权有势,才能治理天下，"万乘之主，千乘之君，所以制天下而征诸侯者，以其威势也"（《韩非子·人主》）。为此，君主应该使用各种手段清除世袭的奴隶主贵族，"散其党""夺其辅"（《韩非子·主道》）；同时，选拔一批经过实践锻炼的封建官吏来取代他们，"宰相必起于州部，猛将必发于卒伍"（《韩非子·显学》）。韩非还主张改革和实行法治，要求"废先王之教"（《韩非子·问田》），"以法为教"（《韩非子·五蠹》）。与儒家讲究"礼不下庶人，刑不上大夫"（《礼记·曲礼》）不同，他强调制定了"法"，就要严格执行，任何人也不能例外，做到"法不阿贵""刑过不避大臣，赏善不遗匹夫"（《韩非子·有度》）。他还认为只有实行严刑重罚，人民才会顺从，社会才能安定，封建统治才能巩固。

韩非还主张以法为教，意思就是除了制定法律以外，还必须要宣传法律，普及法律知识，让广大人民知晓法律，运用法律，遵守法律，使整个社会形成"知法、懂法、守法"的良好风气。"故明主之国，无书简之文，以法为教"（《韩非子·五蠹》）。

3. 不期修古，不法常可，改革变法

中国人惯于尊重过去经验，这个传统思维方式对中国哲学有着巨大的影响。从孔子时代起，多数哲学家都要找古代的权威来支持自己的学说。孔子喜欢援引的古代权威是西周的文王、周公。墨子与儒家辩论时，援引比文王、周公更古老的夏禹。孟子为能凌驾于墨家之上，往往援引尧舜，因为他们是传说中比夏禹更早的圣王。最后，道家为胜过儒家和墨家，又请出伏羲、神农，据说他们比尧舜还要早几百年。法家的主张与他们完全不同，法家坚持历史进化论，认为历史是不断发展进步的，这在诸子百家中难能可贵。

法家反对保守的复古思想，主张锐意改革，变法图强。他们认为历史是向前发展的，一切的法律和制度都要随历史的发展而发展，既不能复古倒退，也不能因循守旧。商鞅明确地提出了"不法古，不循今"的主张。韩非则更进一步发展了商鞅的主张，提出"时移而治不易者乱"，他把守旧的儒家讽刺为守株待兔的愚蠢之人。

韩非注意研究历史，认为历史是不断发展进步的。他认为如果当今之世还赞美"尧、舜、汤、武之道"，"必为新圣笑矣"。因此他主张"圣人不期修古，不法常可，论世之事，因为之备"（《韩非子·五蠹》）。也就是说，如果到了夏朝，还有人用在树上搭窝棚居住和钻木取火的办法生活，那一定会被鲧、禹耻笑了；如果到了殷周时代,还有人要把挖河排洪作为要务的话,那就一定会被商汤、武王所耻笑。既然如此,那么在今天要是还有人推崇尧、舜、禹、汤、武王的政治并加以实行,定然要被现代的圣人耻笑了。因此,圣人不期望照搬古法,不死守陈规旧俗,而是根据当前社会的实际情况制定相应的政治措施。

4. 治国之"法""术"必须以"势"作保证

韩非认为,光有法和术还不行,必须有"势"作保证。"势",即权势,政权。他注意到,"慎子曰:飞龙乘云,腾蛇游雾,云罢雾霁,而龙蛇与蚯蚓同矣,则失其所乘也。贤人而诎于不肖者,则权轻位卑也;不肖而能服于贤者,则权重位尊也。尧为匹夫,不能治三人;而桀为天子,能乱天下:吾以此知势位之足恃而贤智之不足慕也"(《韩非子·难势第四十》)。据此,他提出"抱法处势"论:"世之治者不绝于中,吾所以为言势者,中也。中者,上不及尧、舜,而下亦不为桀、纣。抱法处势则治,背法去势则乱。今废势背法而待尧、舜,尧、舜至乃治,是千世乱而一治也。抱法处势而待桀、纣,桀、纣至乃乱,是千世治而一乱也。且夫治千而乱一,与治一而乱千也,是犹乘骥而分驰也,相去亦远矣"(《韩非子·难势第四十》)。韩非子的法治思想适应了中国一定历史发展阶段的需要,在中国封建中央集权制度的确立过程中起了一定的理论指导作用。

5. 独尊法家

韩非还提出,为了适应中央集权封建专制政权的需要,必须统一人们的思想。他说:"夫冰炭不同器而久,寒暑不兼时而至,杂反之学不两立而治"(《韩非子·显学》)。他主张独尊法家,禁止其他各家学说。甚至他反对知识文化,反对藏书,主张焚书。

韩非的法家思想最伟大的实践者是秦始皇,秦国的教育制度以法家思想为指导。"以法为教"是秦代施行政策、加强思想专制、巩固中央集权的标志之一。

第二节　法治思想的流变轨迹

在讨论"依宪治国"相关主题之前,对中西方法治思想流变的轨迹做一个粗线条的勾勒还是有必要的。前面我们选择古希腊、古中国作为梳理中西方法治思想渊源的两个样本,只是"点"而已,并不妨碍以下"线"的勾勒。

一、西方法治思想流变的历史轨迹

（一）古罗马对古希腊法治思想的继承和发展

古希腊和古罗马是西方文明的发祥地,同样也是西方法治文明的源头。所以,我们探寻古代西方法治思想的历史流变,实际上就是对古希腊和古罗马法治思想的勾勒。西方法治思想源于古希腊,而且它沿着限制公权力和保护私权利这样两个向度发展——这是一个几乎不会有任何质疑的共识。英国浪漫主义诗人雪莱(Percy · Bysshe · Shelley 1792—1822)曾用诗一般的语言赞美希腊文明:"我们全是希腊人的;我们的法律,我们的文学,我们的宗教,我们的艺术,根源都在希腊。"[①]此言不虚,且就"法治"而言,古希腊思想家的经典论述和法治实践也在西方法律思想史上占有无可替代的重要地位。无论是迈锡尼王国晚期"法治"思想火花、莱克格斯"神谕"立法、斯巴达人服从法律的美德、雅典梭伦以"正义"之名重塑法律威信,还是世界上首次提出"法治"一词的毕达库斯,[②]或者是"希腊三贤"对较为系统的法治学说的形成所做的贡献,都应当浓墨重彩地大书特书一番。但是,因为本书后面将专门讨论古希腊的法律思想,故而此处从略。

罗马人击败了希腊人,但并没有"击败"希腊人的思想文化。罗素(Bertrand Russell 1872—1970)认为:"对于希腊来说,虽然它作为一个国家被摧毁了,但在文化领域却击败了罗马征服者。"[③]在法治思想领域,罗马人变成了希腊遗产的继承者——西塞罗(Marcus Tullius Cicero,公元前106—公元前43)的"理性法治观"就是对希腊法治思想的继承和发展。西塞罗认为:"法律是最高的理性,从自然生出来的,指导应做之事,禁止不应做之事。"[④]他从法和自然法的定义演化出了法律面前人人平等的一系列原则。西塞罗之后,罗马五大法学家对西方法学的贡献是世人皆知的。盖尤斯(Gaius 约公元130—180)著《法学阶梯》(Institutes),以及关于各州长官告示的三十二卷评论,关于信托、诉讼案件、各种法令、

---

① [美]爱德华. 麦克诺尔. 伯恩斯等著罗经国等译.世界文明史[M].北京:商务印书馆,1987. 258.
② 毕达库斯(约公元前651—前569年)为古希腊七贤之一,累斯博岛的米提利尼(Mytilene)人。累斯博岛盛产葡萄,所以醉汉特别多。毕达库斯给米提利尼城立法时,社会秩序极为混乱,因此用重刑,立严威,除奸盗,绝私斗,终得确保治安。
③ [英]罗素著崔权醴译.西方的智慧(上)[M]北京:文化艺术出版社,1997.243.
④ 张宏生.西方法律思想史[M].北京:北京大学出版社,1983.58.

婚姻礼物的著作等;帕比尼安(Aemilius Papinianus,约140—212)著《集》三十七卷、《解答集》十九卷,而且这两部案例汇编曾被列为其后法学院校的主要资料;乌尔比安(Domitius Ulpianus,170—228)著《论萨比努斯派》五十一卷、《论告示》八十一卷等,查士丁尼皇帝的《学说汇纂》中采用了他的大量言论,是罗马法学家中被引用言论最多的;保罗(Julius Paulus? —222)的研究领域很广,对民法、刑法、行政法、诉讼法和司法制度都有论述;莫德斯丁(Herenniu Modestinus,? —244)也著书十九种。值得一提的是,帕比尼安、乌尔比安、保罗担任帝国级别最高的长官——军政长官,代表皇帝行使司法权,在上诉或初审案件的裁决中反映他们的法学理论,从而使罗马法不仅在理论上日臻完善,而且运用到司法实践中解决具体法律问题。笔者非常赞同何勤华教授这样的判断:"古代中国是宗法体制,伊斯兰和印度是教法体制,而罗马则形成了完备的法治体制。"①当然,说起罗马人对世界法律的贡献,耶林在《罗马法精神》一书中的评价可谓一语中的:"罗马帝国曾三次征服世界,第一次以武力,第二次以宗教(指基督教),第三次以法律。武力因罗马帝国的灭亡而消失,宗教随着人民思想觉悟的提高、科学的发展而缩小影响,唯有法律征服世界是最为持久的征服。"②恩格斯也将罗马法称为"商品生产者社会第一个世界性法律。"③罗马人不仅仅继承了希腊法治思想,而且加以创造并运用于司法实践;罗马法学家是开拓者,他们的法律思想是罗马法律文化的精髓。

(二) 中世纪"神治"下的法治思想

中世纪早期,日耳曼人的习惯法取代了罗马法,古代法治文明日渐衰落,基督教一夜之间成了唯一"合法"的精神产品,教会迅速发展壮大。此时,基督教会在消弭人们思维能力的时候,却也保存着古罗马法治文明的残余,为以后罗马法的复兴埋下了伏笔。"在基督教教规和神学的启发下,古典文明的基因开始源源不断注入日耳曼人的血液,使之逐渐蜕变其原始的野性,进入文明行列;在教会法的约束下,规则意识在他们的大脑中形成,同时法律正义、平等和权威等观念也逐渐被他们接受。"④这种规则意识一个鲜明例证就是"国王服从法律"

① 何华勤.西方法学史[M].北京:中国政法大学出版社,1996.34.
② (转引自)江平.罗马法基础[M].北京:中国政法大学出版社,1991.47.
③ 马克思恩格斯全集(第21卷)[M].北京:人民出版社,1972.454.
④ 汪太贤.西方法治主义的源与流[M].北京:法律出版社,2001.134.

的观念,这种观念产生于神圣教权与世俗王权的冲突与妥协。伯尔曼说:"就教皇革命而言,它的主要目标中的两个即依法而治(rule by law)和法的统治(rule of law)——统治者们必须寻求通过法律制度系统地实现他们的政策,他们自身也受到他们用以统治的法律制度的约束——对于西方社会来说是相当新的东西。如果要想确保这些原则,那么,最先采用这些原则的子孙和重孙们就必须接受和内化这些原则以及采用和修改这些原则。"①历史事实是,在两种权力的冲突与妥协中,法律的地位凸显出来,由法律统治而不是个人意志统治国家的观念最终被教皇和国王共同接受。伯尔曼认为,正是这种斗争,奠定了"法治国(Rechtsstate)"的观念与实现:"两种权力只有通过法治(rule of law)的共同承认,承认法律高于它们两者,才能和平共存。"②

11世纪末,随着《国法大全》真本在意大利比萨城被发现,波伦那(Bologna)大学的教师伊尔纳留斯(Irnerius 1055—1130)创立注释法学派,对罗马法文献进行一一注释,从而先在意大利、后在欧洲范围内掀起一场复兴罗马法的热潮。

13世纪,托马斯·阿奎那对亚里士多德的法治思想进行了神学包装和改造,最终把中世纪早期的神学法治思想演绎为系统的神学法治理论。阿奎那关注法的正当性问题,提出"恶法非法",主张"法律的目的是公共福利";③为了找到法律合法性——理性的最终依据,他根据理性来源不同把法律分为永恒法、自然法、神法、人法;他还强调"权力服从法律的支配,乃是政治管理上最重要的事情。"④"在中世纪的欧洲,法治与神治并非完全对立,并且法治的理念、思想与神治的理念、思想存在一定的程度契合。主要是因为,在反对专制的斗争中,为了抑制着个人意欲或权力的膨胀和泛滥,基督教教会和神学总是在依赖上帝权威的同时,也借助法律的威力,这样,在客观上促进了法治理念、思想的诞生。"⑤

(三) 回归理性的近代法治主义

14世纪初,"灭神兴人"的文艺复兴运动开始,神的价值淡化,人的价值上

---

① 伯尔曼著贺卫方等译.法律与革命——西方法律传统的形成[M].北京:中国大百科全书出版社,1993.629.
② 伯尔曼著贺卫方等译.法律与革命——西方法律传统的形成[M].北京:中国大百科全书出版社,1993.356.
③ 马清槐译.阿奎那政治著作选[M].北京:商务印书馆,1997.118.
④ 马清槐译.阿奎那政治著作选[M].北京:商务印书馆,1997.123.
⑤ 汪太贤.西方法治主义的源与流[M].北京:法律出版社,2001.166.

升;法治思想实现了从神性到理性的回归,近代法治主义初现端倪。到 16 世纪时,文艺复兴达到巅峰时期,神学家胡克(Richard Hooker 1553—1600)提出服从法律即遵从公意的思想,暗含了"社会契约"概念。17 世纪,欧洲人摆脱了一直统治者他们精神领域的神性主义,笛卡尔式的理性主义得到确立。斯宾诺莎(Benedictde Spinnoza 1632—1677)对《圣经》进行了猛烈批判,以摧毁神性,确立人的理性。他认为,法治就是最理性的、最符合人类现实利益的政治方式。① 斯宾诺莎的逻辑是:服从理性,就要服从法律;服从法律,就能获得国家的福利和生活的自由。他阐述了"自然权利"和"社会契约"学说,用以说明在国家状态下这种自由不可剥夺。应该说,哈林顿(James Harrington 1611—1677)是 17 世纪英国最明确提出法治主张的思想家之一,他是在古典理性主义法治思想和近代理性主义法治思想之间架设桥梁的人,他用经验和历史事实做材料建构了自己的"法律王国"。他认为,共和国的显著标志是"法律的统治而不是人的统治"②,法治优于人治是经验的总结,已经成为一条公理。他进一步指出,法治政府的权力原则是"均势",必须把利益的均分权力与利益的选择权力实行分立,就好像两个小姑娘分一个饼,要想分得公平,最好的方法是一个分、一个选,权力分散,才有公平可言。③

18 世纪,启蒙运动爆发于德法并迅速波及欧洲其他国家,在新的历史条件下继续弘扬文艺复兴运动的人文主义精神。这一时期,一大批彻底否定神学体系、系统而深入地阐述法治理论学说的思想家涌现出来。英国的洛克(John Locke 1632—1704)、法国的孟德斯鸠(Baron de Montesquieu 1689—1755)、卢梭(Jean Jacques Rousseau 1712—1778)便是其中杰出的代表。正是他们,将法治理论推向一个崭新的发展阶段。

洛克以自然法理论为基础,提出了法治主张。他说:"统治者应该以正式公布的和被接受的法律,而不是以临时的命令和未定的决议来进行统治。"④他还说:"法律一经制定,任何人也不能凭他自己的权威逃避法律的制裁;也不能以地位优越为借口,放任自己或下属胡作非为,而要求免受法律的制裁。公民社会

---

①　斯宾诺莎著冯炳昆译.政治论[M].北京:商务印书馆,1999.7-8.

②　[英]詹姆斯·哈林顿著何新译.大洋国[M].北京:商务印书馆,1996.6-7.

③　[英]詹姆斯·哈林顿著何新译.大洋国[M].北京:商务印书馆,1996.23.

④　[英]洛克著叶启芳等译.政府论(下)[M].北京:商务印书馆,1981.86.

中的任何人都是不能免受它的法律的制裁的。"①与此同时,洛克把法律面前人人平等的原则看作是实行法治的重要内容之一。洛克曾强调指出,立法机关"应该以正式公布的既定的法律来进行统治,这些法律不论贫富、不论权贵和庄稼人都一视同仁,并不因特殊情况而有出入"。②

孟德斯鸠则深信,一个国家,没有法治就没有自由,主张建立法治国家。对公民自由和安全权利最严重的破坏来自权力的滥用,只有在权力不被滥用的地方,公民才有安全的自由。"但是一切有权力的人都容易滥用权力,这是万古不易的一条经验。有权力的人们使用权力一直到遇有界限的地方才休止。"③孟德斯鸠的法治思想,是与他的分权制衡学说紧密相联的,在他看来,分权是统治的基础和保证,没有分权便不能保证自由,便没有法治。在同一时代、同一国度,另一位伟大的资产阶级思想家卢梭系统阐述了法治和法律面前人人平等原则,成为资产阶级建立法律制度的基础。他说:"社会公约在公民之间确立了这样的一种平等,以致他们大家全都遵守同样的条件并且全都应该享有同样的权利。"④

值得一提出的是,孟德斯鸠的"三权分立说"被美国的汉密尔顿等人直接实践,使得三权分立成为资产阶级国家制度的基石,并为其他国家效仿。卢梭的法治及法律面前人人平等思想,则体现在资产阶级革命后颁布的一些重要文献之中,诸如 1776 年美国《独立宣言》、1787 年美国宪法,1789 年法国《人权宣言》、1791 年法国宪法和被认为迄今为止资产阶级最民主的宪法—— 1793 年《雅各宾宪法》。

（四） 重视法治目的现代西方法治思想

17—18 世纪资产阶级革命时期是自然法思想以及形式法治学说的鼎盛时期,19 世纪自然法学说衰微,历史法学、哲理法学、分析法学三大流派崛起。20 世纪以来,随着西方资本主义从自由竞争发展到垄断阶段,西方社会经济生活发生了很大变化,西方近代以来形成的法治主义原则受到了强烈的挑战,正如伯尔曼所言:"西方法律传统像整个西方文明一样,在 20 世纪正经历着前所未有的

---

① [英]洛克著叶启芳等译.政府论(下)[M].北京:商务印书馆,1981.59.
② [英]洛克著叶启芳等译.政府论(下)[M].北京:商务印书馆,1981.88.
③ [法]孟德斯鸠著张雁深译.论法的精神[M].北京:商务印书馆,1995.104.
④ [法]卢梭著何兆武译.社会契约论[M].北京:商务印书馆,1982.44.

危机,我们的整个的法律传统都受到挑战——不仅包括过去数百年的所谓自由的概念,而且也包括源于 11 世纪和 12 世纪的西方法制的结构。"①不论现代西方法治是否已经进入"危机"状态,还是出现"法治衰落",有一点是确定无疑的,即现代西方法治与自由资本主义时期法治确实有了很大的不同,近代西方法治强调形式意义上的法治正义和纯粹法律规则的公平,而现代西方法治更加重视法律的实质正义和法律实施的效能,因此,可以说现代西方法治经历着一个从传统形式法治到现代更加重视法治目的的实质正义的转变。从这个意义上说,西方传统法治的"危机"就不仅仅是法治不适应现代社会要求的问题,而是适应现代社会背景的法治发展问题,这里的关键问题是能否实现现代法治手段同传统形式法治原则的有机结合。事实上,现代西方不少学者都在做着这方面的努力,这里仅以新自然法学派代表富勒、新自由主义法学代表哈耶克、新分析法学派代表拉兹为例对现代西方法治思想略加说明。②

富勒(Lon Luvois Fuller 1902—1978)的法治理论是建立在他关于法的"事业说"定义基础上的:"法是使人类的行为服从规则治理的事业。"③在富勒看来,法作为一种有目的的事业,本身就具有外在道德(external morality of law)和内在道德(inner morality of law)。前者是指法的实体目的或理想,后者是指有关法律的制定、解释、适用等程序上的原则——这就是著名的"法治八原则":法律的一般性、法律的公布、法律的可预测性和非溯及既往、法律的明确性、避免法律中的矛盾、法律不应该要求不可能实现的事情、法律的稳定性、官方行为与已公布的法律规则的一致性。

哈耶克(Friedrich August Hayek 1899—1992)的法治理论完全是建立在其新自由主义理论基础之上的。哈耶克认为,即使是在 20 世纪以后,法治仍然是现代社会的一个重要原则。他说:"最能清楚地将一个自由国家的状态和一个在专制政府统治下的状况区分开的,莫过于前者遵循着被称为法治的这一伟大原

① [美]伯尔曼著贺卫方等译.法律与革命(第一卷)——西方法律传统的形成[M].北京:法律出版社,2008.31.

② 需要说明的是,现代西方法学流派繁多,法治思想丰富多元,对其介绍远非区区千字可以完成,也不是富勒、哈耶克、拉兹能完全代表——对现代西方法治思想的完整介绍,甚至一本书也难堪重任,起码是一套丛书——对现代西方法治思想的介绍,也远非本书的重点,所以我们只需"点"例一二即可。

③ Lon.L.Fuller.*The Morality of Law*,Revised editoin.Yale Universiry Press,1969.p.186.

则。撇开所有技术细节不论,法治的意思就是指政府在一切行动中都受到事前规定并宣布的规则的约束——这种规则使得一个人有可能十分肯定地预见到当局在某一情况中会怎样使用它的强制权力,和根据对此的了解计划他自己的个人事务。"①哈耶克也承认,法治虽然不可能十全十美,但法治作为一种理想,对于防止政府专权和保证个体自由来说,却是人类到目前为止已知的最有效的原则和制度。哈耶克认为,法治包含形式意义和实质意义两个方面,法治的实质意义还在于保障自由和人权;法治形式意义的真谛在于"形式法律事先告诉人们在某种情况下,政府将采取何种行动,这种规则用一般性的措辞加以限定,而不考虑时间、地点和特定的人。它们所针对的是一种任何人都可能遇到的典型情况,在那种情况下,这种规则的存在将会对各式各样的个人目的都有用处——在这一意义上讲,形式规则只是工具性的。我们并不知道这些规则的具体效果,并不知道这一规则将会有助于哪一种目的或会帮助哪一种特定的人,它们只不过是被赋予了一种大体上最有可能使一切受到它们影响的人们都能得到好处的形式,事实上,所有这一切是我们这里所说的形式规则的最重要的标准"。②

拉兹(Joseph Raz 1939—)作为英国牛津大学研究员和 20 世纪新分析主义法学代表人物之一,其法治理论通常被称为合法性的法治模式。拉兹认为"法治"的概念,从字面上理解就是法的统治(the rule of law),广义的"法治"指"人们应当服从法律并受法律的统治",狭义的法治则特指"政府应当受法律统治并服从法律"。法治就是依规则治理(governance by rule),它意味着政府与人民的一切行为都受到事前制订并宣布的规则的约束——换言之,政府必须革除专断和独裁,严格依照事前制定好的规则运作;法治的建立需要政府的自我节制,依法行政,使人民有可能预见并规划个人的生计,进而使人的自由与尊严获得起码的保障。拉兹的法治理论,重视法律制定的合法性,主张法律成为最高的行为规范,侧重对政府专断权力的约束和抑制,强调法律要公开、明确、不溯及既往,并具有相对稳定性,以及对自然正义和个人尊严的诉求。拉兹认为,法治能够限制或防止执政者的专断和独裁,因而有助于稳定社会关系,增强人们对自己行为和活动的预见能力;有助于保护个人自由,即禁止某些干预个人自由的行

---

① 哈耶克著王明毅等译.通往奴役之路[M].北京:中国社会科学出版社,1997.73-74.
② 哈耶克著王明毅等译.通往奴役之路[M].北京:中国社会科学出版社,1997.75-76.

为;有助于维护个人尊严。①

与拉兹等人"法律至上"的形式法治理念相辉映,"二战"后崛起的新自然法学派法学家则更加执着于对实质法治的追求和关注。从对纳粹德国以法律名义进行恐怖统治的深刻反思中,法学家们认识到法律也可以被屈从于不道德的目的,形式主义的法治并不足以防止不公正,以法治国并不必然能保障正义,因此,新自然法学家们更积极地关注法的正当性或合法性,关心法律的内在目标与道德性、公民服从国家法律义务的性质,以及使法律变成值得服从的价值和伦理,主张通过更高的法价值来衡量实定法以及法制的正当性,法律应当体现正义与道德。

需要指出的是,现代西方法学思想家中,形式法治的主张者推崇"法律至上"原则,专注于法的规则性的探讨;实质法治的主张者则强调法的正义性或合法性,强调法治对于个人基本自由与权利的保障。从表面看,这两大法治理论似乎存有极大的分歧,但若深入考察一下这些法学家置身的社会、法律和文化的传统背景,就不难发现,拉兹等形式法治的理论家之所以对法的正义或合法性不甚留意,其原因就在于其所处身的英、美等国,法治秩序从确立之时起就是建立在自由主义传统基础之上的。换言之,一般发展中国家在法治建设过程中孜孜以求的法的正义原则或法的正当性价值,在他们那里早已得到了较好的解决。因此,这些法学家也就自然地更加专注于程序正义的诉求,强调限制和防止政府的专断独裁,以保障个人权利、自由与尊严。因此,作为现代法治理论两大类型的形式法治与实质法治,只是着眼点和强调的层面有异,两者所体现的法治精神或者说含涉的价值意蕴,其实并无二致。

二、中国法治思想流变的历史轨迹

(一) 古代中国有没有法治思想?

古代中国有没有法治思想? 这是一个至今仍会被提起并被激烈争论的话题,我们也常常会见到这样的说法:古代中国并没有"现代意义上"的法治思想;法治是西方文化的产物,在自然经济和儒家文化占主导地位的古代中国,既不可

---

① Joseph.Raz,*The Authority of Law: Essays on Law and Morality*,New York:Oxford University Press,1979.p.220.

能出现法治,也不可能有法治思想。果真如此吗?"法治"是否就是西方的专利? 法治思想有没有普适性? 古代法治思想为什么一定要有"现代意义"而且这是否可能? 经过这样的追问,我们似乎看到,否定古代中国有法治思想的论断,实际上是以常态的西方模式为参照标准的。

夏勇先生在《法治源流——东方与西方》一书中有三个提问:第一,你所说的"法治"究竟是指什么? 是柏拉图作为哲学王之治替代方案的法治,还是亚里士多德作为神祇理智之治的法治? 是戴雪包含法律主导、法律面前人人平等和个人权利优先于法律而存在的法治,还是拉兹既包括法律确定、公开、明确、稳定、立法受制于一般法则,也包括司法独立、司法审查、诉讼简易、遏制自由裁量权、遵循自然正义那样的法治? 或者,是古代中国韩非子所说的法治,还是当下中国媒体所说的"依法治国"? 第二,你所说的"法治"里用以为治的"法"指什么? 是仅指国家制定或认可的实在法,还是也包括自然法、神法之类的非实在法? 或者,是不是马克斯·韦伯所说的理想的权威类型? 第三,你所说的"有"或"没有"指什么? 具体讲,一种关于法律权威的观念到了什么时候、什么程度才能被看作一种合格的"法治思想"? 在被认定为"法治思想"之前,它又算作什么呢?[①] 对于这三个问题,很难用较短的文字篇幅把它们说清楚,或者说很难正面去回答,但是任何关于法治或法律权威的分析,"一刀切"的思维方式显然是有害的,因为"怎样表述、怎样树立法律的权威在不同的文化和制度背景下有着不尽相同的路径和语式。同时,具体场合下的法治在程度、类别、层次和风格方面又是不同的。分析古代中国的法治思想,正是要从这样的具体场合下的具体要素入手"。[②]

何谓"法"? 从古到今,有关法的定义或概念众说纷纭,对它们进行归纳评论远非本书旨趣,也非寥寥数语能为之。但是,我们没理由固守教科书式思维——把"法"等同于"法律"(国家制定或认可的行为规范)。在这一点上,笔者倒是赞同江山先生在《中国法理念》里的"三重结构说":一是实在法,即实证法或法院法;二是理性法,即道德法或伦理法;三是自然法。[③] 前面两种都很好

---

①　夏勇.法治源流——东方与西方[M].北京:社会科学文献出版社,2004.62.

②　夏勇.法治源流——东方与西方[M].北京:社会科学文献出版社,2004.62-63.

③　江山.中国法理念[M].济南:山东人民出版社,2000.3-4.

理解,"实在法"的定义概念在各类法科教材上处处可见但都大同小异——国家制定或认可的行为规范;"理性法"在无限夸大道德伦理作用的儒家传统文化背景下人人都有一个直观的感受。那么,"自然法"呢? 他说:"自然法是人与宇宙之内在、本质关系的再现及其规约的思想体系。……一切技术法体系所内含的内在精神、价值理念、渊源理念都程度不同、直接或间接地吮吸了自然法的乳汁。不论外在的和谐,还是内在的正义、合理,或自由、平等、博爱、公平、对等,一切秩序的最终根据都是同一的——同构之守衡、统整、互助、自足的必然。这就是自然法。"①

何谓思想?《辞海》答曰:"思想亦称'观念',即理性认识。"②但这个简单的定义又引出一个问题:何谓理性认识? 理性认识的外在特征有哪些? 理性认识是人类认识过程的重要阶段,以事物的本质规律为认识对象,是对事物的内在联系的认识,具有抽象性、间接性、普遍性。理性认识的三种形式有:概念——对事物本质属性的概括;判断——在概念的基础上对事物的各种关系进行区分、识别;推理——由一个已知判断推出另一个未知判断。理性认识的这三种形式是认识的不断深化,具有递进性,理性认识靠的是人类的思维模式即逻辑思维。循此思路,对古代中国法律制度进行"按图索骥"式探究分析,可以发现其中蕴含的法律思想——这其中就包含了许多关于古代"法治"的观念和思想。③

中国是一个有着数千年专制主义传统的国度,政治传统和法律文化一向崇尚权力至上、推崇礼治而轻视法治,把法律视为统治人民之工具。中国传统社会是一个以儒家的"礼"或礼教伦理维系的社会,而不是如西方社会那样主要是依靠"法律"(law)治理的社会。儒家重视私人关系、强调道德标准内外有别的道德价值和伦理规范的二元化特质与现代"法治"强调法律的普遍性、强调法律平等适用于任何人的理念判断有着天壤之别——因此,古代中国社会整体上看肯定不是法治社会。但是,这一判断并不排斥古代中国社会出现过短暂的君主主导下的法治(比如贞观之治),也不否定曾经出现过一些与法治有关的观念或思想(尽管其系统性与古代西方法治思想无法相提并论)。

---

① 江山.中国法理念[M].济南:山东人民出版社,2000.5.
② 辞海[M].上海:上海辞书出版社,1979.1676.
③ 任何一种法律制度,都是某种法律观念或思想的外化;有什么样的法律观念或思想,就会有什么样的法律制度。所以,分析一种法律制度,必然能洞察隐藏其中的法律观念或思想。

（二）春秋战国之前法治思想的灵光

说起古代中国的法治思想，学界一般会对春秋战国时期"诸子百家"中的法家大书特书，这无疑是一个符合历史事实的共识——本书也认定古代中国法治思想的源头应该在法家代表人物的言论和著作里探寻。法家思想以其系统、深入之特质在古代法律思想史上占有重要地位，因此介绍法家思想的论著，可谓汗牛充栋。反观之下，探讨春秋战国之前法治思想的论著并不多见，似乎给人一种感觉：春秋战国之前古代中国并无法治思想。如果我们同意这种"感觉"，那就意味着我们肯定：法家思想一夜之间生长出来或者"突然"从天上掉下来——这种判断，显然不符合人类思想演进的一般规律。事实上，春秋战国之前法治思想就"闪现"在一些传说、古文献、律典条文之中，只是其表现形式不是系统化的思想体系，而呈现出"碎片化"特征且不稳定，故而称之为"灵光"。

中文"法"字，在西周金文中写作"灋"。与其他汉字一样，"灋"是一个绝妙的意象丰富的象形文字。汉代许慎《说文解字》说："灋，刑也。平之如水，故从水；廌，所以触不直者去之，从去。"灋由三部分组成：氵、廌、去。氵，平之如水。①廌，神兽也，亦即"獬豸"。《说文解字》说："獬豸，兽也。似山羊一角。古者决讼，令触不直。象形从豸者。凡廌之属，皆从廌。"《后汉书·舆服志》说："獬豸，神羊，能别曲直。"在这里，"廌"显然是一个传说图腾，"廌"又名"独角兽"，其角"触不直者去之"，代表正直、正义、公正。"廌"，在传说中其实就是一个自然神，被视为人间正义的一个重要源泉。

我国现存最早的识字课本《急就篇》里有"皋陶造狱，法律犹存"的记载。皋陶，又作咎陶、咎繇，亦作"皋陶""皋繇"或"皋繇"，是与尧、舜、禹齐名的"上古四圣"之一，被奉为中国司法鼻祖。皋陶主要功绩就是制定刑法，帮助尧舜禹推行"五刑""五教"。换一种视角，皋陶实现了远古时期纠纷化解从"一次性调整"到"规则调整"的过渡——法治就是"规则调整"的形式之一。

《左传》记载："夏有乱政，而作禹刑""商有乱政，而作汤刑"。这里，姑且不去考察禹汤之刑是"恶法"还是"良法"，也暂且忽略其内容是什么，单从社会调整技术角度考察，这无疑是从"一次性调整"到"规则调整"的形式法治。

---

① 何谓"平之如水"？说法有二：一说喻示法像水一样平，是为公平、公正；一说将人犯置于水面漂去。

成书于殷商的《洪范》概括了治国"八政",为中国古代"依法行政"的大纲大法。西周时确立"明德慎罚"的立法指导思想,用以替代夏商二代的"天罚",这仍不失为法治思想的一大进步。周公制礼,失礼入刑,刑"囊"于礼中——在"礼"这个能容万物的"乾坤袋"中,法治微弱的光芒很难透射出来或者很难被人觉察到。事实上,周文王的"罪人不孥"法令,比起商纣王的"罪人以族",肯定是法治文明的进步;周穆王时《吕刑》的"刑罚世轻世重"反映了朴素唯物主义倾向,而《吕刑》中关于'五刑之疑有赦'、'五罚之疑有赦'的刑法原则,实际上是近代刑法中的无罪推定原则,它表现了三千年前周刑法中的法治主义精神"。①

(三) 春秋战国时期法家之外其他学派的法治思想

春秋战国时代,王权衰落,诸侯争霸,社会发生剧变。有思想的知识分子面对现实的社会问题、人生问题等,提出了解决的办法和思想,各种学说、思想纷纷出现,史称"诸子百家"。其中,管仲、子产、李悝、商鞅、申不害、慎到、韩非等人因主张以法治国——"不别亲疏,不殊贵贱,一断于法"——故称之为法家。法家的法治思想,本书有专门介绍,此处仅对其他学派的法治思想略加梳理。当然,如果把"法"等同于"律"或"刑",那么从形式法治层面看,就很难说法家之外其他学派有什么法治思想。但如果换一种角度——比如用江山先生的"三重结构说"——我们可能有新的发现和思考。

先秦儒家思想的基点是维护"礼治""德治"。孔子提出并建立了以"仁"为核心、以"克己"为手段、以"复礼"为目的的思想体系,其所谓"正名""亲亲为大"等与形式法治要求格格不入。但是,孔子重教化、反对"不教而杀",具有某种积极作用。儒家其他代表人物主张"省刑罚、薄税敛",反对苛政。荀况说:"君者,舟也,庶人者,水也;水则载舟,水则覆舟"(《荀子·王制》)。孟轲说:"民之为道也,有恒产者有恒心,无恒产者无恒心。苟无恒心,放避邪侈,无不为已"(《孟子·滕文公上》)。由于重视犯罪的经济原因,他们都主张"富民""裕民",这种思想对后世立法曾产生良好影响,是儒家思想中最有价值的部分。可见,如果说先秦儒家思想中有什么法治因子,那么它们是被"礼"包裹起来的;先秦儒家更强调理性法(即道德法或伦理法)。

墨翟创立的墨家学派以"兼相爱、交相利"(《墨子·兼爱》)为核心,以"国

---

① 张晋藩.中华法制文明的演进[M].北京:中国政法大学出版社,1999.46.

家之富,人民之众,刑政之治"(《墨子·尚贤上》)作为奋斗目标。墨翟认为,法是治国所必需的,"天下从事不可以无法仪,无法仪而其事能成者,无有也。虽至士之为将相者,皆有法;虽至百工从事者,亦皆有法"(《墨子·法仪》)。为此,"赏当贤,罚当暴,不杀不辜,不失有罪"(《墨子·尚同中》)。这些思想,即使到今天也有可资借鉴的意义。

作为道家创始人的老聃是没落的奴隶主贵族的代表,他在社会大动荡面前鼓吹无为而治的自然法思想。他说:"人法地,地法天,天法道,道法自然"(《道德经》第二十五章)。又说:"天之道,不争而善胜,不言而善应,不召而自来,繟然而善谋"(《道德经》第七十三章)。他本着对自然法的体悟,揭示实在法的荒谬:"天下多忌讳,而民弥贫;民多利器,国家滋昏;人多伎巧,奇物滋起;法令滋章,盗贼多有"(《道德经》第五十七章)。"民不畏死,奈何以死惧之?"(《道德经》第七十四章)当然,他也主张必要的刑杀,以使民畏死:"若使民常畏死,而为奇者,吾得执而杀之,孰敢?"(《道德经》第七十四章)

需要指出的是,据《汉书·艺文志》的记载,诸子百家数得上名字的一共有一百八十九家,四千二百四十篇著作;《隋书·经籍志》《四库全书总目》等书则记载"诸子百家"实有上千家。但是,流传较广、影响较大、最为著名的不过几十家而已,归纳而言只有法家、道家、墨家、儒家、阴阳家、名家、杂家、农家、小说家、纵横家等十家被发展成学派,十家中又以法家、道家、墨家、儒家四家最为著名。所以,我们以法、儒、墨、道作为样本考查诸子百家法治思想,概略介绍,粗略分析,抛砖引玉,仅此而已。

(四) 封建正统儒学下的法治思想

秦灭六国,中国进入"家天下"时代。李斯和嬴政把先秦法家的思想理论在秦朝付诸实践。秦相李斯"以法为教""深督轻罪";始皇帝嬴政则"法令由一统""事皆决于法",极力推行"法治"。当然,李斯和嬴政推行的法治是君主主导下的法治,其目的仍然是为了建立"贵贱尊卑,不逾次行"的等级秩序,"职臣遵分,各知所行"的官僚秩序,"六亲相保,终无贼寇"的社会秩序,"禁止淫佚,男女絜诚"的婚姻家庭秩序。

汉初,刘邦用"黄老之治""约法省刑",成就了后来的"文景之治"。汉武帝时,"罢黜百家,独尊儒术",董仲舒以"天人感应"将儒学谶纬神学化,此后新儒学便成为统治中国两千余年的正统思想。此后,历朝历代并不缺法治思想的火花和法治实践,但是它们都被"罩"于封建正统儒学之下,宛若欧洲中世纪的法治思想"罩"于神学之下一样。事实上,汉律六十篇(尤其是《傍章律》)的制定、御史台的建立、"录囚"制度的设立,无不体现了"外儒内法"的统治模式。

三国两晋南北朝"大融合"时期,曹操实行"名法之治";晋律学家、三公尚书刘颂以"君臣之分,各有所司"为由,婉拒皇帝干预司法;强调皇帝不能随意更改法律,因为"人君所与天下共者,法也。已令四海,不可以不信以为教,方求天下之不慢,不可绳之以不信法"(《晋书·刑法志》)。为了做到公平理狱,他坚持律法断罪,"皆当以法律令正文,若无正文,依附名例断之,其正文名例所不及,皆不论"(《晋书·刑法志》)。著名法学家张晋藩认为:"刘颂的思想如与西方资产阶级在十七八世纪提出的司法独立和法无明文规定不为罪相比,可以发现在基本原则上具有一致性,只是刘颂提出于公元三世纪的晋朝,早于西方一千多年。"①

隋朝时期,行政管理体制定型于"三省"、开科取士、"十恶"入律、"三复奏"慎刑等,在某种意义上都体现了封建法治的进步。

唐朝时期,李世民深知"法之不行,自上犯之",②故其强调"人有所犯,一断于律。"③正是他"明法慎刑,以宽仁治天下",造就了"贞观之治"。"贞观时期封建法治秩序的建立,是和太宗率先垂范分不开的。"④作为中华法系成熟与定型的《唐律疏议》在其《名例律》中载明:"诸断罪,皆须具引律令格式正文,违者笞三十。"这是将法治精神法律化并在司法实践中付诸实施。"这种援法断罪、罪刑法定的原则,是在当时世界上树立起来的一面先进的法治大旗。"⑤

宋朝时期,无论是在科举中增加"明法科",还是创建鞫谳分司、翻异别推等具体的司法制度,无不体现了统治者的封建法治意识——没有这种意识,就没有这样的制度。事实上,两宋时期社会的法治氛围也是空前的——若非如此,不可能诞生包拯这样的"青天",也不可能出现世界上第一部法医学著作宋慈的《洗

---

① 张晋藩.中华法制文明的演进[M].北京:中国政法大学出版社,1999.213.
② 此语出自商鞅:"令行於民期年,秦民之国都言初令之不便者以千数。於是太子犯法。卫鞅曰:'法之不行,自上犯之。'将法太子。太子,君嗣也,不可施刑,刑其傅公子虔,黥其师公孙贾。明日,秦人皆趋令。行之十年,秦民大说,道不拾遗,山无盗贼,家给人足。"(《史记·商君列传》)
③ (转引自)张晋藩.中华法制文明的演进[M].北京:中国政法大学出版社,1999.257.
④ 张晋藩.中华法制文明的演进[M].北京:中国政法大学出版社,1999.287.
⑤ 张晋藩.中华法制文明的演进[M].北京:中国政法大学出版社,1999.253.

冤集录》。

明末清初,社会大动荡,各种"异端"思想应运而生,其中最为典型的是黄宗羲、王夫之、顾炎武、唐甄等人为代表的社会批判思潮。黄宗羲否定"家天下"的传统政体以及"一家之法",主张"以天下之法代替一家之法""天下为主君为客""有治法而后有治人",①这些思想体现的虽仍是封建法治主义精神,但已接近资产阶级法治思想的门槛。王夫之认为"天下有定理而无定法",故法律应因时变革,应实行"任道"统帅下的"任人"与"任法"相结合。王夫之所谓"道",其实就是"伦理法"。唐甄虽"重德轻刑",但其"刑先于贵"的主张则是间接地表达了"刑无等级"的法治思想。

（五）近代转型时期的法治思想

1840 年鸦片战争后,中国社会开始近代转型。这一时期,"西学东渐"加剧,各种思潮应运而生,主要有:(1)地主阶级改革派思想(如包世臣的法律平等观、龚自珍的"更法"、魏源的"师夷"等);(2)洋务派思想(如曾国藩的"严刑致安"、张之洞的"中体西用"等);(3)资产阶级改良派思想(如康有为"托古改制"、谭嗣同反名教倡民主、梁启超"开民智"及权利自由立宪说、严复的法治概念及自由主义法律观等);(4)清末修律礼法之争两派思想(如沈家本"融会中西"的法律思想、杨度的国家主义法律观等);(5)资产阶级革命派思想(如章太炎"中西合璧"的法治论、孙中山的"五权宪法"等)。这五派思潮中,对后世影响比较大的仍是后面三派,所以这里仅以严复、沈家本、章太炎三人为例,对近代转型时期中国法治思想略作说明。

在中国近代,对西方思想文化有着全面深刻理解的人物要首推严复。他翻译了大量西方法学名著,促进了西方法学、社会学、政治学思想在中国的广泛传播。在此过程中,也形成了自己的法治理论。他认为,"上下所为,皆有所束"乃法治要义;②法治是根本,民权是关键。他还对中西文化进行了比较:"中国最重

---

① （转引自)俞荣根等.中国法律思想史[M].北京:法律出版社,2000.230.
② 严复翻译的《法意》由商务印书馆于 1904—1909 年分 7 册出版。严译《法意》过程中,添加了167 条按语,此处所引为其一:"上下所为,皆有所束"是其中一条按语,全文为:"孟氏之所谓法,治国之经制也。其立也虽不必参用民权,顾立之之余,则上下所为毕有所求。若夫督责书所谓法者,直刑而已矣。所以驱迫束缚其民而国君则超乎法之上,可以意用法易法而不为法所拘。夫知是,虽有法亦适成专制而已。"

三纲,而西人首明平等;中国亲亲,而西人尚贤;中国以孝治天下,而西人以公治天下;中国尊主,而西人隆民"(《侯官严氏丛刻·论世变之亟》)。①

清末修律,以沈家本为首的法理派和以劳乃宣为首的礼教派展开了"礼法之争"。沈家本不仅主持清末修律、创建"京师法律学堂",还翻译了很多西方法律法典和法学著作。在与礼教派的论战中,他阐述了自己的法治思想。他主张司法独立,"宪法精理以裁判独立为要义,此东西各国之所同也"。② 他反对"刑有等级",主张法律平等;主张删除比附论罪,限制死刑;强调法治关键在于法的实行。可以说,沈家本是近代中国最有影响力的法学家。

章太炎是以"中西合璧"思想著称的法治论者。他认为,法律是经国之本,要治理好国家,就必须像商鞅、韩非那样"知大法";立法必须"抑强辅微""抑官伸民""抑富振贫"。③ 章太炎是"中华民国"一词的发明者,他反满、反代议制、反封建专制,他希望建立一个"专以法律为治"的"中华民国"——为此,他还提出了"刑罚依科""执法为齐"的法治论,以及"制四法分四权"的立国方案。

辛亥革命爆发后,各省纷纷宣布独立,制定"省宪"约法,从而"联邦制"思想曾经昙花一现;孙中山的"五权宪法"思想也随着他的"临时约法"而最终定格为历史。北洋军阀统治时期,军阀割据,政权不统一。国民党统治时期,1946年制定《中华民国宪法》,也有一些资产阶级国家宪法"通例"式规定,比如"无分男女、宗教、种族、阶级、党派,在法律一律平等"(第七条)。"人民身体之自由应予保障,除现行犯之逮捕由法律另定外,非经司法或警察机关依法定程序,不得逮捕拘禁。非由法院依法定程序,不得审问处罚。非依法定程序之逮捕、拘禁、审问、处罚,得拒绝之"(第八条)等等。但是,国民党政权当时忙于内战,无暇把纸上的宪法条文变成人民实际享有的权利。倒是《六法全书》的制定是这一时期可圈可点之事,它毕竟为当时的政权实行法治提供了一个完备的法律体系。这一时期,一些学者也关心国家命运,呼吁"法治",其中影响最大的当属"旧文人"胡适。

胡适是新文化运动的领袖之一,在政治法律思想方面有独到见解。胡适认

---

① (转引自)俞荣根等.中国法律思想史[M].北京:法律出版社,2000.301.
② 故宫博物院.清末筹备立宪档案史料(上)[M].北京:中华书局,1979.828.
③ (转引自)张国华等.中国法律思想史[M].兰州:甘肃人民出版社,1987.533.

为,中国古代有许多自由思想资源,每到宗教与思想走入黑暗,总有大批思想家奋起批评,但由于中国自由思想在民主、容忍和和平改革方面的缺失,总是为暴力专制统治所淹没。他说:"民主政治是常识的政治,而开明专制是特别英杰的政治。特别英杰不可必得,而常识比较容易训练。在我们这样缺乏人才的国家,最好的政治训练是一种可以逐渐推广政权的民主宪政。"①胡适根据西方宪政观念,提出了"好政府主义"的三个好处——可以得到批判政府的标准、民治原理、革命原理。基于此,他认为改革中国政治的最低限度就是建立一个"好政府"。

（六）中国共产党关于法治的探索和实践

历史地考察可以发现,中国共产党人对现代中国法治建设的探索,早在新民主主义革命时期就已开始——毛泽东与黄炎培关于"历史周期率"的著名谈话就是一个很好的例证。

1945 年 7 月,褚辅成、黄炎培、冷遹、傅斯年、左舜生、章伯钧六位国民参政员访问延安,为两党谈判搭建桥梁——也成就了著名的"窑中对"。六位参政员将要回重庆时,毛泽东问黄炎培有什么感想,黄炎培坦率地说:"我生六十多年,耳闻的不说,所亲眼看到的,真所谓'其兴也勃焉'、'其亡也忽焉',一人,一家,一团体,一地方,乃至一国,不少单位都没有跳出这周期率的支配力。大凡初时聚精会神,没有一事不用心,没有一人不卖力,也许那时艰难困苦,只有从万死中觅取一生。既而环境渐渐好转了,精神也就渐渐放下了。有的因为历史长久,自然地惰性发作,由少数演变为多数,到风气养成,虽有大力,无法扭转,并且无法补救。也有为了区域一步步扩大,它的扩大,有的出于自然发展,有的为功业欲所驱使,强求发展,到干部人才渐见竭蹶、艰于应付的时候,环境倒越加复杂起来了,控制力不免趋于薄弱了。一部历史'政怠宦成'的也有,'人亡政息'的也有,'求荣取辱'的也有。总之没有能跳出这周期率。中共诸君从过去到现在,我略略了解的了。就是希望找出一条新路,来跳出这周期率的支配。"②毛泽东听了他这番话后,回答说:"我们已经找到新路,我们能跳出这周期率。这条新路,就是民主。只有让人民来监督政府,政府才不敢松懈。只有人人起来负责,才不会

---

① 　胡适.再论建国与专制[J].北平:独立评论(第 236 号),1937-5-30.

② 　杨津涛.黄炎培与毛泽东畅谈"历史周期率"[J].北京:国家人文历史,2013(3).59.

人亡政息。"①

1949 年新中国成立至 1957 年"整风反右"运动这一段时期,应该说是新中国"法制"建设起步和奠基阶段。这一时期,可圈可点的法治事件就是五四宪法的制定。五四宪法是新中国第一部宪法,也是一部较为完善的宪法。但遗憾的是,它只是"纸上的宪法"而已。1957 年以后,人治思想占据主流,作为法治基础的法制被逐渐破坏,最终发生十年"文革",五四宪法连国家主席都保护不了,让人深省。

可以说,1978 年前中国主流意识形态领域难觅"法治"思想,占主导地位的是浓厚的"人治"思想。著名法治思想家、"中国法治三老"之一的李步云先生曾经指出:"从 1949 年到 1978 年的前 28 年,曾经历法制初创(1949—1956 年)、停滞不前(1957—1966 年)和彻底破坏(1966—1976 年)三个阶段。它的基本特征是实行社会主义的'人治'。其主流意识形态可概括为五个主义:一是法律虚无主义——认为法律可有可无,主张以党代政,以党代法。二是法学教条主义——把马恩列斯毛的话句句当真理;将领袖人物的语录编辑和注解,就是马克思主义法学。三是法律经验主义——否认理论的价值,拒绝借鉴古今中外的法律文化遗产与成果。四是法律工具主义——否认法律的伦理价值,仅仅将其视为工具;认为法律束手束脚,往往以党的政策和长官意志替代法律。五是法律实用主义——强调法律为无产阶级专政服务,不能正确处理法律和政治的关系,不尊重法律应有的尊严和权威。"②

1978 年 12 月 13 日,邓小平同志在中央工作会议闭幕会上发表了题为《解放思想,实事求是,团结一致向前看》的著名讲话,发出了健全法制的号召:"为了保障人民民主,必须加强法制。必须使民主制度化、法律化,使这种制度和法律不因领导人的改变而改变,不因领导人的看法和注意力的改变而改变。"③正是在他的推动下,五天后党的十一届三中全会召开,作出了将全党工作重点转移到经济建设上来的战略决策,提出了法治建设的"旧十六字"——有法可依、有法必依、执法必严、违法必究。④ 四年后,通过了八二宪法,开启了中国"依宪治

---

① 杨津涛.黄炎培与毛泽东畅谈"历史周期率"[J].北京:国家人文历史,2013(3).59.

② 李步云.中国法治历史进程的回顾与展望[J].上海:法学,2007(9).27—34.

③ 邓小平文选(第二卷)[M].北京:人民出版社,1994.146.

④ 与之对应的是 2014 年 10 月《中共中央关于全面推进依法治国若干重大问题的决定》中正式提出的"科学立法、严格执法、司法公正、全民守法",这被誉为"新十六字方针"。

国"的新纪元。

1989 年 6 月 16 日邓小平曾说:"一个国家的命运建立在一两个人的声望上面,是很不健康的,是很危险的。不出事没问题,一出事就不可收拾。"①三个月后又说:"我历来不主张夸大一个人的作用,这样是危险的,难以为继的。把一个国家、一个党的稳定建立在一两个人的威望上,是靠不住的,很容易出问题。"②他的这些论述,为后来正式确立依法治国的治国方略奠定了坚实的理论基础。

1996 年,第八届全国人民代表大会第四次会议制定的《国民经济和社会发展九五计划和 2010 年远景目标》指出,到下世纪初要初步建立社会主义法治国家。1997 年 10 月,中共十五大报告首次明确提出"建立社会主义法治国家"的目标。1999 年 3 月,全国人民代表大会对八二宪法进行修改,将法治与法治国家予以宪法确认:"中华人民共和国实行依法治国,建设社会主义法治国家"(宪法第五条第一款)。这是中国近现代史上破天荒的事件,是中华人民共和国治国方略的重大转变。

2000 年 3 月 15 日第九届全国人民代表大会第三次会议通过的《中华人民共和国立法法》载明其宗旨是"建立和完善有中国特色的社会主义法律体系,推进依法治国,建立社会主义法治国家"。

2008 年 5 月 4 日,时任国务院总理的温家宝在与中国政法大学学生讨论依法治国时强调:依法治国,建设社会主义法治国家不仅是中国特色社会主义的重要内容,而且是成熟的社会主义的标志。发展民主、健全法制、依法治国不仅是我们的基本治国方略,而且是每一个百姓自身权利和自由的根本保障。我们常讲的发展经济和社会和谐,其实都离不开法治,法治是基础。当回答学生提问"法治精神如何理解"时,他说:"一是宪法和法律的尊严高于一切;二是法律面前人人平等;三是一切组织和机构都要在宪法和法律的范围内活动;四是立法要发扬民主,法律要在群众中宣传普及;五是有法可依,有法必依,执法必严,违法必究。""天下之事,不难于立法,而难于法之必行。"③

---

① 邓小平文选(第三卷)[M].北京:人民出版社,1993.311.
② 邓小平文选(第三卷)[M].北京:人民出版社,1993.325.
③ 赵承.总理同大学生谈心——温家宝与中国政法大学学生共度"五四"青年节[N].北京:新华网,2008-05-04.

2011年3月10日,时任全国人大常委会委员长的吴邦国向十一届全国人大四次会议作全国人大常委会工作报告时宣布,一个立足中国国情和实际、适应改革开放和社会主义现代化建设需要、集中体现党和人民意志的、以宪法为统帅、以宪法相关法和民法商法等多个法律部门的法律为主干的、由法律、行政法规、地方性法规与自治条例、单行条例等三个层次的法律规范构成的中国特色社会主义法律体系已经形成,国家经济建设、政治建设、文化建设、社会建设以及生态文明建设的各个方面实现有法可依。三十多年的法治建设形成了数量庞大的法律规范体系,包含240余部法律,700多部行政法规,8700多个地方性法规,2万多个规章。① 2013年1月7日,现任中共中央总书记、国家主席、中央军委主席的习近平就做好新形势下政法工作做出重要指示:"全力推进法治中国建设"。同年2月23日,习近平在十八届中央政治局第四次集体学习时讲话指出:"全面推进科学立法、严格执法、司法公正、全民守法,坚持依法治国、依法执政、依法行政共同推进,坚持法治国家、法治政府、法治社会一体建设,不断开创依法治国新局面"。② 同年11月党的十八届三中全会公报指出:"建设法治中国,必须深化司法体制改革,加快建设公正、高效、权威的社会主义司法制度,维护人民权益。维护宪法法律权威,深化行政执法体制改革,确保依法、独立、公正行使审判权、检察权,健全司法权力运行机制,完善人权司法保障制度。"③

2014年10月28日党的十八届四中全会通过了《中共中央关于全面推进依法治国若干重大问题的决定》,成为当代中国法治史上一个里程碑。该决定指出,全面推进依法治国,总目标是建设中国特色社会主义法治体系,建设社会主义法治国家。这就是在中国共产党领导下,坚持中国特色社会主义制度,贯彻中国特色社会主义法治理论,形成完备的法律规范体系、高效的法治实施体系、严密的法治监督体系、有力的法治保障体系,形成完善的党内法规体系,坚持依法治国、依法执政、依法行政共同推进,坚持法治国家、法治政府、法治社会一体建设,实现科学立法、严格执法、司法公正、全民守法,促进国家治理体系和治理能力现代化。④

① 莫于川等.贯彻四中全会精神、提高地方立法质量[J].南阳:南都学坛,2015,(1).68-74.
② 中共中央宣传部.习近平总书记系列重要讲话读本[M].北京:人民出版社,2014.81.
③ 中共十八届三中全会公报[N].上海:东方网,2013-11-12.
④ 中共中央关于全面推进依法治国若干重大问题的决定[J].北京:求是,2014(21).3-15.

　　毫无疑问,这是我国法治进程的巨大飞跃,具有深远的历史意义和重大的现实意义。然而"徒法不足以自行",我们应当不懈地奋斗,使法治观念深入人心,使国家管理和社会运行早日真正地注入法治的"惯性",形成办事依法、遇事找法、解决问题用法、化解矛盾靠法的良好环境,在整个社会培育法治文化、树立法治信仰。我们有理由相信,在十八届四中全会的强力推动下,党的执政能力和执政水平一定会提升到一个新的高度,社会主义法治国家一定能早日建成。

第二专题 依宪治国的地位与要件

　　我们讨论"依宪治国的地位与要件"这样一个主题的背景是当下中国的"法治"。我们从对宪法自身属性、宪法在法律体系中的地位、依法治国首先要依宪治国三个方面说明依宪治国在法治中的地位;借用"徒法不足以自行"的古训推导出依宪治国的形式要件是"行宪"(实施宪法),依宪治国的实质要件是"良宪"。

　　必须说明,本书的核心词是"法治""依宪治国",似乎有必要用一两节来专门讨论"法治""依宪治国"的定义问题。但是,如果真的那么做,我们会陷入关于定义的纷争之中。古罗马法学家盖尤斯曾告诫人们:"一切定义,在法学上都是危险的。"①陷入关于定义的纷争,会淡化我们真正想集中精力讨论的主题。所以,我们采用的方式是"借用"。对于"法治",我们借用的是亚里士多德的经典定义:"法治应包含两重意义:已成立的法律获得普遍的服从,而大家所服从的法律又应该本身是制订得良好的法律。"②对于"依宪治国",我们主要是根据习近平总书记有关依宪治国的有关论断。

第一节 依宪治国的地位

一、宪法的属性

　　(一) 辞源意义上的"宪法"

　　英语中表达宪法的词语是"Constitution",法语为"la Constitution",德语为

---

①　周枏.罗马法原论(上)[M].北京:商务印书馆,1994.9.
②　(古希腊)亚里士多德著吴寿彭译.政治学[M].北京:商务印书馆,2013.202.

"Verfassung"。从辞源上考察,这些词语都来自于拉丁文"Constitutio",最初的词意是建立、组织和结构。古希腊著名哲学家亚里士多德在《各国宪法》中最早使用宪法一词,并在汇集一百五十八个城邦国家法律的基础之上,根据法律的作用和性质,将法律分成两类:一类为普通法律,另一类为宪法,即规定国家机关的组织与权限的法律,此时宪法为城邦一切政治组织的依据。他说:"政体(宪法)为城邦一切政治组织的依据,其中尤其着重于政治所由以决定的'最高治权'的组织。城邦不论是哪种类型,它的最高治权一定寄托于'公民团体'。"①他还主张,普通法律应以宪法为依据,"法律必然是根据政体(宪法)制订的"。② 古罗马时期,被称为"constitio"的是指那些由皇帝发布的谕令,包括"告示""训示""批复"和"裁决"四种形式,以区别于市民会议通过的法律文件。除了在称谓上有一些不同外,普通的法律,罗马的行政长官即可变更,但关系到国家根本组织的法律,则须由护民长官参加。此时,古希腊、古罗马时期的宪法已经有了较为确定的客观内容,即国家的政权结构,包括国家政权构成要素及其相互关系。但是,古希腊、古罗马时期宪法在形式上并无法典形式,也没有大致统一的体例。③

　　我国古文献中曾出现过"宪""宪法""宪令"之类词汇,④但其内涵与现代宪法不同。"中国古代没有宪法"这一基于近代立宪主义宪法标准进行的基本判断,并不影响我们关于中国古代"宪法"的另外一个基本判断:古代我国不仅出现过类似"组织法"意义上的一些法律规范,而且相对于同时代的其他国家立法而言已经非常"发达",如唐六典、宋代"制"与"式"、明清会典等。更久远的殷商《洪范》从篇名看也有"大"法之寓意,⑤只不过不是现代立宪意义上的宪法而已。抛开名称和外在形式,从唐六典等内容上来看,这些古代典籍已经与亚氏所言组织法意义上的"宪法"多少有些相似。

① (古希腊)亚里士多德著吴寿彭译.政治学[M].北京:商务印书馆,2013.132.
② (古希腊)亚里士多德著吴寿彭译.政治学[M].北京:商务印书馆,2013.151.
③ 馨元.宪法概念的分析[J].重庆:现代法学,2002(2).3-13.
④ 比如《尚书·说命》中"监于先王成宪",《国语·晋语》中"赏善罚奸,国之宪法",《韩非子·宪法》中"法者,宪令著于官府,刑罚必于民心"等。
⑤ 相传为周灭商后二年,箕子向周武王陈述"天地之大法"的记录,提出了帝王治理国家必须遵守的九种根本大法,即"洪范九畴"。它有自己的一套体系,其中第五畴"皇极"(君主统治准则)是全部统治大法的中心,其他各畴大都是为了建立好这一"皇极"所施的各种统治手段与方法。它的中心思想是,倡导一种基于上帝意志的神权政论,强调按照神的旨意建立最高统治准则——"皇极",以保障"天子作民父母,以为天下王"。

在古代中国出现的"宪"，也随着历史的变迁而发生含义上的演变。"宪"在古代中国最基本的意义就是"法"、法律或者典章制度，如《尚书》中的"监于先王成宪"，《尔雅·释诂》和《佩文韵府》中的"宪，法也"。《周礼·天官·小宰》的疏文对"宪"的注释是："宪，为至令云"，《尔雅·释诂》说："宪，至法也"，这里所谓的"至令"、"至法"就是最高法律的意思。古代皇帝所谓的"口含天宪"就是指他们的命令常常有最高的法律效力，所以古代帝王的命令也称为"宪"。可见，这时候的"宪"同样没有统一的形式，但它具有最高法律地位的思想在当时已经确立了。今天宪法含义仍体现出与古代宪法的千丝万缕的联系。①

尽管大家公认"宪法"（constitution）一词古已有之，但作为国家根本法意义上的宪法却是伴随着资产阶级民主革命的胜利、资产阶级政权的建立和资产阶级民主制度的确立而出现的，它的产生有着深刻的历史和经济、政治、思想文化上的条件。《牛津法律大辞典》中的宪法概念为："宪法（constitution），指某一特定政治社会政府的基本政治和法律结构，解决诸如国家首脑、立法、行政和司法机构，它们的构成权力及关系之类的事项。每个国家都有宪法，因为每个国家都是依据某些原则和规则进行运转的。"②

（二）宪法是不是法？

1. 宪法是"法"

"宪法是不是法？这个问题显得既深刻又浅显。以现情观察，它在审查、判决、救济等方面的例证实在很少，民众的认知层面也较低。于是，一些有这疑问的动机也就不难理解。'把宪法看成是一种文献'，反而代表了诸多人群的认知。"③宪法是"法"，乍看起来是个多余命题。但是，联系到我国法治实践进程中宪法曾被束之高阁、名为根本大法实为"闲法"的惨痛历史教训以及视宪法为"政治法"的观点等，强调宪法是"法"还是颇具现实意义的。

"宪法是法律，构成了宪政的规范前提和逻辑基础。在成文宪法国家，宪法是法律作为一个普遍接受的通则，已经成为无须争辩的宪法常识。然而，我国法学理论界对此并不十分认同，宪法未必是法律的主张颇有市场，以至于对现行宪

---

① 馨元.宪法概念的分析[J].重庆:现代法学,2002(2).3-13.

② 牛津法律大词典[M].北京:光明日报出版社,1989.200.

③ 曹众.对宪法敬而远之即为亵渎[J].兰州:人大研究,2015(1).8-12.

法中宪法是国家的根本法的解读只停留在政治宣言层面,而不去深究其规范层面的法律意义,时至今日,仍然有相当数量的学者认为宪法是政治属性的,不是法律属性的,不能够像普通法律那样为司法过程所适用。这足以说明,在中国,宪法是法律这个常识仍然需要进一步澄清。"①

宪法首先是法,其次才是根本法。突出其"法"的属性,有利于宪法摆脱被纯粹视为"政治宣言"束之高阁的状态而得以实施;强调宪法是"法",可以说是针对中国宪法目前不能实际有效运行而谋求的一种对策性定位。宪法是"法",这一判断的法律意义在于:既然宪法是"法",那么"依法治国"在逻辑上就包括但不限于"依宪治国",后者与前者是一种"必要"关系。

2. 宪法是"母法"

"宪法者何物也? ……为国家一切法度之根源。"②此说与当下学界通识一致,即宪法是"母法";当然,也有否认宪法是"母法"的观点。③

但是,我国大部分学者还是认同宪法是"母法"的观点。也就是说,作为母法的宪法是"法中之法",是一切合法权威的合法来源。④ 在法治和依宪治国的关系上,笔者认同刘博识等在《"依宪治国"在依法治国中的核心作用》一文中提出的"依法治国的核心是依宪治国"观点。该文强调:"依法治国中的'法'并非普通法律,而是指以宪法为核心的法律体系,在这个体系中,宪法是根本和依据。"⑤

我国法学辞源对"母法"的解释是:(1)一国法律法规的制定,以外国法律为

---

① 赵娟.宪法是法律吗? [J].南京:南京社会科学,2014(7).77 82.
② 梁启超.梁启超政论选[M].北京:新华出版社,1994.26.
③ 比如,谢维雁的《"母法"观念释读——宪法与法律关系新解》(《四川大学学报》2005年第5期第128—133页)一文就认为:"尽管我们不能否认,'母法'观念在法律体系建立过程中有其积极意义,但其消极影响却是巨大的,主要体现在:(1)'母法'观念导致宪法虚置……(2)'母法'观念导致违宪审查制度的缺失,宪法难以至上……(3)'母法'观念不利于宪法的稳定……(4)'母法'观念导致宪法权威低落……(5)'母法'观念侵蚀了公、私法划分的理论基础……(6)'母法'观念导致宪法价值的失坠……"魏宏的《对宪法性质及相关问题的重新思考》(《法学论坛》2003年第1期第35—40页)也认为,宪法不是母法,而是关于国家政治生活准则的部门法,在本质上是一种政治契约;有关国家权力的来源与性质、配置与运作、制约与监督等问题是一个国家宪法的核心内容,而关于发展经济、教育、科学技术、文化艺术、思想教育、计划生育、环境保护等问题不是宪法应有的内容。此类文章很多,不一一枚举罗列。
④ 龚祥瑞.比较宪法与行政法[M].北京:法律出版社,2003.28.
⑤ 刘博识等."依宪治国"在依法治国中的核心作用[J].兰州:人大研究,2015(1).4—8.

依据,称其法源的外国法为母法,而称依此所制定的法律为子法;(2)国家制定的条律或命令所依据的法律,被称作母法,根据母法所制定的法律、法令等称作子法。可见,从词源上讲,"母法"最初并非指宪法,仅指法律、法规、命令制定的"依据",当然这既包括国内的"依据",也包括国外的"依据"。

"宪法母法说"作为一种根深蒂固、影响深远的学说,其影响力已经远远超越了纯粹的学术意义上的争论,而成为我国立法实践所奉行的一个基本原则,尤其是物权立法中的违宪之争,更是凸显了宪法母法说在当前法律体系建构中的特殊地位。对于宪法母法说的基本观点,很多学者都有过经典性的论述,其中著名宪法学家吴家麟先生的表述最具代表性,他认为:"在宪法中通常都规定了一国的立法原则,使立法机关在日常立法活动时有所遵循;同时又只能规定立法原则,而不能代替普通立法。所以许多宪法学家把宪法称为'母法'、'最高法',而把普通法律称为'子法'。"①在这个意义上,所谓母法其实是指作为立法基础的规范;而作为子法其实是指依据某个立法依据所订立的法律规范。也就是说,宪法是制定普通法律所必须依据的立法基础和根本规范,普通的法律必须根据宪法的原则和精神来制定。正是因为其他的普通法律必须要根据宪法来制定,必须要遵守宪法的精神和原则,所以人们才形象地将宪法和普通法律之间的关系比喻为母亲和子女之间的关系,将宪法看作是诸法之母,是孕育和生养其他普通法律的根源,而其他的普通法律必须依靠宪法的养育才能生长,必须具有宪法上的依据才具有合法性基础。这种母亲和子女之间的关系一语道破了宪法母法说的本质之所在。正是因为宪法是诸法之母,是所有普通法律的最高来源,所以其他的法律必须遵守宪法而不能违反宪法,宪法才具有了凌驾于一切普通法律之上的至尊地位。②

宪法母法说不仅仅对我们的宪法理论有着重要的影响,对于我国的法律体系和法治实践也在事实上起着潜移默化式的决定作用,这在 2000 年通过的《中华人民共和国立法法》中表现得尤为明显。根据凯尔森的法律位阶理论以及宪法母法说,《立法法》对我国立法中的权限、程序、法律解释以及规范冲突的解决机制都作出了开拓性的规定,其中最大的价值莫过于为我国的法律体系的效力

---

① 吴家麟.宪法学[M].北京:群众出版社,1983.22.

② 秦强."宪法母法说"的理论形态及其价值转变[J].济南:山东大学法律评论,2008(7).69—79.

位阶提供了一个明确的法律依据。根据《立法法》的规定,我国的法律位阶体系可简要地归结如下:(1)宪法具有最高的法律效力,一切法律、行政法规、地方性法规、自治条例和单行条例、规章都不得同宪法相抵触;(2)宪法的效力高于行政法规、地方性法规、规章,行政法规的效力高于地方性法规、规章;(3)地方性法规的效力高于本级和下级地方政府规章,省、自治区人民政府的规章的效力高于本行政区域内省会市、较大的市的政府规章。正是由于《立法法》对法律体系的位阶所做的突出性的贡献,所以《立法法》才赢得了"小宪法"的称号,在效力位阶上位居一法之下,诸法之上,仅仅低于宪法,而高于其他所有的普通法律。①

　　2015年3月15日,第十二届全国人民代表大会第三次会议通过《全国人民代表大会关于修改〈中华人民共和国立法法〉的决定》,以第20号主席令公布。新修改的《立法法》分为"总则""法律""行政法规""地方性法规、自治条例和单行条例、规章""适用与备案审查""附则"等六章,共计一百零五条。该法第一条即说明其制定依据是宪法:"为了规范立法活动,健全国家立法制度,提高立法质量,完善中国特色社会主义法律体系,发挥立法的引领和推动作用,保障和发展社会主义民主,全面推进依法治国,建设社会主义法治国家,根据宪法,制定本法。"

　　宪法的根本属性在于一切国家权力的实现方式都根据宪法而确立,一切国家权力的运行都必须依据此根本法。意即统治阶级实现国家权力唯有根据宪法才能获得合法性方式,同时由于国家权力的分工而依宪产生的一切权力包括立法权、行政权、司法权也都必须遵循宪法铺设的轨道而运行。我们平常所说的"宪法是法律的法律",只是对宪法在国家权力的一个领域里的阐释,只是宪法在立法权力上的效力使然。这种说法,意味着立法机关行使立法权必须依据宪法,宪法是普通法律的立法依据或立法基础,宪法成为衡量所有法律的最高标尺。行政权也是宪法的产物,它具体的运行方式包括行政管理、行政立法都以宪法为最高的准则,不仅在程序上以宪法为至上,而且在实体上也应符合宪法的精神和原则。司法权也是基于宪法的赋予而存在,司法机关同样也是基于宪法的授权而专门享有司法权力,它不能僭越立法权也不能受制于行政权。②

①　秦强."宪法母法说"的理论形态及其价值转变[J].济南:山东大学法律评论,2008(7).69-79.
②　馨元.宪法概念的分析[J].重庆:现代法学,2002(2).3-13.

二、宪法在法律体系中的地位

（一）中国当代法律体系的形成与构成

法律体系,法学中有时也称为"法的体系",是指由一国现行的全部法律规范按照不同的法律部门分类组合而形成的一个呈体系化的有机联系的统一整体。简单地说,法律体系就是部门法体系。部门法,又称法律部门,是根据一定标准、原则所划分的同类规范的总称。

中国特色社会主义法律体系是在中国共产党领导下,适应中国特色社会主义建设事业的历史进程而逐步形成的。新中国成立初期,中华人民共和国面临着组建和巩固新生政权、恢复和发展国民经济、实现和保障人民当家作主的艰巨任务。根据政权建设的需要,从1949年到1954年第一届全国人民代表大会召开前,中国颁布实施了具有临时宪法性质的《中国人民政治协商会议共同纲领》,制定了中央人民政府组织法、工会法、婚姻法、土地改革法、人民法院暂行组织条例、最高人民检察署暂行组织条例、惩治反革命条例、妨害国家货币治罪暂行条例、惩治贪污条例、全国人民代表大会和地方各级人民代表大会选举法以及有关地方各级人民政府和司法机关的组织、民族区域自治和公私企业管理、劳动保护等一系列法律、法令,开启了新中国民主法制建设的历史进程。1954年9月,第一届全国人民代表大会的召开,标志着我国人民代表大会制度的正式建立。在此会议上,通过了新中国的第一部宪法。此后,全国人大及其常委会通过的法律共60件,主要包括:全国人大组织法、国务院组织法、地方组织法、法院组织法、检察院组织法、逮捕拘留条例、军官服役条例、兵役法、警察条例、治安管理处罚条例、户口登记条例、工商统一税条例等。此外,还批准了一批民族自治地方制定的自治条例和单行条例,颁布了一批法律性文件。但是,此后我国经历了一个立法停滞阶段,从1959年至1977年整整十九年基本没有立法活动。这期间,全国人大常委会只在1963年通过了商标管理条例、军官服役条例(修正)和1964年通过了外国人入境出境管理居留管理条例3件法律。从1966年开始,全国人大及其常委会停止工作。1975年1月召开的四届全国人大一次会议是在整个"文革"期间唯一的一次全国人大会议,这次会议通过了一部用"文革"语言写就的、没有生命力的宪法。1978年12月党的十届三中全会后,我国的立法工作迅速得到恢复。1979年2月全国人大常委会通过了森林法(试行)、逮捕拘留条例,7月五届全国人大二次会议通过了关于修正宪法若干规定的决议和选举法、地方组织法、法院组织法、检察院组织法、刑法、刑事诉讼法、中外合资经营企业法7部法律。从此,我国立法工作进入了快车道,在较短时间内,重新修订颁布了现行宪法,相继出台了婚姻法、民法通则、继承法、民事诉讼法、行政诉讼法、外资企业法、中外合作经营企业法、全民所有制工业企业法、土地管理法等一批重要法律。从1979年到1983年3月五届全国人大任期结束,除2件宪法修订和1982年新宪法外,共通过法律35件,其中新制定法律33件,修订法律2件。此外,还通过了法律问题的决定28件。1983年到1987年底六届全国人大任期内,共通过42件法律,其中新制定法律37件,修订法律5件。此外,还通过了法律问题的决定23件。1988年到1992年七届全国人大任期内,除宪法修订1件外,共通过49件法律,其中新制定法律44件,修订法律5件。此外,还通过了法律问题的决定38件。① 1992年党的十四大明确提出:"经济体制改革的目标,是在坚持公有制和按劳分配为主体、其他经济成分和分配方式为补充的基础上,建立和完善社会主义市场经济体制。"此后,立法重点转向为建立和完善社会主义市场经济体制提供法律支撑,相继制定出台了公司法、证券法、人民银行法、商业银行法、保险法、担保法、拍卖法、票据法、信托法等一批民商事法律,同时还制定出台了立法法、行政处罚法、行政复议法、政府采购法等一批重要法律。1993年到1997年八届全国人大任期内,除宪法修改1件外,共通过78件法律,其中新制定法律62件,修订法律16件。此外,还通过了法律解释1件,法律问题的决定39件。1998年到2003年2月九届全国人大任期内,除宪法修订1件外,共通过法律75件,其中新制定法律35件,修订法律40件。此外,还通过了法律解释8件,法律问题的决定30件。2003年到2008年2月十届全国人大任期内,除宪法修订1件外,共通过法律72件,其中新制定法律31件,修订法律41件。此外,还通过了法律解释5件,法律问题的决定22件。十一届全国人大以来,全国人大常委会已经通过15件法律,其中新制定法律7件,修订法律8件。② 2011年3月10日全国人大常委会委员长吴邦国在十一届全国人大四次会议第二次全体会议上宣布,中国特色社会主义法律体系已经形成。

---

① 陈斯喜.新中国60年立法回顾与展望[J].上海:上海政法学院学报(法治论丛),2010(2).1-8.
② 陈斯喜.新中国60年立法回顾与展望[J].上海:上海政法学院学报(法治论丛),2010(2).1-8.

中国特色社会主义法律体系,是以宪法为统帅,以法律为主干,以行政法规、地方性法规为重要组成部分,由宪法相关法、民法商法、行政法、经济法、社会法、刑法、诉讼与非诉讼程序法等多个法律部门组成的有机统一整体。我国现行的法律规范体系中,已有 240 多部法律、710 多部行政法规、8700 多部地方性法规,还有约 2 万部规章。①

一个国家的法律体系如何构成,一般取决于这个国家的法律传统、政治制度和立法体制等因素。中国是统一的多民族的单一制国家,由于历史原因,各地经济社会发展很不平衡。与这一基本国情相适应,中国宪法和法律确立了具有中国特色的统一而又多层次的立法体制,这就决定了中国特色社会主义法律体系内在统一而又多层次的结构特征,这既反映了法律体系自身的内在逻辑,也符合中国国情和实际。与其相适应,中国特色社会主义法律体系以宪法为统帅,由法律、行政法规、地方性法规等多个层次的法律规范构成。这些法律规范由不同立法主体按照宪法和法律规定的立法权限制定,具有不同法律效力,都是中国特色社会主义法律体系的有机组成部分,共同构成一个科学和谐的统一整体。

一个国家的法律体系通常是对这个国家一定历史发展阶段现状的反映。随着经济社会的发展,法律体系需要不断丰富、完善、创新。中国处于并将长期处于社会主义初级阶段,整个国家还处于体制改革和社会转型时期,社会主义制度还需要不断自我完善和发展,这就决定了中国特色社会主义法律体系必然具有稳定性与变动性、阶段性与连续性、现实性与前瞻性相统一的特点,决定了中国特色社会主义法律体系必然是动态的、开放的、发展的,而不是静止的、封闭的、固定的,必将伴随中国经济社会发展和法治国家建设的实践而不断发展完善。

(二) 宪法在中国当代法律体系中的"统帅"地位

在法治和依宪治国的关系上,笔者认同刘博识等在《"依宪治国"在依法治国中的核心作用》一文中提出的"依法治国的核心是依宪治国"观点。该文强调:"依法治国中的'法'并非普通法律,而是指以宪法为核心的法律体系,在这个体系中,宪法是根本和依据。"②

① 莫于川.公法视野中的依法治国、依法执政、依法行政共同推进[J].郑州:河南财经政法大学学报,2015(2).1-17.
② 刘博识等."依宪治国"在依法治国中的核心作用[M].兰州:人大研究,2015(1).4-8.

　　宪法是中国特色社会主义法律体系的统帅。宪法的这种"统帅"地位在中国宪法序言中已有明确规定:"本宪法以法律的形式确认了中国各族人民奋斗的成果,规定了国家的根本制度和根本任务,是国家的根本法,具有最高的法律效力。"作为最高法,宪法对于中国整个法律体系的形成具有宏观上的统帅与调整作用,其他所有的法律部门必须以宪法为规范与价值依据,在遵守宪法、服从宪法的前提下,调整社会生活的各个领域。宪法是超越部门法的划分而成为部门法之外的一个最高法。① 宪法是国家的根本法,在中国特色社会主义法律体系中居于统帅地位,是国家长治久安、民族团结、经济发展、社会进步的根本保障。在中国,各族人民、一切国家机关和武装力量、各政党和各社会团体、各企业事业组织,都必须以宪法为根本的活动准则,并负有维护宪法尊严、保证宪法实施的职责。

　　中国现行宪法是一部具有中国特色、符合社会主义现代化建设需要的宪法,是治国安邦的总章程。它是经过全民讨论,于 1982 年由全国人民代表大会通过的。根据国家经济社会的发展,全国人民代表大会先后通过了 4 个宪法修正案,对宪法的部分内容作了修改。宪法规定国家的一切权力属于人民、公民依法享有广泛的权利和自由,确立了中国共产党领导的多党合作和政治协商制度、民族区域自治制度以及基层群众自治制度,确立了公有制为主体、多种所有制经济共同发展的基本经济制度和按劳分配为主体、多种分配方式并存的分配制度。现行宪法在保持稳定的同时,随着改革开放和社会主义现代化建设事业的推进而与时俱进、不断完善,及时将实践证明是成熟的重要经验、原则和制度写入宪法,充分体现了中国改革开放的突出成果,休现了中国特色社会主义建设事业的伟大成就,体现了社会主义制度的自我完善和不断发展,为改革开放和社会主义现代化建设提供了根本保障。

　　宪法在中国特色社会主义法律体系中具有最高的法律效力,一切法律、行政法规、地方性法规的制定都必须以宪法为依据,遵循宪法的基本原则,不得与宪法相抵触。

　　宪法是中国特色社会主义法律体系的主干。宪法规定,全国人大及其常委会行使国家立法权。全国人大及其常委会制定的法律,是中国特色社会主义法

---

① 韩大元.论宪法在法律体系建构中的地位与作用[J].哈尔滨:学习与探索,2009(5).152-156.

律体系的主干,解决的是国家发展中带有根本性、全局性、稳定性和长期性的问题,是国家法制的基础,行政法规和地方性法规不得与法律相抵触。

立法法规定了全国人大及其常委会的专属立法权。全国人民代表大会制定和修改刑事、民事、国家机构的和其他的基本法律;全国人民代表大会常务委员会制定和修改除应当由全国人民代表大会制定的法律以外的其他法律,在全国人民代表大会闭会期间,可以对全国人民代表大会制定的法律进行部分补充和修改,但不得同该法律的基本原则相抵触。立法法还规定,对国家主权的事项,国家机构的产生、组织和职权,民族区域自治制度、特别行政区制度、基层群众自治制度,犯罪和刑罚,对公民政治权利的剥夺、限制人身自由的强制措施和处罚,对非国有财产的征收,民事基本制度,基本经济制度以及财政、税收、海关、金融和外贸的基本制度,诉讼和仲裁制度等事项,只能制定法律。

全国人大及其常委会制定的法律,确立了国家经济建设、政治建设、文化建设、社会建设以及生态文明建设各个方面重要的基本的法律制度,构成了中国特色社会主义法律体系的主干,也为行政法规、地方性法规的制定提供了重要依据。

（三）宪法在法律体系建构中的作用

我国著名宪法学家韩大元教授在《论宪法在法律体系建构中的地位与作用》一文中,把宪法在法律体系建构中的作用概括为"一般作用"和"具体作用"两个方面,并分别进行了深入细致的分析,这里对其进行概括性转述。①

1. 一般作用

（1）立法权的宪法控制

在中国的宪法文本中,宪法对立法权的控制主要体现为宪法对全国人大及其常委会的权力控制上。宪法第六十二条第三项规定全国人大的立法权为"制定和修改刑事、民事、国家机构的和其他方面的基本法律"。宪法第六十七条规定了全国人大常委会的立法权:制定和修改除应当由全国人大制定的法律以外的其他法律;在全国人大闭会期间,对全国人大制定的法律进行部分补充和修改,但是不得同该法律的基本原则相抵触。

（2）宪法对法律体系平衡发展的影响

从人权保障的角度来看,宪法必须要关注权利,关注民生,因而必须要加大

社会领域立法的力度。在加大社会立法的力度之后，社会领域的法律法规就会增加，这样可以改变中国以前偏重经济立法的格局，从而使中国的法律体系可以在内容体系上维持大致的平衡。

2.具体作用

(1)宪法是法律体系的立法依据

在法律体系的建构过程中，法律的制定必须要以宪法为依据，必须从宪法那里寻求合法性来源。宪法对法律体系的这种立法依据作用主要表现在，普通法律的制定文本中都有"根据宪法制定本法"的字样。宪法和法律的这种关系在宪法学理论中被形象地比喻为："宪法是母法"，能够繁衍生育其他"子法"。

(2)宪法是法律体系的效力基础

宪法在法律体系中效力基础地位的具体表现就是《中华人民共和国立法法》。《立法法》对中国立法的权限、程序、法律解释以及规范冲突的解决机制都作了具体规定，其重要功能是为中国法律体系的效力位阶提供了一个明确的法律依据。根据《立法法》的规定，宪法、法律、法规、规章的效力位阶是：宪法具有最高的法律效力，一切法律、行政法规、地方性法规、自治条例和单行条例都不得同宪法相抵触；宪法效力高于行政法规、地方性法规；行政法规效力高于地方性法规；地方性法规效力高于本级和下级地方政府规章，省、自治区人民政府规章的效力高于本行政区域内省会市、较大的市的政府规章。宪法对于普通法律的制定具有立法依据功能，普通法律的立法工作必须要以宪法的规定为基本原则，以宪法上的授权为基本界限，在宪法所允许和授权的范围内进行立法。

(3)宪法是法律体系的价值基础与核心

普通法律不仅要在外在形式上符合宪法要求，而且在内在的价值取向上也要符合宪法要求。这就要求我们在处理普通法律是否符合宪法或者在判断普通法律是否违宪的时候，不能单纯地从宪法中寻求制定该普通法律的具体的立法基础、立法原则或立法依据。这种形式上的审查标准实际上是授权规范说的一种机械运用，无法体现宪法作为上位法的真正价值所在。实质上的标准就是在判断普通法律是否合宪的问题上，不能根据普通法律中是否具有"根据宪法，制定本法"等形式条款来判断，而要从宪法精神、原则及具体的宪法文本规定中做出判定。

三、依宪治国在法治中的重要地位

（一）依宪治国共识的形成

1. 党的领导人讲话和纲领性文件规定中的"依宪治国"

何为依宪治国？概括地说,依宪治国是指依照宪法治理国家,宪法在一国社会、政治、经济、文化中具有至高无上的地位和权威。依宪治国是落实依法治国的重点与关键,是建设法治中国的内在要求。

2012年习近平总书记在首都各界纪念现行宪法公布实施30周年大会上讲话指出："全面贯彻实施宪法,是建设社会主义法治国家的首要任务和基础性工作。""维护宪法权威,就是维护党和人民共同意志的权威。捍卫宪法尊严,就是捍卫党和人民共同意志的尊严。保证宪法实施,就是保证人民根本利益的实现。只要我们切实尊重和有效实施宪法,人民当家作主就有保证,党和国家事业就能顺利发展。反之,如果宪法受到漠视、削弱甚至破坏,人民权利和自由就无法保证,党和国家事业就会遭受挫折。这些从长期实践中得出的宝贵启示,必须倍加珍惜。我们要更加自觉地恪守宪法原则、弘扬宪法精神、履行宪法使命。"①

2014年党的十八届四中全会通过的《中共中央关于全面推进依法治国若干重大问题的决定》更是进一步提出"坚持依法治国首先要坚持依宪治国,坚持依法执政首先要坚持依宪执政"命题,对宪法与党和人民意志的关系、依法治国和依宪治国的关系、实施宪法的主体、如何依宪治国、宪法权威意义等问题都作出了明确规定和说明。《决定》指出："宪法是党和人民意志的集中体现,是通过科学民主程序形成的根本法。坚持依法治国首先要坚持依宪治国,坚持依法执政首先要坚持依宪执政。全国各族人民、一切国家机关和武装力量、各政党和各社会团体、各企业事业组织,都必须以宪法为根本的活动准则,并且负有维护宪法尊严、保证宪法实施的职责。一切违反宪法的行为都必须予以追究和纠正。将每年十二月四日定为国家宪法日。在全社会普遍开展宪法教育,弘扬宪法精神。建立宪法宣誓制度,凡经人大及其常委会选举或者决定任命的国家工作人员正

---

① 习近平.在首都各界纪念现行宪法公布实施30周年大会上的讲话[N].北京:人民日报,2012-12-05.

式就职时公开向宪法宣誓。……维护宪法法律权威就是维护党和人民共同意志的权威,捍卫宪法法律尊严就是捍卫党和人民共同意志的尊严,保证宪法法律实施就是保证党和人民共同意志的实现。"①

上述讲话精神和纲领性文件,可以进行以下解读:第一,贯彻落实"依宪治国",全国人大及其常委会作为依据宪法具有监督宪法实施职责的最高国家权力机关负有重要的使命;第二,作为宪法原则具体化的各项立法活动首先要体现"依宪治国"的要求,要贯彻"依宪立法"的精神;第三,作为保证宪法实施的宪法解释工作是"依宪治国"的最重要的制度举措,必须通过完善程序和机制的方式来推进。

2. 学界"依宪治国"共识的凝聚

"依法治国"一词的核心在于一个"法"字,而"依宪治国"最突出的中心词是"宪"。"依法治国"与"依宪治国"之间的关系可以简化成"法"与"宪"的关系。从广义上的"法"来看,由于宪法是一国的根本法,在具有中国特色社会主义法律体系中居于统帅地位,因此,"依法治国"中的"法"最重要的应当是"宪法","依宪治国"是"依法治国"的基础和核心内容,如果"宪法"不能成为治国的"依据",那么,依据广义上的"法"来实行"依法治国"就可能出现"法出多门""政出多门"的弊端,继而妨碍"依法治国"基本方略的落实。从狭义上的"法"来看,如果"依法治国"中的"法"只是指国家专门立法机关制定的法律法规,很显然是存在缺陷的——例如,将宪法排除在外,从而也就将"依宪治国"排除在外,这就与"依法治国首先是依宪治国"这一核心命题相悖。因此必须要将"依宪治国"作为"依法治国"的基础和前提。如果只讲"依法治国",不讲"依宪治国",那么就无法保证"依法治国"基本方略得到全面、系统的贯彻和落实,国家法制的统一性就无法得到有效保证。从理论上看,不论是从广义上、还是从狭义上来理解"依法治国"中的"法"的含义,都不可能脱离"依宪治国"。"依宪治国"相对于"依法治国"来说,是核心,是灵魂。全面推进依法治国,"依宪治国"一抓就灵。强调"依宪治国"可以说是抓住了"依法治国"的关键点,可以起到事半功倍的效果。

笔者非常认同李步云、姜明安、汪进元等人对这一命题的阐述,他们在不同

---

① 中共中央关于全面推进依法治国若干重大问题的决定[J].北京:求是,2014(21).3-15.

时期从不同角度就依法治国与依宪治国的关系进行了深入全面的论述,代表了法学界的共识。

　　早在 2002 年纪念"八二宪法"颁布二十周年之时,李步云老师就提出了"依法治国重在依宪治国"的命题。他分析指出了这一命题依据的三个理由。第一,这是由宪法的性质和地位所决定。宪法的主要内容是规定一个国家的基本政治和法律制度,规定了立法、行政与司法机关的相互关系,规定了各项国家权力的界限及其行使程序。同时,宪法详细规定公民的基本权利和义务以及为实现这些权利所应采取的基本方针和政策。宪法是国家的根本法,在一国的法律体系中处于最高的法律地位,具有最高的法律效力;它是国家所有立法的依据,也是指导人们各种行为的根本准则。依法治国首先是要保证宪法所规定的国家的各种基本制度和政策具有极大权威而不致遭受任意违反与破坏,并进而影响到国家的各种具体制度和政策的贯彻与落实。宪法无权威,自然会影响到各种具体法律的权威。只有依宪治国,才能从根本上保障人民的利益、社会的稳定和国家的长治久安。第二,这同"依法治国首先是依法治官"的现代法治精神相关联。换句话说,我们今天强调要依宪治国,还内含一个基本的精神和主旨,这就是要求国家的各级领导人要带头遵守宪法和法律,对他们的违宪和违法行为不能熟视无睹和置之不理。这对早日实现依法治国,把我国建设成为社会主义的法治国家,具有非常重要的意义。依法治国,既要治民,也要治"官"。但在现代,其根本目的、基本价值和主要作用,主要是治"官"。长期以来,我们之中流行一种错误认识,认为法律只是一种治理老百姓的手段,甚至成了某些干部的一种思维方式和行动准则。这种思想有其深远的历史背景。在古代中国自然经济形态下和专制政治体制下,统治者势必把法律看作主要是治民的工具。到了近代,这种情况发生了根本的变化。建立在市场经济之上的民主政治,其理论基础和基本原则是"人民主权"思想和理念。既然"主权在君"已为"主权在民"所替代,国家的一切权力就应当属于全体人民。但是全体人民又不可能都去直接参与执掌政权和管理国家,如此就出现了"代议制",即由有选举权的公民行使选举权选举国家机构(如议会或总统),由这些民选机构代表人民行使管理国家的职权。然而,民选出来的政府有可能权力无限和滥用权力,或者不好好为人民服务,不按人民的意志和利益办事,这就需要一种具有最高权威和法律效力的根本性大法来规定国家机构的产生和权限以及职权的行使程序,以防止国家权力的腐败与异化；同时，详细列举公民应当享有的权利，要求政府采取积极的作为，满足公民在经济、社会、文化方面的权利需求；采取消极的不作为，以保障公民的政治权利与自由不受侵犯。从现代宪法产生的历史背景及其基本使命可以清楚看出，宪法制定和实施的根本目的、基本价值和主要作用是约束国家机构及其工作人员要正确行使权力和保障公民的权利，即上面通俗的说法——"治官"。广大公民当然要遵守宪法和法律，但掌握管理国家权力的不是民而是"官"。官更要以身作则，带头遵守宪法和法律。第三，今天强调要依宪治国，也同我国宪法缺少应有的权威、宪法的实施并不理想、宪法的作用尚未得到充分发挥这一现实状况有关。中国历史上缺少民主与法治传统。新中国成立后，由于僵化的计划经济模式和权力高度集中的政治体制，在很长一个时期里导致法律虚无主义和人治思潮盛行。法的权威受到严重损害，宪法当然也不例外，以致在十年"文革"中出现过那种根本大法"根本无用"的局面。这方面的失误原因，宪法和法律是相同的。但宪法的实施不理想，宪法的作用未能充分发挥，还有某些特殊原因。比如，在理论上对宪法的性质与功能缺少全面认识，如否认或忽视宪法的法律性和规范性，把宪法仅仅看作是具有治国安邦的宣言和纲领的性质，不具有直接适用的法律效力。正是由于以上一些客观和主观方面的原因，影响了宪法的权威和作用。例如，现行宪法规定，全国人大常委会有权"撤销国务院制定的同宪法、法律相抵触的行政法规、决定和命令"，有权"撤销省、自治区、直辖市权力机关制定的同宪法、法律和行政法规相抵触的地方性法规和决议"（第六十七条）。但多年来全国人大常委会从未行使过这一权力和履行过这一职责。宪法规定，全国人大常委会有权"解释宪法，监督宪法的实施"，但我国却一直没有建立这方面的专门机构和具体程序。①

（二）依法治国首先要依宪治国

其实在此之前，也有年轻学者直截了当提出了"依法治国，首先应该是依宪治国"的命题。汪进元在《良依宪治国国：依法治国的核心》一文中指出："宪法是一国的根本大法，在一国法律体系中层次最高、位阶最高、效力最高，是普通立法的前提和基础，是衡量普通立法、普通执法和普通司法是否统一、正当的根本

① 李步云.依法治国重在依宪治国[J].北京：中国人大，2002(17).5-7.

标准,宪法的实施及其程度是衡量一国民主、法治水平的标尺。所以,我认为,依法治国,首先应该是依宪治国。"①

为什么依法治国首先应该是依宪治国呢? 汪进元解释说,第一,从价值层面上看,作为民主制度化、秩序化的宪法,是法的价值的集中体现和表征,通常说宪法是人民权利的保障书,就是这个道理。当我们讨论法的价值时,无不涉及正义、秩序、平等、自由、安全等价值形态,不可否认,这些价值是法的价值。但是,他们更是宪法的基本价值。第二,从体制层面上看,权力界分、权力法定、权力制约是法治国家的基本内容,这也在理论界达成共识,而一国的权力结构安排,首先也只能由宪法加以规定。因为,宪法是国家权力的构造书,这也是一个不争的事实。第三,从规范层面上看,宪法规范是一国的根本制度和根本政策的形式化和制度化,更是一国人民追求法的价值的规范化和现实化的最高表现。宪法规范的上述内容,一方面说明宪法规范的层次、位阶、效力最高,另一方面说明依宪治国首先就应该是依宪治国。第四,从运行程序上看,在现代民主立宪国家中,宪法是立国的前提,也是一国法律体系的建构和启动的基础。新中国成立之初,人民通过立宪组建政府并将人民权力委托给政府,使政府取得合法的地位和权力。同时宪法的创制,为普通立法程序开辟了路径,也为普通执法和司法程序提供了保障。第五,从正当程序层面看,宪法实施程序的正当性,也是一国法律体系合理运行的基础。试想,在一个国家里,宪法的运行程序没有可操作性的程序制度保障,违宪案件得不到公正的裁决,宪法赋予公民的基本权利和自由何以落到实处? 这样的国家算得上法治国家吗? 道理不言自明。②

2014 年"坚持依法治国首先要坚持依宪治国"被写进十八届四中全会通过的《中共中央关于全面推进依法治国若干重大问题的决定》中。为何"坚持依法治国首先要坚持依宪治国"? 著名法学家姜明安给出了三点理由。第一,宪法是法,而且不是一般的法。宪法是国家的根本法,具有最高的法律效力。习近平总书记在党的十八届四中全会关于《中共中央关于全面推进依法治国若干重大问题的决定》的说明中指出,"法治权威能不能树立起来,首先要看宪法有没有权威"。

---

① 汪进元.良依宪治国国:依法治国的核心[J].重庆:现代法学,2000(4).43-46.
② 汪进元.良依宪治国国:依法治国的核心[J].重庆:现代法学,2000(4).43-46.

因此,依法治国的"法"自然包括宪法,而且首先是宪法。第二,宪法与一般法律相比,规定的是国体、政体、国家根本制度、公民的基本权利和义务、国家机构、国家与公民的关系,国家机构的相互关系等与国家治理最密切相关的事项,调整的是与国家治理最密切相关的社会关系。因此,治国首先要依宪法,而非首先依民法、刑法、经济法、社会法等一般法律,尽管治国也要依民法和刑法等其他法律,但宪法无疑是第一位的。第三,相较于一般法律、法规,宪法具有最大的稳定性,其制定和修改都必须经过特别的程序,它是国家一切法律、法规的准据。要保证国家法制的统一和国家的稳定,依法治国就必须首先坚持依宪治国。当然,宪法的稳定性也不是绝对的。随着国家社会经济的发展,国家宪法也有必要适时修改,但这种修改必须经过严格的程序,保证其最大限度地反映和体现广大人民的意志和利益。正是宪法相对于一般法律法规具有这种最大的稳定性和反映民意的最广泛性,所以坚持依法治国必须首先坚持依宪治国。①

第二节　依宪治国的要件

前面已经转述过亚里士多德的经典定义:"法治应包含两重意义:已成立的法律获得普遍的服从,而大家所服从的法律又应该本身是制订得良好的法律。"②既然宪法是"法",依宪治国是法治的重要形式,那么由亚里士多德关于法治"两重意义"的经典命题就可以合乎逻辑地推导出依宪治国的"两重意义"——已经制定的宪法得到实施即"行宪";所行之宪为"良宪"。前者,我们称之为形式要件;后者,我们称之为实质要件。

一、依宪治国的形式要件:行宪

（一）行宪是依宪治国的最低要求

何谓"行宪"? 我们简单约定为"实施宪法"或"宪法实施"——它们只有构词法意义上的差别,在依宪治国层面上并无二致。因为,此处只是用以说明:依宪治国意义上的宪法,应该是"行动中的宪法",而不是"纸上的宪法"。

---

① 姜明安.坚持依法治国首先要坚持依宪治国[J].北京:中国司法,2014(12).18–19.
② （古希腊）亚里士多德著吴寿彭译.政治学[M].北京:商务印书馆,2013.202.

2012 年 12 月 4 日,习近平在首都各界纪念宪法公布施行①三十周年大会上的讲话中指出:"维护宪法权威,就是维护党和人民共同意志的权威。捍卫宪法尊严,就是捍卫党和人民共同意志的尊严。保证宪法实施,就是保证人民根本利益的实现。""宪法的生命在于实施,宪法的权威也在于实施""依法治国,首先是依宪治国;依法执政,关键是依宪执政。"②

《孟子·离娄上》有句著名法律格言:"徒善不足以为政,徒法不能以自行。"法的生命在于实施,活的法才是真正的法;宪法是法,这些推论命题自然也适用于宪法,因此我们套用这一法律格言,置换出"徒宪不足以自行"这一命题。所以如此,是因为当下中国并不缺少"纸上的宪法",唯缺少"行动中的宪法"。相对于法治有"形式意义法治"和"实质意义法治",依宪治国也有"形式意义依宪治国"和"实质意义依宪治国"。"形式意义依宪治国"要求"行宪"(实施宪法),"实质意义依宪治国"则更深入地要求"宪为良宪"。宪法的实施是依宪治国的最低要求。如果宪法被束之高阁或被"供起来",那宪法就只能停留在纸上而成为静态"宪制",而不是动态的"依宪治国"。可见,无行宪,依宪治国就无从谈起。

2002 年,时任中共中央总书记的胡锦涛在纪念宪法颁行二十周年大会上讲话时就明确指出:"依法治国,就是广大人民群众在党的领导下,依照宪法和法律规定,通过各种途径和形式管理国家事务,管理经济文化事业,管理社会事务,保证国家各项工作都依法进行,逐步实现社会主义民主的制度化、法律化。""实行依法治国的基本方略,首先要全面贯彻实施宪法。""要抓紧研究和健全宪法监督机制,进一步明确宪法监督程序,使一切违反宪法的行为都能及时得到纠正。"③十年后,习近平总书记告诫人们:"宪法的生命在于实施,宪法的权威也在于实施。"可见,党中央强调宪法实施并将其作为实行依法治国基本方略的着眼

① "公布施行"包括了"公布"和"施行(实施)"两个不可混淆的概念。按照《布莱克法律辞典》的定义,"公布"(promulgation)只是"宣布立法生效的官方行为"〔HENRY CAMPBELL BLACK.M. A.*Black's Law Dictionary*〔6th Ed〕,St.Paul,Minn.:West Publishing Co.(1900),p1214.〕,而"实施"(implementation,execution)则是指"完成某行为"、"使之具备实效"〔同上 p.568.〕。因此,宪法的"公布(颁布)"只是宪法实施的起点,而绝不等于宪法的实施。在这个意义上,1982 年宪法已经公布三十四年,但是否获得了有效"施行(实施)"?这仍然是一个需要探讨的问题。

② 习近平.在首都各界纪念现行宪法公布实施三十周年大会上的讲话〔N〕.北京:人民日报,2012-12-05.

③ 中共中央文献研究室.十六大以来重要文献选编(上)〔M〕,北京:中央文献出版社,2005.72-74.

点没有改变。

讲宪法,关键在于实施。宪法的力量,不仅在于其崇高的地位,更在于其有效实施。

无论是明确宪法的最高法律地位、法律权威、法律效力,还是强调宪法的根本性、全局性、稳定性、长期性,这既是重申宪法的至上地位,也是树立一种法治理想,更是要将我们对宪法的尊崇,转变为一种实实在在的法治实践。加强宪法的实施,就是要使宪法从纸面上的宪法,走向现实中的宪法和行动中的宪法,实现"一切法律、行政法规和地方性法规都不得同宪法相抵触";实现"任何组织和个人都不得有超越宪法和法律的特权";实现"一切违反宪法的行为都必须予以追究",让宪法通过实施获得生命,使宪法真正成为现实力量,从而实现宪法目的、彰显宪法价值。

那么,什么是宪法实施? 有学者认为应该从静态(结果)、动态(过程)两个角度理解,并列举了一些关于"宪法实施"的定义。"对于宪法实施,可以从动态和静态两个角度来理解。从静态来看,宪法实施是一种结果,一种宪法在实际生活中得以实现,整个社会按照宪法规范运行的状态;从动态来看,宪法实施是一个过程,一种主体的行为与宪法规范由冲突、不一致到相互结合、协调、统一的活动。基于角度不同,对宪法实施的定义也就不同,主要有以下几种观点:(1)宪法的实施指的是宪法的最基本原则得到了遵守,宪法中的各项制度、公民的基本权利切实得到落实,在人们的观念中形成了宪法至上的信念。在现实中的一切政治权力都是根源于宪法的安排,这也就是宪政。因此宪法实施的目的就在于实现宪政。(2)宪法实施是指宪法的条文规定在实际生活中发挥作用并获得充分实现。这两种观点都是从静态的角度来定义宪法实施,侧重于揭示宪法实施的目的。(3)宪法的实施就是把宪法规范具体落实到社会生活当中的动态运行过程。这是从动态的角度揭示宪法实施的内涵。(4)宪法的实施就是由公民行使参政权利而组织并行使国家权力;再由国家权力保证公民的各项权利。这是从公民与国家相互关系角度定义宪法实施。(5)宪法实施指宪法规范在现实生活中的贯彻落实,即将宪法文字上的、抽象的权利义务关系转化为现实生活中生动的、具体的权利义务关系,并进而将宪法规范所体现的人民意志转化为具体社会关系中的人的行为。"①笔者以

---

① 谢明.宪法实施初探[J].武汉:湖北经济学院学报 2008(7).71-73.

为,从中国当下的政治生态实际出发,把宪法实施理解为一种过程更为重要,不了解过程,就不理解"结果"是怎么来的。所以,笔者更赞同"中国法治三老"之一、著名法治思想家郭道晖关于"贵在行宪"的论断,也就是说,笔者所定义的"宪法实施"就是"行宪"。

郭道晖在2014年12月20日在中央党校政法教研部和中国马克思主义研究基金会联合举办的"纪念'五四宪法'颁布六十周年与人权入宪十周年暨学习十八届四中全会精神研讨会"上有一个发言,就是以"行宪"为核心词。这篇题为《立宪之后贵在行宪——实行依宪治国》的论文在其第一部分"从立宪、修宪到依宪治国"中,从"五四宪法"被束之高阁的惨痛教训中总结出"贵在行宪"的醒世结论,这里对其发言要点进行部分归纳转述。

郭道晖说,"五四宪法"是比较好的一部宪法。"八二宪法"就是在"五四宪法"的基础上制定的。但是,"五四宪法"一个大的缺失是没有设置权力制约机制,没有规定监督宪法实施和违宪审查的有效制度。更为失策的是,立宪之后"五四宪法"就被束之高阁,不重视施行。立宪不到一年,就违宪地进行反胡风运动,之后又掀起一个又一个侵犯人权的政治运动。直到"文革"完全"踢开宪法闹革命",党的领袖一张大字报,就可以打倒一个经宪法程序选举产生的国家主席。"八二宪法"通过后,在后来的三十多年里又通过了四次宪法修正案,其中最重要的是把"实行社会主义市场经济""依法治国,建立社会主义法治国家""国家保障和尊重人权"等原则纳入宪法。"八二宪法"最大的缺陷是:没有鲜明地规定司法独立原则;没有建立对国家权力相互间的严格制约制度;没有确立违宪审查制度,一些明显的违宪行为没有得到纠正;宪法所列举的公民基本权利还有不少缺漏,已确认的公民权利缺乏立法保障,离社会主义法治的全面要求还有较大的差距。①

郭道晖说,十八届四中全会通过的全面推进依法治国的决定,最大的亮点是提出了"依法治国首先是依宪治国,依法执政首先是依宪执政",这是可圈可点的经典原则。这个原则在胡锦涛主持中央工作时期就已提出,十八大以来习近平屡次予以特别强调。十八届四中全会开会时,经过会议讨论才把它写入了中央全会的《决定》。"法"本来就包括宪法这个母法。依宪治国本是依法治国题

---

① 郭道晖.立宪之后贵在行宪——实行依宪治国[J].北京:理论视野,2015(1).24-28.

中应有之义,那为什么我们还要突出地强调这一点?①

　　郭道晖说,依宪治国也就是"宪治"——最早在中国提出这个概念的是六十多年前老一辈法学家钱端升、王世杰所著《比较宪法》。十八届四中全会明文规定实行依宪治国,其缘由是宪法的权威迄今尚未建立,宪法的某些条文规定和宪法的某些精神原则还没有得到完全的贯彻实施,违宪行为从未依宪得到追究,"八二宪法"几乎陷于被虚置的状态,严重阻碍了宪法秩序的运行和法治国家的建设。长期以来,公民的某些宪法权利并没有得到有效的保障。这种失宪局面使法和法治的灵魂有缺损,"依法治国"失去了准据,"建设法治国家"一定程度上停留在"形式法治"层面。2011年全国人大常委会虽然正式宣布"中国特色社会主义法律体系已经建成",但我们认为这一体系并不完备,法治建设还留下不少缺口:(1)权利立法有缺漏。最重要的是宪法第三十五条确认公民有言论、出版、集会、结社、游行、示威的六大自由,宪法第四十一条关于公民有对任何国家机关及其工作人员提出批评、建议、申诉、控告或者检举的权利,宪法第四十七条关于公民有进行科学研究、文艺创作和其他文化活动的自由,迄今大都没有相应的立法(法律);而且我们的宪法是"不可诉的宪法",即没有法律,法院审判不能直接适用宪法来判案;公民和社会组织的权利受到侵犯,就得不到司法救济,只好靠上访。(2)立法越权。在越权立法方面,国务院的行政法规、规章以及各部门各地方大量红头文件,不乏违反宪法和《立法法》规定的权限和程序。在侵权立法方面,有些法规规章不是根据宪法建立在公平正义基础上,不是按宪法规定去保障人权和公民权利与自由,只是为了部门管理的方便,而且往往只是维护本部门或本地方利益制定的,重在限制、管制而非保护公民权利与自由。(3)宪法监督制度缺失。宪法第六十七条第七款、第八款规定全国人大常委会的职权之一是"撤销国务院制定的同宪法法律相抵触的行政法规、决定和命令";"撤销省、自治区、直辖市国家权力机关制定的同宪法、法律和行政法规相抵触的地方性法规"。但由于没有违宪审查制度和机构,违宪立法得不到及时纠正。②

　　(二) 宪法实施的外延和特点

　　从内涵上说,宪法实施是指宪法规范在现实生活中的贯彻落实,即将宪法文

①　郭道晖.立宪之后贵在行宪——实行依宪治国[J].北京:理论视野,2015(1).24-28.
②　郭道晖.立宪之后贵在行宪——实行依宪治国[J].北京:理论视野,2015(1).24-28.

字上的、抽象的权利义务关系转化为现实生活中生动的、具体的权利义务关系，并进而将宪法规范所体现的人民意志转化为具体社会关系中的人的行为。

1.宪法实施的外延

宪法是"法"，关于"法的实施"的法理同样适用于"宪法实施"。所以，从外延上来说，宪法实施包括宪法的执行、适用、遵守。

宪法的执行通常指国家行政机关在行政管理活动中贯彻落实宪法的活动，它要求这些机关在活动程序和活动方式上必须严格执行宪法的规定，也要求这些机关在建立各种制度的过程中严格遵循宪法的规定。

宪法的适用通常指国家司法机关在司法活动中贯彻落实宪法的活动。虽然在我国的司法实践中，宪法能否被司法机关作为审判活动的依据，学术界尚未达成共识，但宪法具有的一般法律属性以及世界上其他国家的司法实践表明，宪法适用不仅是宪法实施的重要途径，而且也是依宪治国、树立宪法权威的重要内容。

宪法的遵守通常指一切国家机关、社会组织和公民个人依照宪法规定从事各种活动的行为。宪法的遵守是宪法实施最基本的要求，也是宪法实施最基本的方式。宪法的遵守通常包括两层含义：一是依据宪法享有并行使权力和权利；二是依据宪法承担并履行义务。

2.宪法实施的特点

宪法是"法"，自然具有与普通"法"相同的许多特点，因而宪法的实施与普通"法"的实施也存在许多共同点。然而，宪法在整个国家法律体系中的地位和作用以及宪法在内容和规范等方面表现出来的特殊性，又决定了宪法的实施具有不同于普通"法"实施的特点。

（1）宪法实施的广泛性和综合性

宪法实施的广泛性包括宪法实施范围的广泛性和宪法实施主体的广泛性。宪法是调整国家最基本社会关系的国家根本法，与其他法律往往只调整国家生活中的一个或几个方面不同，宪法调整的范围涉及国家政治、经济、文化和社会生活等各个方面，这也就是说，国家与社会生活各个领域的活动都必须遵循宪法的规定，都存在着实施宪法的问题。因此宪法实施范围的广泛程度是其他法律所不能比拟的。与实施范围的广泛性相联系，宪法实施主体也非常广泛。由于社会关系是参与社会生活的各主体之间形成的关系，因而宪法实施的范围涉及我国各种社会关系中一切主体的行为,而且宪法的实施也需要通过社会关系中一切主体的行为才能实现,因此宪法实施的主体具有广泛性和多样性。我国现行宪法序言明确规定:"全国各族人民、一切国家机关和武装力量、各政党和各社会团体、各企业事业组织,都必须以宪法为根本的法律准则,并且负有维护宪法尊严、保证宪法实施的职责。"由此可见,宪法的实施是一切国家机关、社会组织和公民的职责,而一切国家机关、社会组织和公民也就构成为宪法实施的主体。

所谓宪法实施的综合性,是指宪法的实施不可能单纯是宪法本身或者社会生活某一方面的问题,而是整个国家具有高度综合性的社会问题。既然宪法在法治国家中具有基础性的地位,同时它的内容又涉及国家和社会生活的各个方面,那么不仅宪法在规定过程中应该高度综合,而且在宪法实施过程中也应该充分考虑国家和社会生活中的各种综合因素,从而在整体上、宏观上切实推进宪法的实施进程。

(2)宪法实施的最高性和原则性

宪法实施的最高性和原则性是由宪法的内容和地位决定的。由于宪法规定的是国家和社会生活中最根本、最重要的问题,因而宪法在国家法律体系中居于最根本的地位、具有最高的法律效力,它不仅直接约束国家的基本法律和其他法律性文件的制定和实施,而且对一切国家机关、社会组织和公民的活动也具有最高的约束力。同时,由于宪法所调整的社会关系十分广泛,因而在具体规定过程中,只能规定调整社会关系的一般原则,因此宪法的实施过程也就表现为宪法规范对所调整的社会关系从宏观上、总体上进行原则指导的过程。这种原则指导主要表现在两个方面:一是宪法确定的是社会关系主体行为的基本方向和原则标准,一般不涉及人们行为的具体模式,这些具体模式则通常由一般法律进行调整;二是宪法在实施过程中,对人们的行为后果往往只是从总体上作出肯定与否定的评价,从而为一般法律对人们的行为进行具体评价和追究法律责任提供基础和依据。宪法实施的最高性和原则性,也决定了宪法实施与一般法律实施之间的相互关系:宪法实施是一般法律实施的基础,一般法律的实施则是宪法实施的具体化。

(3)宪法实施的直接性和间接性

宪法实施的直接性和间接性包括宪法实施方式的直接性和间接性与宪法制

裁的直接性和间接性两大方面。就实施方式而言,其他法律的实施都具有直接性。虽然宪法在实施过程中也具有直接性,但宪法的实施方式主要具有间接性的特点。这实际上是由宪法作为"母法"的特点决定的,也就是说宪法在实施过程中主要是通过具体法律规范来作用于具体的人和事,国家的其他法律和法律性文件是以宪法为基础并且不能与宪法相抵触的,因此对普通法律的实施就是在间接地实施宪法。正因为如此,民商法、行政法、刑法等部门法的实施,也就是宪法的实施。反过来说,研究宪法实施的效果,要从部门法入手——也正是因为如此,"私产保护"乍看起来是民法问题,但在宪法层面它首先体现的是公法价值:"有限政府"首先涉及的是权力制约问题;"司法"涉及社会公正;"被告人平等权"也不仅仅是一个刑事法律问题,它是检验宪法规定的"人人平等"是否在最弱势人群那里也得到体现。

同时,既然一切机关、组织和公民个人都必须以宪法为根本的活动准则,那么一切违反宪法的行为,就都必须予以追究。对违宪行为进行追究的方式包括直接制裁和间接制裁两个方面。直接制裁是指直接根据宪法来追究违宪行为的法律责任,通常由国家的代议机关或其他特定机构做出,主要适用于国家机关以及国家机关负责人的违宪行为。在我国,直接制裁主要表现为对国家机关违反宪法的法律以及规范性文件、决议、决定和命令等宣布无效并加以撤销;对违法失职的国家机关负责人根据宪法规定予以罢免。间接制裁则指宪法对违宪行为不直接规定制裁措施,而是通过具体法律来追究法律责任。也就是说,它是直接根据具体法律,对违反宪法原则同时又违反具体法律的行为做出的制裁。这类制裁相对于具体法律是直接的,而相对于宪法来说则是间接的。

二、依宪治国的实质要件:良宪

"法"包含且首先包含了宪法,所以关于"良宪"问题的讨论不能绕开"良法",而且关于"良法"标准、内容等问题的结论自然而然也适用于"良宪"。法治的实质要求是"良法",自然地依宪治国实质要求就是"良宪"。

（一）西方学者之"良宪"

西方学者用"善""正义""自然"之类范畴对法或宪法加以论述。他们一般认为,对于法或宪之"良"与否的判断或其标准设定,必然是在"法"之外,高于法且比法更加"本源"。当然,讨论西方学者之良宪这一问题,还是要追溯到亚里士多德的《政治学》。

《政治学》共八卷。其中,与我们讨论主题比较接近的是第二、三、四卷。第二卷论述"理想城邦和优良城邦",第三卷论述"公民和政体理论",第四卷论述"现实政体的类别"。

亚里士多德认为,法律是根据宪法(政体)制定的,宪法(政体)有好有坏,法律也有好有坏。在卷四章末,他指出:"法律实际是、也应该是根据政体(宪法)来制订的,当然不能叫政体来适应法律。"①当然,"法律是根据宪法(政体)制定"的观点他此前也说过,在《政治学》卷三章十一末,他就说,"相应于城邦政体的好坏,法律也有好坏,或者是合乎正义或者是不合乎正义。这里,只有一点是可以确定的,法律必然是根据政体(宪法)制订的;既然如此,那么符合于正宗政体所制订的法律就一定合乎正义,而符合于变态或乖戾的政体所制订的法律就不合乎正义。"②

那么,何为正义? 亚里士多德说:"政治学上的善就是'正义',正义以公共利益为依归。按照一般的认识,正义是某些事物的'平等'(均等)观念。在这方面,这种世俗之见恰好和我们在伦理学上做哲学研究时所得的结论相同。简而言之,正义包含两个因素——事物和应该接受事物的人;大家认为相等的人就该配给到相等的事物。"③

此外,亚里士多德还将"公共利益"作为良好宪法(政体)的标准。"依绝对公正的原则来评断,凡照顾到公共利益的各种政体就都是正当或正宗的政体;而那些只照顾统治者们的利益的政体就都是错误的政体或正宗政体的变态(偏离)。"④

可见,亚里士多德以合乎正义、社会善德、公共利益为良宪判断标准。

古罗马时期西塞罗认为,自然法是普遍的至高无上的法则,它具有普遍的适用性,并且是不变而永恒的,它先于人类现实法律而存在,其作用远远超过人类所制定的法律。也就是说,人类的实在法是从自然法中产生出来的,受自然法的指导和制约,相对于人类社会的法律,自然法是最高法,实在法只是自然法的基

---

① (古希腊)亚里士多德著吴寿彭译.政治学[M].北京:商务印书馆,2013.181.
② (古希腊)亚里士多德著吴寿彭译.政治学[M].北京:商务印书馆,2013.151.
③ (古希腊)亚里士多德著吴寿彭译.政治学[M].北京:商务印书馆,2013.152.
④ (古希腊)亚里士多德著吴寿彭译.政治学[M].北京:商务印书馆,2013.135.

本形式,只有符合自然或自然法的实在法才是真正的法律。他说:"实际上只有根据自然法而无其他标准,我们才能辨认好的法律和坏的法律之间的区别。"①可见,西塞罗把"自然法"(人类理性)作为良法与否的判断标准,因而也是宪法之良恶的判断标准。

西方近代启蒙思想家孟德斯鸠、伏尔泰、狄德罗、卢梭、康德、霍布斯、洛克等人虽未明确提出良法或良宪概念,但是他们在讨论自然法时提出关于法律下人人平等、三权分立、理性、主权在民、天赋人权等主张,无疑是良法因而也是良宪的价值标准。当然,也有一些西方学者在论述宪法与政府的关系以及宪法功能时也间接映射出其"良宪"价值标准,比如著名思想家潘恩所说:"宪法是一样先于政府的东西,而政府只是宪法的产物。"②他还说:"必须从两方面考虑宪法:首先要从建立政府并赋予它以种种权力方面,其次是从调整和限制所赋予的权力方面。"③英国著名宪法学家戴雪也指出:"凡联邦政府须赖宪法而得到生存,恰如一个法团须向创造他的法律取得生活源泉。"④美国学者特里索利尼则更明确地说:"宪法有双重功能,既授予权力并限制权力。"⑤罗尔斯在其鸿篇巨制《正义论》里虽未直接论及良宪或其价值标准问题,但其正是从"社会制度""政治交易""社会利益""权利义务"等角度展开关于正义的话题,而这些角度正是宪法的视角。他在《正义论》第一章"作为公平的正义"第一个问题"正义的作用"中便直截了当说:"正义是社会制度的首要价值,正像真理是思想体系的首要价值一样。一种理论,无论它多么精致和简洁,只要它不真实,就必须加以拒绝或修正;同样,某些法律和制度,不管它们如何有效和有条理,只要它们不正义,就必须加以改造或废除。每个人都拥有一种基于正义的不可侵犯性,这种不可侵犯性即使以社会整体利益之名也不能逾越。因此,正义否认为了一些人分享更大利益而剥夺另一些人的自由是正当的,不承认许多人享受的较大利益能绰绰有余地补偿强加于少数人的牺牲。所以,在一个正义的社会里,平等的公民自由是确定无疑的;由正义所保障的权利绝不受制于政治的交易或社会利益的权衡。

---

① 法学教材编辑部.西方法律思想史资料选编[M].北京:北京大学出版社,1983.72.
② [美]潘恩著吴运楠等译.潘恩选集[M].北京:商务印书馆,1981.146.
③ [美]潘恩著吴运楠等译.潘恩选集[M].北京:商务印书馆,1981.257.
④ 徐秀义韩大元.法学原理(上)[M].北京:中国人民公安大学出版社,1993.109.
⑤ 王磊.宪法的司法化[M].北京:中国政法大学出版社,2000.5.

允许我们默认一种有错误的理论的唯一前提是尚无一种较好的理论,同样,使我们忍受一种不正义只能是在需要用它来避免另一种更大的不正义的情况下才有可能。作为人类活动的首要价值,真理和正义是决不妥协的。"①

可见,在良宪观上,罗尔斯与亚里士多德并无二致,他们都认为良宪必定是符合"正义"的。至于什么是正义,罗尔斯当然有自己的回答。为了说明正义,他假设了"原初状态"(original position)用以说明人们当时的处境。至于人们选择正义的图景,他提出了"无知之幕"说:"正义的原则是在一种无知之幕(veil of ignorance)后被选择的。"②那么,什么是"正义原则"? 他提出了自己著名的正义二原则:"我要坚持认为,处在原初状态中的人们将选择两个相当不同的原则:第一个原则要求平等地分配基本的权利和义务;第二个原则则认为社会和经济的不平等(例如财富和权力的不平等)只要其结果能给每一个人,尤其是那些最少受惠的社会成员带来补偿利益,它们就是正义的。"③

(二) 中国学者之"良宪"

如果单纯从文本意义上考查,笔者赞同"中国古代没有宪法""宪法是舶来品"的基本判断,因此讨论"良宪"问题自然要从近现代开始。

中国古代,礼法合一,法自君出,皇帝"口含天宪",历朝历代不乏令、诏、敕、诰等效力高于国家"正律"之例,可见位阶高于法者,或"礼"或帝诏,而"礼"包罗万象又模糊不清,帝诏具有很大的不确定性,因此古代思想家们很难据此展开"良宪"问题的讨论。至于儒法"义利之争",是为人"性善性恶"争论之展开,非为讨论"良宪"问题,当然这不排除他们也据此评价法(宪)之良恶。

中国近代最早讨论"良宪"问题的是中国民主革命伟大先行者孙中山先生。孙中山在认真研究中西文化、历史、法律的基础上,掌握了中西方观念上的差异,曾对中西方建筑房屋的方法进行了恰当的比较:"国人筑屋先上樑,西人筑屋先立础。上樑者注目最高之处,立础者注目最低之处。注目处不同,其效用自异。"④孙中山这一论断科学地阐述了先上樑有其道理,先立础也有其道理,归根结底就是要借鉴中西,学习古今,结合民族,立民国大法。1906 年 12 月,在日本

① 〔美〕约翰·罗尔斯著何怀宏等译.正义论[M].北京:中国社会科学出版社,2013.3-4.
② 〔美〕约翰·罗尔斯著何怀宏等译.正义论[M].北京:中国社会科学出版社,2013.12.
③ 〔美〕约翰·罗尔斯著何怀宏等译.正义论[M].北京:中国社会科学出版社,2013.14.
④ 孙中山.孙中山全集[M].北京:中华书局,1981.325.

东京举行的《民报》创刊周年纪念大会上，孙中山首次提出："将来中华民国的宪法，是要创一种新主义，叫做'五权分立。'"①以五权分立为核心原则制定的宪法，便被称为"五权宪法"。

"五权宪法"是孙中山思想的精髓所在。孙中山认为，传统西方宪法三权分立（行政权、立法权、司法权）制度中，行政机关拥有考试权将可能滥用人才，立法机关拥有监督权则将有国会专制的流弊，因此认为应该将此两者分离，另设考试院和监察院，此乃五权分立之由来。

孙中山对为什么要在"三权宪法"的基础上建立"五权宪法"体系而且要五权分立做了精辟的论述。他认为推翻帝制，建立民主国家后，治理国家和建设国家的关键是选拔官吏。官吏的好坏，德才状况，能力的高低，直接关系到国家的前途和人民主权能否得到行使的首要问题。为此，政府官吏必须经过严格的考试，精心挑选，这是他设置考试权并平列其他四权之原因。他经过考察认为西方国家选举、委任两种途径选拔官吏的做法流弊很多，例如选举，就受到家族、经济、财产等状况诸多方面的影响与控制。孙中山认为只有限制被选举人的资格，才能避免这些流弊的产生；最好的办法就是增加考选权，使之独立。孙中山还区分了人民主权为精神的考试权和君主制的科考制的界限。这说明，他的考试权独立的思想是经过调查研究并结合中国国情的理论产物。② 孙中山主张监察权独立，以保证政府清正廉洁。监察权，是专管监察、弹劾等事项。孙中山认为，虽经严格考试，也避免不了有不称职的人员担任政府官吏。为此，他认为必须设立监察院，由专门职能机关行使监察权，及时监察或罢免不称职官员。

"五权宪法"是以"人民有权，政府有能"的权能分开说为基础而建立起来的。孙中山指出，为了克服代议政体流弊，不能仿效欧美，"我们自己便应该想一种新方法，来解决这个问题"。③ 解决这个问题的新方法，"就是要把权与能来分开"。④

关于权能问题，孙中山曾在理论上和方法上做过研究，包括对政治、政权与治权以及权与能等方面的认识和探讨。他指出：许多人以为政治是很奥妙很艰

① 孙中山.孙中山选集[M].北京：人民出版社，1957.79.

② 王云飞.再论孙中山"五权宪法"[J].北京：中国法学，2003(5).159-166.

③ 孙中山.孙中山选集（下）[M].北京：人民出版社，1981.773.

④ 孙中山.孙中山选集（下）[M].北京：人民出版社，1981.774.

深的东西,其实并不如此。"政治两个字的意思,浅而言之,政就是众人的事,治就是管理,管理众人的事便是政治。"①这种看法形成了孙中山对国家政权的独特观点。

从内涵看,"权能分开说"是把国家大权一分为二:一个是"政权",一个是"治权"。政权即为"权",是"管理政府"的力量,这个"权"由人民来掌握;治权即为"能",是政府自身的力量,这个"能"应当由有能力的人组成的政府掌握。孙中山认为,只有这样将"权"与"能"分开,才可以做到"人民有权,政府有能"。②

从以上阐述我们可以看到,孙中山"良宪"的范本就是他的"五权宪法"。在此"良宪"中,政权、治权分立,政权归属于国民大会,而治权乃指行政权、立法权、司法权、监察权、考试权,各自独立运作并互相合作。

应该说,孙中山的"五权宪法"理论可以说是中国法律思想史上前所未有的宪法理论。但是,"徒宪不足以自行",再好的理论或宪法,如果被束之高阁,不去付诸实践,充其量只不过是纸上谈兵,起不到指导实践、改造社会的作用。事实上,由于众所周知的历史原因,"五权宪法"永远定格为一种历史。

在中国当代学者中,也有涉及"良宪"问题的论述。

李步云老师认为,宪法应该"符合民主、法治与保护人权"。③ 宪法必须"宣布人民有统治国家的权力,并在事实上使国家的权威来自人民的意志","为政府的活动确定一幅蓝图,政府的权力只能根据法律行使","明确一个违宪审查机构,并建立相应的制度和程序","规定并保障一个独立的司法制度","尊重和保障个人权利"。④ 可见,李步云老师认为的"良宪"至少包括主权在民、权力制衡、违宪审查、独立的司法制度、尊重和保障个人权利等方面的要素。

韩大元教授在《略论宪法正当性》一文中提出衡量宪法正当性的三个要求,即制宪权的正当性、内容的正当性、程序的正当性。他说:"宪法正当性首先表现在宪法制定权的正当性,即产生宪法的国家权力是否获得正当性基础,也就是国家权力成立与组织的合法性,国家权力的合法性决定着宪法正当性的基础。……宪法正当性同时表现为内容的正当性,即宪法上规定的内容要正确地

---

① 孙中山.孙中山选集(下)[M].北京:人民出版社,1981.662.
② 王云飞.再论孙中山"五权宪法"[J].北京:中国法学,2003(5).159-166.
③ 李步云.宪法比较研究[M].北京:法律出版社,1998.149.
④ 李步云.宪法比较研究[M].北京:法律出版社,1998.149-151.

反映一国的实际情况,包括历史传统、现实要求与权力平衡状况……宪法正当性还表现为程序的正当性。宪法内容的确定固然重要。但程序是否完备对宪法内容的实现有着不可忽视的影响。"①可见,他认为在制宪权、宪法内容、制宪程序上具备正当性的宪法即"良宪"。

　　刘茂林等则认为,对于宪法的正当性的认识需要在以下几个维度上来予以把握:"(一)宪法应当体现社会共同体的终极人文关怀。……宪法正当性的首要维度就是,宪法要在人的全面而自由的发展的终极关怀下合理地安排社会共同体的人权保障体系。……(二)宪法应当体现合目的性和合规律性的统一。……宪法的价值追求和制度安排应当与人及其社会共同体的生存和发展的本质属性相适应,体现合目的性和合规律性的统一。宪法的终极目的是实现人的自由而全面的发展,但是人类社会的发展是一个渐进的合规律性的过程,宪法作为终极指南的作用只有植根于时代精神和现实社会境况中才能得以切实的体现,才能不至于沦为一种虚幻的口号和空洞的宣示。……(三)宪法应当体现价值合理性与现实有效性的统一。宪法不仅要有自己的价值取向,而且其价值本身应当具有合理性,从而能够指导社会共同体的现实生活,引领社会共同体的未来发展。否则,宪法所承载的价值体系只能是空洞的教条,而价值的空洞化、教条化也会影响宪法自身的权威。……(四)宪法应当体现价值普适性和文化传承性的统一。由于人性的相通性和文明的相容性,一国宪法的价值体系,应当体现对普适性价值、原则的遵循,从而共享人类的法律文化成果,追求法治文明的共同进步。基于不同的文化、传统和政治、经济形态,一国宪法所承载的价值体系又具有自身的独特性,从而使本民族的文化、传统在不断传承中得以沉淀和升华。因此,宪法的正当性的一个重要维度就是,宪法所承载的价值和原则应当实现普适性价值、原则的遵循与民族性文化、传统的传承的结合。"②很显然,他认为具备了以上四个正当性维度的宪法就是良宪。

　　我国学界关于"法""宪法""法治""良法"研究的各类文献,可谓汗牛充栋、卷帙浩繁,尤其是近几年关于"依法治国""依宪治国"的研究也遽然升温。但是,关于"良宪"的系统性研究并不多见。据笔者掌握的文献资料看,对"良宪"

①　韩大元.略论宪法正当性[J].上海:上海法学,1995(2).2-3.
②　刘茂林等.论宪法的正当性[J].武汉:法学评论,2010(5).3-12.

问题进行了系统深入研究的是汪进元先生,他早在十几年前就出版过《良法论》和《良宪论》。

在《良宪论》一书中,汪进元提出了界定良宪的原则和判断良宪的基本标准。他认为,良宪的界定原则有四:一是尊重宪政自身的发展规律,二是普遍性与特殊性相结合,三是经验论证与逻辑推理相结合,四是价值、规范和事实相结合。至于判断良宪的基本标准,他列举了以下六个:(1)"一多兼容"的文化型构是良性宪法的文化范式;(2)价值目标的中立性是良性宪法的价值基础;(3)人权救济的司法统制是良性宪法的核心基点;(4)权力制约的体制模式是良性宪法的体制要求;(5)程序构造的正当合理是良性宪法的运行保障;(6)结构合理的规范体系是良性宪法的形式表征。①

在中国当代学者中,对宪法正当性进行探讨的还有很多,这里不再一一枚举引述。

(三)"良宪之治"的价值——保障权利制约权力

一般认为,"良宪之治"终究要通过宪法功能或价值或作用得以实现,这些功能、价值、作用可以概括为确认、护权和限权等三个方面。(1)确认。主要是指对国家制度(政治制度、经济制度、文化制度)的确认;对国家权力归属的确认(明确肯定了人民主权原则,规定国家的一切权力属于人民);对公民权利的确认(明确规定基本人权、列举公民基本权利);对国家权力运行规则的确认。这些确认的基本意义在于明确国家各机关的权限,防止滥用权力,保护公民权利。(2)护权。既包括保障公民权利的实现,也包括保障国家权力的有效运行。(3)限权。宪法核心价值之一在于"限政",即对国家权力进行有效的控制和制约,其基本精神就在于通过限制国家权力来保障公民的权利和自由。事实上,从世界各国宪法规范来看,任何一部宪法无非主要是由国家权力的正确行使和公民权利的有效保障两大方面组成。归根结底说来,就是宪法通过根本大法的形式规范国家权力从而保障公民权利。②

所以,我们在此简单地说,保障公民权利(人权)和制约国家权力,是"良宪之治"不可或缺的基本功能(价值或作用)。"任何现代宪法在形式上均包含着

---

① 汪进元.良宪论[M].济南:山东人民出版社,2005.24-30.
② 周叶中.宪法学[M].北京:高等教育出版社.2000.22.

两个基本部分：一是对国家权力的规制，一是对公民权利的保障。"①

1. 保障权利

给"权利"下一个定义不是一件容易的事情。

权利概念，从起源上看，是法律语境下的产物。"权利一语，在欧洲诸国，均同时有法之意义。例如，拉丁语之 jus，法语之 droit，德语 recht，意语之 diritto，俄语之 pravo。盖法与权利，均为人类行为之界限：法为客观的抽象的规范，对于一般人概括的行为之界限；权利为法之主观的具体的方面，对于特定人个别的行为之界限。"②在俞可平所著《社群主义》中我们看到另外一个定义："权利通常指个人不受别人（包括政府）干涉而自由行使正当行为的资格。"③米尔恩认为，权利概念的要旨是"资格"，说你对某事享有权利，就是说你被赋予某种资格，例如选举，领取养老金，坚持自己的看法，享受隐秘的家庭生活。④ 从这些定义可以看出，权利就是人行动的一个界限，在这个界限以内，人享有自由，权利是自由的界限，一个人有多大的权利，他就在多大的范围内获得自由。就像周辅成所说："法定的权利，不论是私人的或是国家的、市镇等公共的，原先就称之为'自由'……第一个真正的权利就是一种自由。"⑤权利的大小决定着人享有自由的广度，在权利范围之内，人拥有对自己或者他物的支配自由。我们说人的自由并不是绝对的，都是在一定范围内的自由，这个范围，就是权利。也就是说，如果确定了权利的范围，自由也就有了限度。

大篇幅地专门讨论权利的定义显然不是我们的主旨——我们仅仅在依宪治国视野里关注"权利"而已。在此意义上，我们可以像大部分学者一样将"权利"与"法律权利"等同起来，⑥然后借用《中国大百科全书》中的权利定义："权利指法律对法律关系主体能够做出或不做出一定行为，以及其要求他人相应做出或

① 赵秀敏.宪政视野中的权力与权利关系[J].兰州：甘肃政法学院学报，2004(12).33-37.

② 吴学义.法学纲要[M].北京：中华书局，1935.89.

③ 俞可平.社群主义[M].北京：中国社会科学出版社，1998.80.

④ [英]米尔恩著王先恒等译.人权哲学[M].北京：东方出版社，1991.165.

⑤ 周辅成.从文艺复兴到 19 世纪资产阶级哲学家政治思想家有关人道主义人性论言论选辑[M].
北京：商务印书馆，1966.681.

⑥ 如果专门讨论"何为权利"这一话题，我们当然不会忽视这两者的差异，起码在"外延"上两者的差异是显而易见的，"权利"和"法律权利"是一种逻辑上的包含关系。我们之所以明知"不同"而"等同"，乃是为了避免进入"权利定义之迷宫"，撇开定义之争。

不做出一定行为的许可与保障。"①

由宪法规定的权利,通常被称为基本权利。我国宪法第二章规定,公民享有下列基本权利:(1)平等权,即公民在法律面前一律平等;(2)选举权与被选举权,即年满十八周岁的公民,不分民族、种族、性别、职业、家庭出身、宗教信仰、教育程度、财产状况、居住期限,都有选举权和被选举权,但依法被剥夺政治权利的人除外;(3)言论、出版、集会、结社、游行、示威的自由;(4)宗教信仰自由,包括信仰宗教的自由和不信仰宗教的自由;(5)人身自由、人格尊严、住宅不受侵犯和通信自由;(6)劳动权、休息权、退休人员生活保障权和公民在年老、疾病或者丧失劳动力时获得物质帮助的权利;(7)受教育权,进行科研、文艺创作和其他文化活动的自由;(8)妇女在政治、经济、文化、社会和家庭生活等各方面享有同男子平等的权利,婚姻、家庭、母亲和儿童受国家的保护;(9)保护华侨、归侨和侨眷的合法权益;(10)国家和社会保障残废军人的生活,抚恤烈士家属,优待军人家属;国家和社会帮助安排盲、聋、哑和其他残废的公民的劳动、生活和教育;(11)对于任何国家机关和国家工作人员的违法失职行为,有申诉、控告或检举的权利;由于国家机关和国家工作人员侵犯公民权利而受到损失的人,有依法取得赔偿的权利。可见,我国宪法对基本权利的规定是广泛的。

但是,我国宪法对公民财产权的规定显然是不足的,尤其是"私有财产权"和"公有财产权"远未取得同等的宪法地位,而公民财产权是人权不可或缺的基本内容,中国古谚"有恒产者有恒心"及古罗马法律格言"无财产者无人格"无不印证了财产权的重要性。现行宪法第十三条第一款规定:"公民的合法的私有财产不受侵犯。"这里,"私有财产"前以"合法的"予以限定,②显示出修宪者对私有财产"小心翼翼"的心态。如果对比第十二条"社会主义的公共财产神圣不可侵犯"之表述,语气之强弱可见一斑。第十三条第二款"国家依照法律规定保护公民的私有财产权和继承权"可以看作是该条第一款之逻辑展开。至于该条第三款"国家为了公共利益的需要,可以依照法律规定对公民的私有财产实行征收或者征用并给予补偿"则显然是对第一款的限制。

---

① 中国大百科全书总编辑委员会.中国大百科全书(法学卷)[M].北京:中国大百科全书出版社,1984.458.

② 单从立法技术角度而言,这种限定其实是多余的,因为"非法的私有财产"肯定不受保护,所以如果把"不受侵犯的"私有财产划分为"合法的"和"非法的",逻辑上显然不通。

在"权利"语境下,另一个经常被提及而且众所周知的概念是"人权"。就像我们无意纠结于权利定义之迷宫一样,我们也会避开人权定义之"漩涡"。我们也只是借用《中国人权百科全书》中的人权定义,即人权是"人依其自然属性和社会本质所享有和应当享有的权利。"①

人权思想自产生以来一直是发展变化的,17—18世纪资本主义上升时期仅限于人人生而平等、自由等权利。19世纪后人权逐步从政治领域扩大到经济、文化、社会等各个领域,20世纪50年代以后,随着民族解放运动的发展,人权突破了传统概念,从个人人权发展到集体人权,增加了民族自决权、和平权、环境权等内容。我们一般把"消极的权利"(negative rights,即保护公民自由免遭侵犯的权利)称为第一代人权,把"积极的权利"(positive rights,即由国家采取积极行动来配合实现的权利)称为第二代人权。1960年代以来,随着国际格局的演变,发展中国家异军突起,在反对殖民压迫的民族解放运动中出现了包括民族自决权、发展权、和平权、环境权、自然资源权、人道主义援助权等提法,这些权利从国内保护扩展到国际保护,要求在维持和平、保护环境和促进发展等领域加强国际合作,因此被称为"第三代人权"。

1945年4月25日,来自反法西斯同盟的51个国家代表汇聚美国旧金山参加制宪会议,并在会后签署了《联合国宪章》。《联合国宪章》首次在全球性法律文件中确认了人权及基本自由。1948年12月10日,联合国大会通过《世界人权宣言》,这一天被联合国定为"国际人权日"。《世界人权宣言》共三十条,确认人人皆享有《世界人权宣言》所载的一切权利与自由,不分种族、肤色、性别、语言、宗教、政治或其他见解、国籍或社会出身、财产、出生或其他身份。《世界人权宣言》第三条至第二十一条涉及公民权利和政治权利,主要包括:免遭奴役权、免受酷刑权、法律面前人人平等、不受任意逮捕、拘禁或放逐的权利、享受司法救济和公开审判权、无罪推定原则、刑法不溯及既往原则、隐私权、名誉权、迁徙自由权、寻求庇护权、国籍权、婚姻自由权、财产权、宗教自由、言论自由、信息和思想自由、和平集会和结社自由权、选举权和被选举权、参政权等。《世界人权宣言》第二十二条至第二十七条规定了经济、社会和文化方面的权利,并明确指出实现经济、社会和文化方面的权利是享受个人尊严和人格自由发展所必需

---

① 朱晓青等.公民权利和政治权利国际公约及其实施机制[M].北京:中国社会科学2003.4-5.

的。《世界人权宣言》列举的经济、社会和文化权利主要包括：劳动权、同工同酬权、享有社会保障权、工会权、休息权、教育权、享受维持本人及其家庭健康和福利所需的生活水准的权利、自由参加社会文化生活的权利等。《世界人权宣言》第一次系统地提出了基本人权的具体内容，明确了联合国系统人权活动的基本原则，对二战后国际人权活动的发展具有深远影响，成为随后制订的一系列国际人权公约的渊源。1966 年 12 月 16 日，第二十一届联大最终通过《公民权利和政治权利国际公约》和《经济、社会及文化权利国际公约》两项公约，与《世界人权宣言》合称"国际人权宪章"，是国际人权领域最重要的文书。

　　"人的生存和发展作为宪法的逻辑起点和终极追求，在宪法学上的概念表达就是'人权'。'人权'承载了人、法人的社会共同体和宪法的逻辑关系：（1）人权在逻辑上标识着人的存在和发展的状态。（2）人权在人的生存和发展的历史过程中，在不断地赋予和丰富自己内涵的同时，也为宪法提供了一个不断演进的逻辑基础和逻辑过程，宪法将伴随人的生存和发展逻辑过程的始终。（3）人的社会共同体是人生存和发展的逻辑需要，即人权的要求，宪法则是满足此种需要的逻辑前提，就宪法与人的共同体的逻辑关系而言，宪法是前提，人的社会共同体是结果。基于上述逻辑联系，作为人的生存和发展的目的，人权具有了宪法的价值意义：（1）人权是宪法价值的基础和核心，生命、安全、秩序、自由、平等、尊严等，都是它的内容和表现形态；（2）人权是宪法价值体系的逻辑起点，宪法据此构建它的价值体系；（3）人权是宪法价值选择的判断标准。"①"人的全面而自由的发展，只有在基本人权能够得到全面而有效的保障的时候，才有可能。同时，基本人权的全面而有效的保障，是人的全面而自由发展的基本表现。人的全面而自由的发展涉及社会共同体生活的各个领域，社会共同体全部领域的基本人权的全面而有效的保障，是人的全面而自由的发展的法治表征，是检验宪法的正当性的首要标准。"②

　　宪法的首要功能是保障人权，否则宪法就失去了存在的价值。2004 年中国修宪增加"国家尊重和保障人权"作为第三十三条第三款，置于"第二章公民的基本权利和义务"之下，说明修宪者认为"人权"属于"公民的基本权利"。

---

① 刘茂林等.论宪法的正当性[J].武汉:法学评论,2010(5).3-12.
② 刘茂林等.论宪法的正当性[J].武汉:法学评论,2010(5).3-12.

　　"国家尊重和保障人权"曾经被视为中国 2004 年修宪的最大"亮点"。然而，即使就宪法规定的原则性角度而言，"国家尊重和保障人权"这一规定显得过于"单薄"或空泛，仍然是一种政治宣示；何况，徒宪不足以自行，这一条款的实施仍然是关键点。说到实施，人们的注意力似乎停留于制度的细化等具体问题，对于任何有关人权规定的实施必须以一定的人权意识作为思想条件仍然缺乏足够的认识。换句话说，对中国传统及当下的人权意识进行检视，仍然是难以绕开的。

　　2. 制约权力

　　制约权力，即权力的制衡与约束。在西方国家，制约权力通常是通过"三权分立"（立法，司法，执法）这一宪法制度设计实现的。社会主义国家类似"制约权力"的传统表达为国家权力的"分工配合"，反对"三权分立"。

　　近代宪法学理论认为，限制政府的权力是宪法的主要功能。潘恩认为："宪法对政府的关系犹如政府后来所制定的法律对法院的关系。法院并不制定法律，也不能更改法律，它只能按已制定的法律办事；政府也以同样的方式受宪法的约束。"① 布朗戴尔认为，宪法"强调对政府活动进行限制，给予公民以最大限度自由的强制性规范。"② 特里索里尼也认为："宪法有双重功能，即授予权力并限制权力。"③ 但是，20 世纪 40 年代以来世界政治、经济和科学技术的发展，引起了社会生活的深刻变化，人们认识到，政府权力与人民权利并不必然是此消彼长的对立关系，政府也不是"权力"的唯一主体，垄断性经济实体、大型社会团体、特殊组织等同样拥有控制他人的力量和能力。后结构主义代表人物福柯认为，权力是多种力量关系的复合；它不限于国家机关所掌握的权力，国家永远不是唯一的权力领域和权力主体（除国家机关之外，政党、社会组织等和个人都可以是权力主体）④。

　　也就是说，权力主体包括但不限于国家。因此，我们这里讨论的"制约权力"，从完整理论意义上说，也应该包括国家权力、垄断性经济实体权力、大型社会团体权力、特殊组织权力等等。但是，本书不是讨论"权力"或"制约权力"的

① ［美］潘恩著马清槐译.潘恩选集［M］.北京：商务印书馆，1982.146.
② 何华辉.比较宪法学［M］.武汉：武汉大学出版社，1988.12.
③ 何华辉.比较宪法学［M］.武汉：武汉大学出版社，1988.12.
④ 肖泽晟.宪法学——关于人权保障与权力控制的学说［M］.北京：科学出版社，2003.2.

专著,我们没有太多精力和篇幅去系统地面面俱到地去讨论这些问题。在所有权力形态中,国家权力对公民权利的影响仍然是最大的,因而我们从宪法功能角度讨论"制约权力"时,仍然讨论"制约国家权力",而暂时忽略其他权力形态。

要制约权力,从宪法技术层面上来说就是分权,包括纵向分权(中央和地方分权)和横向分权(国家机构内部分权,如立法、行政和司法的分权);通过分权,以权力制约权力,实现权力行使的平衡;从宪法本质层面上来讲,就是要以权利制约权力,权力必须为权利服务,而不能反过来侵犯权利。中国共产党人所倡导的"为人民服务""立党为公、执政为民",正是"权力必须为权利服务"的政治表达。

权力制约,它既包括公民权利对国家权力的制约,也包括国家权力对国家权力的制约。权力制约之所以是宪法的基本原则,主要决定于宪法的逻辑起点和宪法的基本内容。尽管导致近代宪法产生的根本原因是商品经济的普遍发展,但从政治层面而言,则是国家权力所有者的转换。也就是说,当国家权力从过去由少数人所有转变为至少在形式上由多数人所有;亦即人民主权出现后,由于各种主客观原因,导致国家权力的所有者与国家权力的行使者相互分离。为了保障国家权力所有者应有的地位和作用,并使这种保障机制具有足够的权威,确认权利制约权力的国家根本法也就应运而生。就宪法的基本内容来说,不仅保障公民权利始终处于核心、主导地位,而且对国家权力不同部分之间的制约机制也有明确规定。一般认为,在资本主义国家的宪法中,权力制约原则主要表现为分权原则;在社会主义国家的宪法中,权力制约原则主要表现为监督原则。

分权原则亦称分权制衡原则。分权是指把国家权力分为几部分,分别由几个国家机关独立行使;制衡则是指这几个国家机关在行使权力的过程中,保持一种互相牵制和互相平衡的关系。分权原则是17—18世纪欧美资产阶级革命时期,资产阶级根据近代分权思想确立的。它为资产阶级革命以后建立资产阶级民主制度以代替封建专制制度提供了方案。1787年美国宪法就按照典型的分权制衡原则,确立了美国的国家政权体制。法国《人权宣言》则称:"凡权利无保障和分权未确立的社会,就没有宪法"。受美、法等国的影响,各资本主义国家的宪法均以不同形式确认了分权原则。从资本主义各国政治实践看,分权原则对于确立和巩固资产阶级民主制度起了非常重要的作用。如美国总统尼克松被迫辞职,虽然是资产阶级垄断集团相互倾轧的结果,但分权原则不能不说也是一个重要环节。随着资本主义国家行政权的日益扩大和立法权的日益缩小,分权制衡原则也正在日益发生转变。

监督原则,是由世界上第一个无产阶级专政政权巴黎公社所首创的。马克思在《法兰西内战》中指出:"公社是由巴黎各区普选选出的城市代表组成的。这些代表对选民负责,随时可以撤换。……从公社委员起,自上而下一切公职人员,都只应领取相当于工人工资的薪金。"①巴黎公社所首创的这一原则,被后来实行无产阶级专政的社会主义国家奉为一条重要的民主原则,如我国现行宪法第三条第二款规定"全国人民代表大会和地方各级人民代表大会都由民主选举产生,对人民负责,受人民监督",第三款规定"国家行政机关、审判机关、检察机关都由人民代表大会产生,对它负责,受它监督";第四十一条第一款规定"中华人民共和国公民对于任何国家机关和国家工作人员,有提出批评和建议的权利;对于任何国家机关和国家工作人员的违法失职行为,有向有关国家机关提出申诉、控告或者检举的权利,但是不得捏造或者歪曲事实进行诬告陷害"。第二款规定"对于公民的申诉、控告或者检举,有关国家机关必须查清事实,负责处理。任何人不得压制和打击报复"。第一百三十五条规定"人民法院、人民检察院和公安机关办理刑事案件,应当分工负责,互相配合,互相制约,以保证准确有效地执行法律"。尽管如此,但由于监督观念,特别是监督原则的法律化、制度化还有待加强,因此在社会主义国家的宪法实践中,权力制约原则的贯彻落实方面还有较长的路要走。

从实践上看,我国也存在着立法(权力)机关、行政机关、司法机关职能的区分,存在着机构的分离,权力的分工,以及人大对政府的监督,对司法机关的监督,司法机关通过行政诉讼纠正政府机关的违法行为等权力制约关系。但总体上看,我国对国家权力比较重视分工(机构的分离和职权的划分),而缺少对权力的制衡。尤其是改革开放以前,似乎没有人提出这个问题,净化权力的方式是各种各样的政治运动,对权力约束基本上是以自律为主的。但任何权力缺乏制约和规范都会自我膨胀并趋于腐败,因此必须对权力进行有效的制约。

依宪治国能够制约权力专横,将权力关进制度的笼子,防止权力滥用。法治能够规约权力,民主能够让权力谦卑,这是现代政治文明的一条重要规律。宪法

---

① 马克思恩格斯.马克思恩格斯选集(第2集)[M].北京:人民出版社,1995.375.

规定的选举制度,保证权力源于民、属于民,从而展现社会主义民主的真谛;宪法规定的预算决算制度、审计税收制度,如能严格恪守,则可以打造一个廉洁高效的政府;司法机关若是严格依照宪法、法律行使职权,则能有效形塑公平、正义守护者的高大形象。依宪治国能够增进公民权利,给予人民对于未来的良好预期,实现对美好生活的向往。在当下,阶层分化、利益多元的社会环境里,人们的观念、见解形形色色,只有以宪法为根本的行为准则,才能力避准则林立造成人们行为选择的无所适从。同时,宪法确立的公民基本权利制度构成政府权力的边界和政府施政的目的,使其"不因领导人的改变而改变,不因领导人看法和注意力的改变而改变",①从而有效防范公权对私权的践踏,防止出现"人民形式上有权、实际上无权"的现象。宪法的生命在于实施,宪法的权威也在于实施。应当说,我国的宪法从条文而言,已经相当"现代化"和"国际化"。但是,与其看文本,不如看行动。宪法绝不是印在纸上供人阅览、挂在墙上给人观赏的。客观而言,多年来,全社会仍没有树立起完整的宪法理念,宪法的实施和保障依旧留有不少遗憾和缺陷。"违法可怕,违宪不可怕"的观念在社会中相当普遍,特别是一些领导干部对宪法的认识还非常薄弱,由此造成社会生活中违宪现象不断出现,宪法权威受到严重损害。无疑,人民对宪法的信仰不是凭空产生的,不能靠说教,也不能靠命令,必须通过有效实施使其获得生命。令人欣喜的是,十八届四中全会明确提出要"抓住提高立法质量这个关键,使每一项立法都符合宪法精神","健全宪法实施和监督制度,完善全国人大及其常委会宪法监督制度,健全宪法解释程序机制"。这些表述,让人们看到了执政党推进依宪治国、依宪执政的坚定决心和不渝信念。②

---

① 邓小平在总结"文革"教训时说:"为了保障人民民主,必须加强法制。必须使民主制度化、法律化,使这种制度和法律不因领导人的改变而改变,不因领导人的看法和注意力的改变而改变。"(邓小平:《解放思想,实事求是,团结一致向前看》,载于《邓小平文选》第二卷,人民出版社1994年版,第146页。)

② 林龙.开启依宪治国新时代[N].北京:学习时报,2014-11-24第一版。

第三专题　依宪治国实体论(一)

——私产保护

这里之所以选择"私产保护"作为依宪治国实体论的首个主题,是因为:(1)我国有数千年"重公轻私""重义轻利"的文化传统,但是也有"有恒产者有恒心"这样宝贵的思想资源;(2)新中国成立后特定历史条件下"私产"是一个敏感话题——"私产"一度与"资本主义"画上等号,其保护当然也容易被忽略;(3)在现代社会,个人越来越多成为社会关系或法律关系主体,要使其成为一个独立主体,个人财产(私产)的保护是一个无法绕开的话题,且"私产保护"已逐渐纳入"人权保护"的范畴。

第一节　私产保护的公法价值

"私产"是"私有财产"或"私有财产权"的俗称。在我国,"私产"的宪法保护主要体现在宪法第十三条第三款规定:"公民的合法的私有财产不受侵犯。国家依照法律规定保护公民的私有财产权和继承权。国家为了公共利益的需要,可以依照法律规定对公民的私有财产实行征收或者征用并给予补偿。"

可以说,以私有财产权为核心内容的财产权是宪法的重要内容、人权的保障、制约公权力的有效手段,与维护依宪治国秩序、促进社会效益密不可分;它是谋求人类生存与发展的动力、维系人类自由与尊严的根基,堪称孕育人类物质文明、精神文明和政治文明的温床。财产权首先是作为一个私法概念得以确立的,且财产权过去在我国仅仅作为一般的民事权利而没有作为基本人权纳入宪法权利体系。2004年3月,我国"八二宪法"第四次修改后首次在宪法中规定"公民合法的私有财产不受侵犯",将私有财产权"上升"为一项宪法性权利,这在我国依宪治国史上意义非凡。2007年10月1日施行的《中华人民共和国物权法》将这一宪法规定细化,堪称私产保护的里程碑。

一、私有财产权是宪法的重要内容

近代以来,各国宪法都把财产权作为其重要内容加以规定。1789年8月,法国《人权宣言》第十七条庄严宣布:"财产权是不可侵犯的、神圣的权利,因此,除非由于合法证明的公共需要明显地要求的时候,并且在公正的、预付赔偿的条件下,任何人的财产都不受剥夺。"①二百多年来,很多国家的宪法都对私有财产权进行了规定。例如,1791年美国宪法第五条修正案规定:"未经正当法律程序不得剥夺任何人的生命、自由或财产;凡私有财产,非有适当赔偿,不得收为公有。"②1868年该宪法第十四条修正案规定:各州"不得于未经正当法律手续前使任何人丧失其生命、自由或财产。"③1919年德国宪法第一百五十三条规定:"所有权,受宪法之保障。其内容及限制,以法律规定之。"④1946年日本宪法第二十九条规定:"私有财产权不得侵犯。财产权之内容,应由法律规定以期适合于公共之福祉。私有财产,在正当补偿下得收归公用。"⑤当今世界各国成文宪法中有类似规定的不胜枚举。这些规定虽表述各异,但意思大致相同——私有财产受国家保护。这说明,保护私有财产权是各国宪法的中心内容,在各国宪法中处于重要位置。

1978年以后,中国随着经济改革的深化,经济与财产权问题一直是修宪的中心议题。中国二十世纪八九十年代的三次修宪,都以财产权内容为中心,这反映了财产权与依宪治国之间的内在联系。到目前为止,我国已有1954年、1975年、1978年、1982年四部宪法,这些宪法对经济问题的基本思路是以计划经济、公有制、按劳分配为主线,但又各有差别。1954年宪法提出消灭私有制,1975年宪法和1978年宪法也表达了类似意思。1982年宪法规定"保护个体经济的合法的权利和利益"(第十一条);1988年修正案规定"土地的使用权可以依照法

① 叶志宏.外国著名法典及其评述[M].北京:中央广播电视大学出版社,1987.288.
② 叶志宏.外国著名法典及其评述[M].北京:中央广播电视大学出版社,1987.246.
③ 叶志宏.外国著名法典及其评述[M].北京:中央广播电视大学出版社,1987.248.
④ 叶志宏.外国著名法典及其评述[M].北京:中央广播电视大学出版社,1987.349.
⑤ 叶志宏.外国著名法典及其评述[M].北京:中央广播电视大学出版社,1987.408.

律的规定转让"(第二条),第一次部分承认私有财产,使之有得到宪法保护的可能性;1999年修正案明确了"非公有制经济,是社会主义市场经济的重要组成部分","国家保护个体经济、私营经济的合法的权利和利益"(第十六条)——可以说,1999年的宪法修正案具有不可低估的意义,它虽然只是局部性改动,也并不彻底,但在承认私有财产权的合法性方面迈出了关键的一步,由此将产生重要影响——在宪法做出了这样的修正之后,个体和私营经济必将进一步发展壮大,必然要求在司法实践中不断地重新定义国家与私有财产的关系,以及社会主义意识形态与市民私有财产的关系,从而日益凸显出当前法律体制的内在矛盾,进而不可避免地提出更彻底的宪法、法律修改要求。2004年3月修改后的宪法直接载明,"国家保护个体经济、私营经济等非公有制经济的合法的权利和利益。国家鼓励、支持和引导非公有制经济的发展,并对非公有制经济依法实行监督和管理"(第十一条第二款)。宪法还规定,"公民的合法的私有财产不受侵犯""国家依照法律规定保护公民的私有财产权和继承权""国家为了公共利益的需要,可以依照法律规定对公民的私有财产实行征收或者征用,并给予补偿"(第十三条)。宪法这些规定,是我国依宪治国史上的一个里程碑。通过"私产入宪",将使民法、刑法等基本法律对私有财产的保护拥有了宪法保证。民法、刑法对私有财产的保护在宪法的庇护下将更完整、更全面、更彻底;行政权对私有财产的侵犯将受到宪法强有力的遏制,非经合法程序,私有财产将不再被肆意剥夺;私产受到侵犯时,也能寻求法律的救济。国家财产、集体财产、私有财产在法律地位和法律保护上将"逐渐"获得平等的基础。

从法治文明演进的一般规律来看,国家没有超越于公民个人权利与自由之上的特权;没有对公民私有财产的保护就没有真正的法治,对财产权的拒绝就是对法治的拒绝。宪法是人民和政府的政治契约,人民需要宪法的目的是为了限制政府:只让政府保护而不侵害私有财产。从权力起源角度而言,不保护私有财产权,政府就失去了存在的价值和目的;保护公民的财产、生命和自由是政府的根本目的之一。在中国,事实已经证明了取缔私产与"无法无天"的内在联系。不承认私有财产权,才会发生得到鼓励的"打砸抢抄"。经过对私有财产权的长达一个世纪的公开、大规模践踏之后,人们开始注意到私有财产权在依宪治国中所处的重要地位。事实上也很难设想当今世界上哪个国家不保障私有财产权却又是依宪治国楷模。

二、私有财产权是人权的保障

人权是法治的核心内容,保障人权是依宪治国的目的。尽管对"人权"这一概念的外延从来都没有过一致的认识,但一般都承认生存、自由、安全、幸福等诸权构成了人权的基础——这是最低限度的权利,剥夺了这些权利,人便不再是人。研究人类文明史可以发现,对这些权利直接或间接的剥夺最终都和法律上或事实上剥夺个体拥有自己私产的权利有关。因此可以说,私有财产权是人权的保障,没有对私有财产权的法律承认,包括生存、自由、安全、幸福在内的人权就失去了物质基础。

在宪法层面上,"保护私产"和"保障人权"具有内在的统一性。"八二宪法"第四次修改以前很长一个时期,由于极左思维定式的影响,人们将"私有财产"和"人权"视为禁区,以为不谈或少谈"私有财产"和"人权"就是纯正的马克思主义——其实,这是对马克思主义人权观的一种误解。马克思在谈到自由时曾指出,自由这一人权的实际应用就是私有财产这一人权。[1] 恩格斯也指出,人类社会迄今的一切发展都来源于人的卑劣的私欲[2],故他强调在所有原则中物质利益是第一原则。"资本主义三百多年的历史提供了两条基本经验:第一,解决了社会发展动力问题,第二,解决了社会保障问题。这两条在法律上的表达,就是解决了财产权与生存权问题。"[3]不可否认,物质财富是人生存和发展的基础,私有财产权的存在构成了对个人生命以及其他基本权利的保障。生命的权利意味着每个人都有权通过自己的工作来维持自己的生存,如果人们没有权利占有和支配自己的劳动成果,也就失去了维持生命的手段。生存权在一般意义上就是与衣、食、住、行相关的权利,而离开了私有财产权,与衣、食、住、行相关的权利就会失去根基——没有财产权的生存权,只是做奴隶的权利。

私有财产权制度的确立,降低了个人对他人或组织的依附程度,从而为个人的自由提供了前提。因此,私有财产权又是个人自由的基础。"没有财产权,实质上就没有真正的自由。"[4]在依宪治国之下,政府无权剥夺公民个人的自由、权

---

① 罗玉中等.人权与法制[M].北京:北京大学出版社,2001.170.
② 徐显明.人权研究[M].济南:山东人民出版社,2001.3.
③ 徐显明.人权研究[M].济南:山东人民出版社,2001.3.
④ 徐显明.人权研究[M].济南:山东人民出版社,2001.3.

利与财产,侵犯个人的财产即是侵犯个人的自由与尊严。公民的自由得到保障,可以使其从事他们愿意的活动。因此,私有财产权安全度是自由安全度的指标。可以说,私有财产权是其他一切自由的防火墙——如果这道墙失守,其他的权利和自由就保不住了。从这一意义上说,私有财产权开辟了属于公民私人的自治领域,在这一领域之内,公民可以享有自由,而政府不得任意侵入。私人领域的出现和勘定,使公共领域与私人领域之间的"划界"成为可能。只有公民享有一定的安全度,无受到国家威胁之虞,才能自由地独立地参与公共领域的生活,而私产的保障和公私领域之间的界分都离不开宪法。私有财产是自由的基本要素,是不可剥夺的天赋的自然权利,对私有财产权的承认是阻止或者防止国家政府强制与专断的基本条件。如果不存在这样一种确获保障的私人领域,那么强制与专断就不仅会存在,而且还会成为司空见惯的现象——换句话说,如果财产权与物质财富处于某个机构或某个个人排他的控制之下,个人自由将不复存在。可以说,个人自治的核心是个人对其财产的独立的排他的支配权——连"治产"的权利都没有,就不会有"治身"的权利。没有私有财产,个人会缺乏起码的自由活动空间,个人价值将不受尊重,个人自治的能力将受到限制。

　　私有产权制度的确立,还有助于防止对公民权和公民身份的肆意褫夺。总结几十年前发生的惨痛教训发现,如果当时有对私有财产权的法律承认,就不会有对"地富反坏右"、"四类分子"、"臭老九"的清算——无财产者无人格。在宪法和法律不承认私有财产权的国家,公民的幸福只能仰仗于政府的善意。但是,如果连私有财产权都不肯承认,又缘何要有善意?在不承认私有财产权的地方,个人只是国家面前一个个乞求善意的"乞丐",而不是堂堂正正的权利拥有者。没有私有财产权,奴隶与臣民就永远变不成公民。只有在政府能够有效保障私有财产权的体制中,个人的安全、幸福等诸人权才有坚实的保障。

　　因此,私有财产权无疑是包括生存、自由、安全、幸福等在内的人权的基本内容之一,拥有属于自己的财产是每个公民不可剥夺的人权。私有财产权的法律保护使得每个公民可以独立地或与他人共同取得、使用、抵押、出售、出租、转让、遗赠和继承来源正当的财产,从而完全、充分地行使基于财产权的其他权利。当然,私有财产权不应该只停留在诸如拥有牙膏之类生活物资的权利上,更应指拥有建筑物、土地、厂房等生产资料权利;不仅包括拥有诸如机器设备、车辆等有形财产的权利,而且还包括拥有诸如版权、专利等无形财产的权利。所以,宪法不仅保护个人拥有生活物资的权利,同样也保护个人拥有生产资料的权利。任何权利,最终都是个人的权利。国家"权力"最终也要落实在保护个人权利的功能上,即国家权力不过是保护个人权利的最终手段。因此,依宪治国的归宿是保护包括私有财产权在内的所有人权。

三、"私产入宪"与维护依宪治国密不可分

任何类型的宪法和法律,都要追求并保持一定的社会有序状态。"与法律永恒相伴的基本价值,便是社会秩序。"①在依宪治国视野里,将私有财产权的保护上升到宪法高度并固定为一项宪法性权利,首先体现的是该规定本身的公法价值。② 就我国目前实际情况而言,经过改革开放三十八年的发展,私营经济、私有财产在按所有制划分的经济成分结构中所占比例已大幅度攀升。在此背景下,将私有财产权的保护上升到宪法高度并固定为一项宪法性权利,对包括依宪治国在内的整个社会秩序的稳定意义非凡。无可否认,保护私有财产权有利于形成良好而稳定的宪法秩序,使国家长治久安,为经济发展和人权保障提供良好的社会环境——上无片瓦、下无立锥之地的人最有可能造反,古今中外无一例外。人在社会中,一旦离开了物质财富,就生活不下去。基于私有财产权的衣、食、住、行问题的解决,是人类社会延续和发展的基础。但在现阶段生产力条件下,社会资源相对于人们的需求而言是十分稀缺的,矛盾的解决是通过所有权制度确定、保护物权归属,以明人己之分界,从而达到防止社会纷争的目的。

中国有句精辟至极的古语:"有恒产者有恒心"(《荀子·王制》),诚哉斯言。假若说"恒产"的隐喻是人的稳固的物质基础,"恒心"的隐喻是人的稳定的精神诉求,那么两者无疑是一种水乳交融般的相互依赖关系,并且"恒产"在相当程度上是酝酿"恒心"的丰盈的"原料"。人的向善、诚信、远见、创造欲、进取心等精神美德的迸发皆与拥有"恒产"这一自由支配的财富有着某种潜在的关联。需要指出的是,这句古语的关键词是"恒产",所谓恒产用现代语言加以解

---

① 葛洪义.法理学[M].北京:中国政法大学出版社,1999.59.
② 财产权首先是一个私法概念,然后逐渐发展而同时具有公法意义,尤其在与"人权"的关联上,也常常被提升到基本人权的高度,在近代西方启蒙思想家经典著作中强调财产权的论据随处可见。财产权的公法性质暗示着私法和市场经济的发展于宪法体制的奠基作用。有研究表明,有关私有财产权保护的法律制度正是英国最早发展出宪政和代议制的一个基础。

构,其实就是指家庭比较固定的产业,比如土地、田园、房屋等,也就是不动产。当然,这句古语强调的重点不是"动产"或"不动产",而是"产"与"心"的依存关系,所以我们可以把"恒产"解释为私有财产权。一个人,如果他的人身或人格是独立的,那么他(她)应该对其财产都拥有独立的排他性的支配权——文明发轫于财产权,滥觞于对私有财产的尊重和保障。在中国漫长的封建社会中,无论是官方主流意识形态还是民间公共舆论,都对私有财产怀有根深蒂固的"傲慢与偏见",甚至极端的仇视心态。"抄家"就是中国源远流长的一大恶俗,这种恶俗在"文革"十年期间曾经被造反派们演绎得淋漓尽致。

私有财产及其保护是市场经济的基础,是维护市场经济秩序不可或缺的手段。没有私有财产就不会有公民的政治、经济等权利,也不会有自由竞争和市场经济,就不会有真正的宪法秩序。市场经济两个最基本的要素是财产权和契约,它们排除血缘、地域、门第、信仰、语言、种族之间的差别和特权。市场经济首先认可的便是利益多元化和人的自利动机,保护私有财产并承认其为可让渡的权利,是市场经济规律的体现,也是形成宪法秩序的必然。将私有财产权的保护上升到宪法高度并固定为一项宪法性权利,体现了追求社会资源效率和效用最大化的目的。私有财产和私有财产权保护是生产和竞争的发动机,它能够确保市场效率的提高和社会福利的增长,是社会向前发展的动力。它能促使社会财富由无效领域流向有效领域,由低效率的领域流向高效率的领域,使社会资源的配置达到最优化,使财富的社会效应最大化。私有产权往往比公共产权具有更为明确的利益动机和监督成本、激励约束机制,使得私有产权更容易实现经济目标以及利益最大化所隐含的效率。公共产权使得任何人都具有进入财产领域的自由和无限制使用财产的权利,这样的产权制度安排只会产生低效率的结果。正如恩格斯所指出的那样:人类社会迄今的一切发展都来源于人的卑劣的私欲,[1]因此如果不承认私有产权,人们缺乏创造社会财富、增加社会资源的原动力,社会资源效率和效用也就无从谈起。我国改革开放三十八年的实践也证明:私有财产和私有财产权的存在,能够促使个人勤奋工作、以追求个人利益最大化为杠杆实现社会资源增长的最大化和社会资源利用效益的最大化。由于自利的动机,人们会"首先"为自己而非为他人勤劳工作,生活在一种理性和个人自尊的

---

[1] 徐显明.人权研究[M].济南:山东人民出版社,2001.3.

环境之中,而不担心自己的劳动会毫无价值,自己创造的成果会被人突然剥夺。当法律不能确认和保护私有财产时,个人的价值通常难获承认,人们则会丧失致富的动力和降低工作的积极性,对自己和社会的未来逐渐丧失信心。最终的结果是:社会资源的创造和利用效率从整体上弱化了。

过去,由于我们在坚持"社会主义公有制"方面陷入极端,将"私有财产"等同于"资本主义",对私营经济"割尾巴",以致出现一些弊病,抑制了人们的积极性和创造力。其实,"一大二公"注定只能是计划经济时代的一个理想。不保留任何私有财产是不可能的,即使在 20 世纪 50 年代末人民公社实行"大集体""吃食堂"时,社员们仍然保留着部分生活用品。改革开放的实践再次证明,人的生产、创造活动的动力首先来自个体的生存需要,首先是为了得到最多的私有财产,这是人类天然的意识倾向。只有遵循人类这一天性,才能最大程度地调动社会成员创造财富的积极性,社会才能充分发展和繁荣。私有财产权的确立是人类创造物质财富的第一推动力,对私有财产权的保护可以最大限度地释放社会大众创造财富的智慧和热情,进而推动社会文明进步。从这个意义上讲,财产权是人类社会发展进步的强大推动力。可以说,没有财产权为依托的生存权是空洞的权利,没有财产权的其他任何权利都是空虚和漂浮不定的;没有财产权的生存意味着"通向奴役之路"。

四、"私产入宪"是权利制约权力的有效手段

人们很早就开始探究公权力的来源问题,并用人民是权力的最终来源这一命题来论证制约公权力与保护私权利之间手段和目的的辩证关系。这里的私权利,当然包括人们对自己财产的所有权和继承权。古罗马著名法学家盖尤斯说:"一切权力都是从人民来的。皇帝的命令何以有法律的效力呢?因为皇帝的地位是人民给他的;官吏为什么有权力呢?因为官吏是人民选举出来的。"[1]资产阶级启蒙思想家也普遍论证了"主权在民"的权力根据,社会主义国家宪法也大都宣布:国家一切权力属于人民。[2]

---

① 王人博等.法治论[M].济南:山东人民出版社,1989.17.
② 我国 1954 年、1975 年、1978 年、1982 年宪法,虽起伏跌宕,然而"中华人民共和国一切权力属于人民"的宪法原则始终未曾改变。

任何权力都是一定社会成员共同赋予的,原始公共权力来自部落或部落联盟全体成员,政治国家无非是对原始公共权力的取代而已。然而,政治国家中公权力一旦与人民分离,就必然具有一种脱离人民的倾向即所谓离心力,这种离心力有悖于保护私权利的终极目的。事实上,当一个人的私有财产被另一个或一些人侵害时,他可以寻求国家权力的保护,比如向法院起诉。但是,当设定于私产之上的权利不被法律所承认时,私产主人之外的其他人、团体乃至国家便获得一种理所当然侵害这种私产的"正当的"权利和权力。此际,任何社会正义和人类理性都显得苍白无力。

私有财产及其保护制度的存在,使公民的权利具体化,使政府的权力有限化。依宪治国的真谛就是"限政"——限制政府的权力,保护公民的权利。现代政府是权力受到制约的"有限政府",政府存在的正当理由是保护公民的包括私有财产权在内的各种权利。为公民私有财产提供充分的法律保障,是政府义不容辞的职责。对私有财产的保护制度,划分了政府权力和公民权利的界限,有效地限制了政府的行为。私有财产权的存在是抵制政府权力扩张的金质盾牌。私有财产权开辟了公民私人自治领域,勘定了政府公权力的范围。我国正值社会转型,私有财产权的保护与制宪的任务不能截然分开,没有宪法对私有财产权的保护,就不会有社会持续的经济发展,也妨碍民主转型。在宪法秩序之下,政府征收征用私有财产时应有明确的法律依据,而不再是根据中央文件、各级党政文件。不仅如此,这种征收征用必须符合以下三个条件:第一,必须是为了公共利益而不是某个团体或某个组织的利益,更不是为了商业利益或者招商引资的需要而强行征收征用私有财产;第二,必须依据法定程序;第三,对征收征用要实行补偿。必须强调的是,即使为了公共利益,也不能毫无代价地剥夺私有财产,国家必须给予被征收征用者以公平补偿且补偿应当及时——迟来的正义非正义,迟延补偿对私有财产的保护是不充分的。这三个条件,在某种意义上说又是对政府行使征收征用权的一种制约。

五、转型时期"私产保护"的现实意义

无可否认,在欧美国家,财产权主要和首先是作为一个私法概念而非公法概念得以确立的,"私有财产神圣不可侵犯"一度是资本主义国家不可撼动的立法原则。但是,20世纪后半叶以来,随着凯恩斯主张行政介入的宏观经济学的兴

起及环保、生态等社会问题的日益严重,各国立法中不再强调这一原则。在此背景下,如果不考虑我国传统法律文化背景和现实情况,而在宪法中规定"私有财产不可侵犯"并刻意强调它的重要性,似乎悖于"与时俱进"而有"刻舟求剑"之嫌。但是,(1)从传统法律文化背景看,西方社会在意识形态上重视私有财产源远流长。在古典政治理论中,与柏拉图的"私产有害影响"论不同,①亚里士多德非常注意私产带给个人的快乐并认为剥夺私有财产权会给国家安宁带来有害影响。② 许多资产阶级启蒙思想家直接将私有财产权作为宪法的基础加以阐释。例如,洛克将私有财产权作为"天赋人权"的核心内容,③认为保护财产是政府的目的,也是人们订立社会契约的目的。哈林顿则认为,政权是由财产产生,财产是政权的基础。④ 后来许多资产阶级学者也都论述了私有财产权与国家、政府、社会的关系,可以说私有财产观念早已深入人心。反观我国,虽然早在春秋战国时期就有关于私有财产和法律关系的精辟论述,比如"定分止争"的法律起源论⑤——何为"分"? "土地货财男女之分"也,⑥土地和动产居于首位——但是,"定分止争"的视角乃是维护封建专制而非我们现在所谓法治,且由于中国古代重公权轻私权的法律传统和"重义轻利"的主流价值观念,对个人私产的保护不可能像西方那样在国家的政治法律制度中居于非常重要的地位。(2)从现实法律制度的具体内容看,如前所述,近代以来,西方各国宪法都把财产权问题作为其宪法的重要内容之一。但在中国,"宪法""宪政"乃舶来品而非本土法治资源,从晚清《钦定宪法大纲》和袁世凯《天坛宪草》到国民党《中华民国宪法》,都没有给中国带来真正的依宪治国;新中国成立以来,我国先后颁行了 1954 年、1975 年、1978 年、1982 年宪法,但是"私有财产"要么是被消灭的对象,要么是公有制的附属物。

　　所以,考虑到我国重公权轻私权的法律文化传统、"重义轻利"的主流价值观念以及法律制度设计上"私产保护"的"细事"地位,⑦考虑到新中国成立以来

---

① Edgar bodenheimer, *Jurisprudence*.Harvard University Press,1981.8.
② Aristotle.*The Politics* .New York:Penguin Books,1992.115.
③ 李龙.西方法学名著提要[M].南昌:江西人民出版社,1999.145.
④ 张宏生等.西方法律思想史[M].北京:北京大学出版社,1999.128.
⑤ 俞荣根.中国法律思想史[M].北京:法律出版社,2000.91.
⑥ 张国华等.中国法律思想史纲[M].兰州:甘肃人民出版社,1984.187.
⑦ 张晋藩.中华法制文明的演进[M].北京:中国政法大学出版社,1999.8.

私产不屑被重视或不予承认或不完全承认——尤其是公法意义上的承认和保护——的现实国情,我们可以十分肯定地下此结论:"私产入宪"并不是刻舟求剑,包括私有财产权在内的财产权是依宪治国的基石、人权的保障、制约公权力的有效手段,是人类谋求生存与发展的动力,也是维系人类自由与尊严的根基——"私产入宪"是正本清源、与时俱进。"风能进、雨能进、国王不能进。"①财产权堪称孕育人类物质文明、精神文明和政治文明的温床。私有财产权原则在宪法中的确立,将使个人财产终于可以以一种独立的面貌获得宪法和法律支撑,从而摆脱对行政权力的任何依附。

第二节　依宪治国下的"私产保护"

为了实现"良宪之治",必须正确认识"社会主义公有财产神圣不可侵犯"和"公民的合法的私有财产不受侵犯"两个规定之间的关系;财产权保护的法理依据应当是财产取得方式的合法性而不是"所有制"的优越性;有关私有财产权保障的条款应置于公民的基本权利部分而非总则的"基本经济制度"部分;立法上完善配套法律法规时既要体现"平等保护原则",又要处理好转型时期的"特殊问题";为增强法律实效,应有效限制行政权力,放宽"私企管制";培植尊重私产和正当程序的宪法观念,深化政治体制改革,建立真正的社会公正,兼顾自由竞争与公平分配,对完善依宪治国意义上的私有财产权制度非常重要。2004 年"八二宪法"的第四次修改,一个历史性的飞跃是将公民的"私有财产"与"不受侵犯"联系起来。原第十三条"国家保护公民的合法的收入、储蓄、房屋和其他合法财产的所有权"和"国家依照法律规定保护公民的私有财产的继承权"被修改为"公民的合法的私有财产不受侵犯","国家依照法律规定保护公民的私有财产权和继承权","国家为了公共利益的需要,可以依照法律规定对公民的私有财产实行征收或者征用,并给予补偿"。如此修改,使得宪法保护私产的规定

---

① 这是一句涉及财产权利的脍炙人口的法谚,它源自英国 18 世纪威廉·皮特首相 1763 年在国会的演讲——《论英国人个人居家安全的权利》,原文是:"即使最穷的人,在他的小屋里也能够对抗国王的权威。屋子可能很破旧,屋顶可能摇摇欲坠,风可以吹进这所房子,雨可以淋进这所房子,但是国王不能踏进这所房子,他的千军万马也不敢跨过这间破房子的门槛。"后来这段话被浓缩成"风能进,雨能进,国王不能进"这一简短句子。

较之以前更加完善。

一、公共财产与私有财产的宪法表达

在社会主义国家传统宪法和民法理论中,财产权保护的基本原则向来被表述为"社会主义的公共财产神圣不可侵犯"(现行宪法第十二条第一款条文即是如此)。就我国实际情况而言,该原则是改革开放前单一公有制和计划经济体制的本质和要求在法律上的反映。从修改前的宪法在第十二条第一款规定"社会主义的公共财产神圣不可侵犯"和第十五条第一款规定"国家在社会主义公有制基础上实行计划经济",①可以看出这两个条文之间的本质联系。显然在改革开放之前或之初大的方向和目标尚未确定的时候,以社会主义公有财产神圣不可侵犯作为我国法律保护财产权的基本原则是有道理的。但是经过三十八年的改革开放,我国经济体制已经实现转轨,社会主义市场经济体制已经确立。现在经济生活的根本特征是公有制经济和非公有制经济并存。1988 年对宪法第十一条的修正,已经承认了私营经济的法律地位;1993 年对宪法第十五条的修正,已经规定国家实行社会主义市场经济。这意味着,我国已经从单一公有制为基础的计划经济转变为公有制经济和非公有制经济并存的社会主义市场经济。从依宪治国意义上说,非公有制经济和公有制经济在法律地位上应当是平等的,应当获得平等的法律保护。因此,可以将"社会主义公共财产神圣不可侵犯"原则改为"合法财产一体保护"原则。按照这一基本思路,物权法也不应再区分生产资料所有制的类别,而着重于财产的取得是否合法。凡是合法取得的财产,不问其所有制性质,不分属于公有、私有,在法律上平等对待、平等保护。以前,有学者建议抛弃"公有财产神圣不可侵犯"原则而代之以"私有财产神圣不可侵犯"原则。我们认为,这是一种走极端的做法,并不可取,"私有财产神圣不可侵犯"原则不符合我国经济生活中公有制经济和非公有制经济并存的特点。应当看到,即使在以私有制为基础的市场经济国家中,也对"私有财产"有种种限制并随着凯恩斯主义的兴起不再讲什么"私有财产神圣不可侵犯"。应当肯定,2004 年 3 月的宪法修正案在保留社会主义公有财产神圣不可侵犯原则的同时,增加第十三条第一款关于公民合法的私有财产不受侵犯的规定,实际上已经修

---

① 1993 年修宪后将该条改为"国家实行社会主义市场经济"。

正了我国宪法关于财产权保护的基本原则:社会主义公共财产和公民合法的私有财产均不得侵犯——唯一的"差别待遇"是前者冠以"神圣"而后者制以"合法"。第十届全国人民代表大会第五次会议于2007年3月16日通过《中华人民共和国物权法》就体现了这一思路,这是我国财产保护制度完善的又一进步。该法第三条规定:"国家在社会主义初级阶段,坚持公有制为主体、多种所有制经济共同发展的基本经济制度。国家巩固和发展公有制经济,鼓励、支持和引导非公有制经济的发展。国家实行社会主义市场经济,保障一切市场主体的平等法律地位和发展权利。"第四条规定:"国家、集体、私人的物权和其他权利人的物权受法律保护,任何单位和个人不得侵犯。"这种规定,正是宪法上平等权在私法上的体现。但是,这一判断并不意味着我们认为我国宪法对公共财产与公民私有财产给予了毫无差别的绝对平等保护。

事实上,比较现行宪法第十二条和第十三条就可以发现,我国现行宪法对公共财产所有权给予了相对于私人财产权更高的宪法评价。进而言之,通过对比宪法第七条、第八条还可以发现:同样是公共财产所有权,国家所有财产相对于集体所有财产又处于相对优越的地位。与之相适应的是,宪法对公共财产和私有财产所采取的保障措施也是不同的,这样的制度安排体现了我国宪法的社会主义性质,但是这样的制度安排也存在问题。首先,我国宪法第十二条规定:"社会主义的公共财产神圣不可侵犯。"这一规定是不科学的:把源于宗教的"神圣"二字写入宪法,其含义既不明确,也不固定,完全不是规范的法律用语。另外,"神圣不可侵犯"的表述其实是近代西方自然法思想的一种话语,本来就不适合于社会主义宪法的价值取向,在进入现代以后,连西方资本主义国家的宪法也均不沿袭这种用语。其次,对公有和私有两种性质的财产所有权给予"差别待遇"实施不完全平等的保护,有悖于市场经济发展的内在要求。可以想象,没有平等的所有权保护,在商品流通领域很难出现公平、有偿、诚信的等价交换,而只能代之以"强取豪夺"。我们在计划经济时代经常看到的产品无偿调拨、农村集体经济组织之间实行"一平二调"等完全违背市场交换规律的现象之所以出现,其原因就在于对单个企业以及集体经济组织财产所有权的漠视。现阶段我们在很多行业仍然可以看到国有企业垄断经营、缺乏竞争压力而导致效率低下的现象。究其原因,不外乎是在人们的观念中仍然认为不同的所有制形式有高下之分、法律保护上有先后之别。

二、我国现行宪法私产保护条款之不足

（一）依所有制"区别对待"可能产生的问题

"八二宪法"第四次修改后,对财产的保护仍按"所有制"区分为公有财产和私有财产。这种区分的延续可能产生的问题大抵有二:第一,立法上限制了其他法律法规,使其不得不接受"规制",也容易引起不必要的思想混乱。例如民法典的起草,2002年12月经全国人大常委会第一次审议的《中华人民共和国民法草案》的所有权部分,仍然按照生产资料所有制对财产权进行区分,分为"国家所有权"(第五章)、"集体所有权"(第六章)和"私人所有权"(第七章),显然这是保留了传统的社会主义民法理论的分类法,这种分法容易引发争论。例如,2003年4月在云南丽江召开的一个民法典立法问题的学术讨论会上,与会者就是否赞成物权法草案按照生产资料所有制划分财产权的做法形成两种意见。一种意见认为,按照所有制划分并没有什么不好,称之为"三分法";另一种意见认为,应该抛弃按照所有制划分财产权的传统做法,贯彻"合法财产一体保护"原则,称为"一元论"。随着2007年《中华人民共和国物权法》的颁布,这种争论也烟消云散,人们看到的是,"一元论"取得了胜利。然而,这仍然只是私法层面上的,不同于我们的"主视角"——公法。第二,在公法层面上,对财产的保护按"所有制"区分为公有财产和私有财产,会导致法的实施出现一些问题。因为从逻辑上说,"区分"必定意味着"区别对待",而"区别对待"必定是"不平等对待",改革开放前按照"家庭出身"对学生、工人、干部进行区分的经验已充分证明了这一点。今天,这种对人区别对待的制度已经被废弃而实现了"法律面前人人平等",在财产权保护的指导思想和法律制度上还有保留按照所有制进行"区分"的必要吗? 经验告诉我们,只要按照所有制区分财产权,就必定会对执法者和司法者产生"某种影响":如果做出的处理、裁判结果不利于国有企业、国家机关一方,会不会被指责为"损害国家利益"? 实际情况是,凡是国有企业、国家机关一方在诉讼中败诉,不论判决是否合法、正当,败诉方在上诉状、申诉状中必定指责该判决"造成国有资产流失",还会以此为主要理由,想方设法通过各种渠道对法院施加影响。

（二）私产条款在宪法中的地位问题

在西方国家宪法中,有关私有财产权保障的条款一般置于公民的基本权利

部分,换言之,私有财产权是公民的一项基本权利。在我国宪法中,有关财产权问题的条款则置于总则的基本经济制度部分,这种体系安排存在两个问题:第一,这样的体例安排是实行计划经济的社会主义国家通常采用的做法,并且是与这些国家公有制经济占绝对支配地位的现实相适应的。随着我国由计划经济体制向市场经济体制的转变以及非公有制经济的发展,这样的体例安排显然已经不适应现实需要了。第二,宪法对财产权作这样的规定不利于保护私有财产权,使得私人拥有的生产资料得不到宪法的有力保护,从而可能影响公民个人将私人财产用于积累扩大生产规模的积极性。

需要指出,在我国公有制经济被认为是最基本的经济制度的背景下,把财产权问题作为基本经济制度的内容,就必然使宪法规范体系中关于私有财产权的规定实际上仅仅处于从属于公有财产权的地位,这样宪法对公有和私有财产所有权给予区别对待、实施不平等保护就不可避免。另外,财产权是公民的一项重要的基本权利,是其他基本权利存在的物质基础。"没有财产权,实质上就没有真正的自由。"[①]把财产权排除在宪法所规定的公民基本权利之外,就必然导致宪法基本权利体系的不完整,不利于基本权利的保障。宪法对财产权的保障,旨在对一种作为公民的基本权利的财产权的保障,而非对各种现存的财产分布状况或者实然的财产秩序的保障,因此应当把私有财产权纳入公民基本权利体系,这样才能给予强有力的宪法保障。

(三) 私有财产权保障制度具体化

总的来看,我国现行宪法对私有财产权保障制度的设计是空泛的、不具体的,需要对其加以补充和细化,这主要体现在以下两个方面:第一,我国宪法中缺乏明确的财产损害赔偿条款。这样,在实践中要求对各种损害公私财产权的行为承担赔偿责任在宪法上就缺乏直接的依据,而且也使得《民法》《国家赔偿法》等基本法律中的一些重要的制度设计缺乏直接的宪法依据。第二,缺乏明确科学的财产权限制条款。西方国家宪法中对财产权的限制主要有三种形式,即规定财产权的同时规定与此相伴随的各种义务;规定财产权的行使不得违背公共利益原则;规定财产权的内容由法律来限制。相比之下,我国宪法则缺乏明确科学的财产权限制制度。修改后的宪法第十三条规定:"国家为了公共利益的需

---

① 徐显明.人权研究[M].济南:山东人民出版社,2001.3.

要,可以依照法律规定对公民的私有财产实行征收或者征用,并给予补偿。"这样的规定,并不能成为严格意义上的财产权限制条款。

三、"平等保护"原则与"特殊问题"

在依宪治国视野里,私产保护入宪只是"万里长征走完了第一步",因为私产保护不能只停留在宪法性原则上,它需要具体的制度设计和配套的具体法律法规;徒法不足以自行,任何法律规定如果只停留在纸上就毫无意义,有法不行等于无法。但是,在完善配套法律法规时必须既体现"平等保护"原则,又处理好转型时期的"特殊问题"。

（一） 对各种性质的财产权"一体承认、平等保护"

为促进市场发育和维护正常的民事流转秩序,除物权法外,还必须建立起一整套与宪法及其相关法律相匹配的实体和程序方面的法律规则,使得公民私有财产与国家、集体发生争议时"平等保护"真正成为可能或在诉讼中公民与国家、集体真正处于平等地位。为此,具体法律制度设计不仅要强调对公有财产的保护,而且也应当将对私有财产权的保护置于相当重要的地位。当然,平等保护并不意味着完全不考虑多种所有制并存的事实而对国家、集体的所有权不作规定。如此反复强调在公法层面上的"平等保护",完全是出于"矫枉有时需要过正"的现实考虑。

鉴于我国重公权而轻私权的法律文化传统和对私产态度从排斥到肯定的历程毕竟很短的现阶段"国情",为实现"一体承认、平等保护",公法私法的衔接配套应当贯彻两条基本原则:第一,禁止政府直接或变相从事经营活动。从事经营活动即是"与民争利",从法理上讲,有悖于"设立政府"的目的,因为政府的最基本最主要职能就是管理社会公共事务,政府在商业领域与私人竞争的直接后果,常常是政府通过立法限制竞争者。第二,限制政府没收私有财产和对私有财产的任意侵犯。在宪法秩序下,政府剥夺、没收私有财产时应当有明确的法律依据,而不是根据中央文件、各级党政文件、行政法规、地方法规。无法回避的现实是,由于我国迄今没有建立起实际上有效运作的违宪审查机制,对政府通过具体行政行为和抽象行政法规侵犯公民私人财产权的行为缺乏审查制度,缺乏宪法或宪法性法律的保护,因而行政机关的恣意妄为往往成为对私有财产权的最大侵害;实践中对公民私有财产的征收征用缺乏国家补偿方面的具体操作步骤,缺乏有效的司法救济和国家赔偿制度,程序既不"正当",赔偿也不"公正",而这种"不公"常常会导致"群体性事件"。

此外,必须完善私有财产权保护的实体法和程序法规范体系,应以宪法第十三条为依据制定系统的保护私有财产权的具体法律法规。不仅要重实体法的保护,更应重视正当法律程序的保障,特别是从宪法的高度对正当法律程序的价值、设计和运作等进行系统研究。因为任何法律实体权利如果没有相应的法律程序权利予以保障,则立法赋予再多的法律实体权利也是没有任何意义的。

(二) 处理好转型时期的"特殊问题"

转型时期的"特殊问题"很多,但比较集中和突出的是"产权界定"和"国有股减持"问题。(1)改革中的产权界定立法。产权界定是指国家依法划分财产所有权和经营权等产权归属,明确各类产权主体行使权利的财产范围及管理权限的一种法律行为。我国的产权界定遵循的是"谁投资,谁拥有产权"的原则;在产权界定过程中,既要保障国有资产所有者及经营使用者的合法权益,同时还要保证其他财产所有者的合法权益不受侵犯。现在大量产权纠纷和矛盾产生的重要原因是缺乏与经济体制改革过程同步的产权界定方面的法律,[①]现有关于产权界定的政策也是模糊不清的,因此加快制定和健全产权界定方面的法律法规很有必要——不仅要为规范集体所有制企业、民营私营企业和事业单位的"确权"提供专门法律法规,而且要对"假全民""假集体"等"红帽子"企业的产权界定提供具体标准。立法时应该区别不同类型,作出具有可操作性的详细规定。对于权力与资本的关系,也要通过立法来加以解决。在我国改革实践中出现了如下的悖论:如果私有财产得不到保护,资本就只能依附于权力,而通过权力获得资本的非法性又使得由此产生的私有财产不应该得到法律的保护,如此循环,权力和资本的纠缠将会越来越紧。一直以来"久治不愈"的顽疾——权力寻租、"腐败"——与此不无关系。面对这样的问题,应该考虑的是:产权界定立

---

① 1993 年国家国有资产管理局印发的《国有资产产权界定和产权纠纷处理暂行办法》(国资法规发〔1993〕68 号)是一个部门规章,属于行政法规范畴,就其法律位阶而言,还不是一个"法律"。该《暂行办法》载明其制定目的是"为了进一步明确产权归属,维护国有资产所有者和其他产权主体的合法权益,促进建立产权的现代企业制度,推动产权界定和产权纠纷处理工作的开展"。该办法第四条规定"产权界定应遵循'谁投资、谁拥有产权'的原则进行。在界定过程中,既要维护国有资产所有者及经营使用者的合法权益,又不得侵犯其他财产所有者的合法权益"。这一规定也为产权界定提供了一项最基本最重要的原则。

法如何具备把权力和资本结合产生的私产产权与正常的私有财产权进行有效区分的操作步骤,与现有的反腐败法律法规结合起来遏制和打击"权力寻租"现象。另外,对于传统计划经济体制下拨款、贷款、投资关系混乱和"私有歧视"偏见带来的产权不清问题,应制定分门别类的产权界定操作规则。(2)完善政府减持国有股方面的立法和政策。分析 2001 年 6 月 12 日国务院发布《减持国有股筹集社会保障资金管理暂行办法》相关条文的内容,可以将其采纳的方案归纳为三点:一是在目的上,减持国有股是为了筹集资金,充实社会保障基金;二是在具体方式上,采用"存量发行""市场定价"的方式;三是减持与流通直接挂钩。该办法第六条指出,"减持国有股原则上采取市场定价方式",但问题是如何保证"市场定价"是公平的? 如何保护弱小股民的利益? "充分考虑和保护中小投资者的利益,应当是国有股减持的重中之重。……姑且不论什么样的定价才是真正的市场定价,但目前市场对现有定价所做出的'不公平'和'不现实'的评价值得关注。笔者以为,国有股减持是否能给中国股市带来利好的刺激,关键在于减持国有股的价格是否合理,是否充分考虑和保护中小投资者的利益。而保护中小投资者的利益应为重中之重。众所周知,国有股净资产价值普遍被高估。一个最简单的证明是,在国有股协议转让中,一般是每股价格低于每股净值,甚至大大低于净值。"①国有存量和增量资产由政府代表国家持有股权固然不可或缺,但是政府持股比例过高会妨碍市场经济的纵深发育。因此,政府应制定减持相当一部分比例国有股的计划,通过在 A 股、B 股市场出售、转让国有法人股,协议转让部分未上市的国有股份公司的股权,关闭、破产一批没有经济效益的国有企业。

四、限制行政权力与放宽"私企管制"

为有效保护私有财产、促进私营企业的发展,在法律制度的运作上必须切实限制行政权力,有效地防止公权力对私产权利的侵害。同时,应当进一步放宽对私营企业市场准入的行政管制。

(一)依法限制行政权力

财产权是人权的重要内容,"如果你想保护人权,你就必须限制那种凌驾于

---

① 金德智等.《减持国有股筹集社会保障资金管理暂行办法》的实施后果及反思[J].哈尔滨:黑龙江财专学报,2001(6).24-28.

他人之上的权力，并且确保这种权力受到持续的监督"。① 休谟也说："只要私人经商和私有财产得到社会权力机构的较大保障，社会本身就会随着私人商业的繁荣发达而相应强盛起来。"②也就是说，保护财产权，不仅需要防止平等主体间的不法侵害，还要排斥公权力对私有财产权的侵害。我国由于长期实行高度集中的计划经济体制和"一大二公"的所有制形式，政府机关行使行政权力时往往过于强调"管理与服从"的隶属关系，不注重对公民财产权的保障。例如，某些政府部门和基层政府乱立收费项目，通过制订规范性文件为自己创设收费、罚款、摊派的权力，在房屋拆迁方面滥用行政强制权力等，这些行为都在不同程度上侵害了公民的私有财产权。依据 2001 年国务院《城市房屋拆迁管理条例》第十七条的规定："被拆迁人或者房屋承租人在裁决规定的拆迁期限内未搬迁的，由房屋所在地的市、县人民政府责成有关部门强制拆迁或者由房屋拆迁管理部门依法申请人民法院强制拆迁。"这就是所谓"强拆"的法律依据。强制拆迁过程中出现的恶性事件虽然是极少数，但其所造成的社会影响是巨大的。行政强制拆迁中的违法情形，可分为两类：一是行政机关对不符合强制拆迁的房屋实施强制拆迁。《城市房屋拆迁管理条例》第一条规定"为了加强对城市房屋拆迁的管理，维护拆迁当事人的合法权益，保障建设项目顺利进行，制定本条例"。据此，城市拆迁中政府对公民财产的征用征收，没有公共利益作为前提，说明这个条例缺乏立法目的合宪性。二是行政机关在实施强制拆迁过程中不严格按照法定程序进行，对被拆迁人的补偿没有完全到位，造成被拆迁人财产损失。上述违法拆迁是政府行政行为，是一种行政侵权，严重损害被拆迁人的利益。另外，为保证拆迁工作的效率，拆迁人急于加快工程进度，"对待所谓'钉子户'采取停水、停电、断路，甚至请社会闲散人员乃至黑社会组织对被拆迁人进行干扰、辱骂、殴打、绑架，迫使被拆迁人接受强制拆除的事实，是一种严重的民事侵权行为乃至犯罪行为，是对被拆迁人权利的极大损害"。③ 所以就我国现阶段实际情况而言，保护私有财产权必须依法限制行政权力，加强行政法治。按照法治的要求，握有公共权力的政府机关可以对公众施加义务约束，但各种义务的设定都必

① 肖泽晟.宪法学——关于人权保障与权力控制的学说[M].北京:科学出版社,2003.1.
② 李非.富与德[M].天津:天津人民出版,1999.153.
③ 朱新华.拆迁中的行政强制行为控制[J].北京:人民论坛,2011(14).32-33.

须以保护人民的基本权利为出发点,这就要求正确处理好行政权和公民财产权的相互关系。基于这种需要,国务院于 2011 年 1 月 19 日公布《国有土地上房屋征收与补偿条例》,取代了原来的《城市房屋拆迁管理条例》。新条例强化了对行政机关行使"房屋征收权"的制约以及对被征收人合法权益的保护。该法第三条规定:"房屋征收与补偿应当遵循决策民主、程序正当、结果公开的原则"。第三十一条规定:"采取暴力、威胁或者违反规定中断供水、供热、供气、供电和道路通行等非法方式迫使被征收人搬迁,造成损失的,依法承担赔偿责任"。

（二） 放宽私企市场管制

从广义上理解,财产自由可以表现为在法定范围内的企业自由、营业自由、竞争自由。保护私有财产,从动态的角度需要保护权利人使用和处分自己财产的自由,这就是要保护营业和竞争自由。目前,我国市场发育尚不完善,许多领域存在各种行政垄断,大量的行政壁垒抑制市场竞争,阻碍了私有财产权的自由运用。有鉴于此,为大力推进行政审批制度改革,使简政放权成为持续的改革行动,2014 年 1 月 28 日国务院发布《关于取消和下放一批行政审批项目的决定》（国发〔2014〕5 号）,决定"再取消和下放 64 项行政审批项目和 18 个子项。另建议取消和下放 6 项依据有关法律设立的行政审批项目,国务院将依照法定程序提请全国人民代表大会常务委员会修订相关法律规定"。同时要求健全监督制约机制,加强对行政审批权运行的监督,不断提高政府管理科学化、规范化水平。尽管早在 1988 年《私营企业暂行条例》等法律法规就已经赋予私营企业诸如自主经营权、自行招工权、自行定价权、与外商合办企业权之类的多种权利,但私营企业主在产品外销、对外经营、经营范围等方面仍然受到许多限制,这些限制从某种程度上也是对私有财产权的限制。我们认为,从强化对私有财产权保护的角度考虑,应当进一步放宽在这方面的限制。尤其在加入 WTO 之后,我国经济进一步开放,许多领域也允许外资进入。在对外资实行国民待遇的同时,更有必要给国内私有经济以平等地位。所以,从迅速发展我国生产力和提高我国综合国力出发,应通过立法尽可能地鼓励和允许私人和私营企业从事更多的有利于国计民生的经营活动,为此,应当进一步放宽对私营企业市场准入的行政管制。

2015 年 9 月中央全面深化改革领导小组第十六次会议审议通过了《关于实行市场准入负面清单制度的意见》。《意见》对实行市场准入负面清单制度做出了顶层设计,明确了总体要求、主要任务和配套措施。

《意见》指出,市场准入负面清单制度,是指国务院以清单方式明确列出在中华人民共和国境内禁止和限制投资经营的行业、领域、业务等,各级政府依法采取相应管理措施的一系列制度安排。负面清单以外的行业、领域、业务等,各类市场主体皆可依法平等进入。《意见》提出,改革的总体要求是:坚持社会主义市场经济改革方向,把发挥市场在资源配置中的决定性作用与更好发挥政府作用统一起来,把转变政府职能与创新管理方式结合起来,把激发市场活力与加强市场监管统筹起来,放宽与规范市场准入,精简和优化行政审批,强化和创新市场监管,加快构建市场开放公平、规范有序,企业自主决策、平等竞争,政府权责清晰、监管有力的市场准入管理新体制。制定市场准入负面清单,要坚持法治原则、安全原则、渐进原则、必要原则、公开原则。意见明确,市场准入负面清单包括禁止准入类和限制准入类,适用于各类市场主体基于自愿的初始投资、扩大投资、并购投资等投资经营行为及其他市场进入行为。对禁止准入事项,市场主体不得进入,行政机关不予审批、核准,不得办理有关手续;对限制准入事项,或由市场主体提出申请,行政机关依法依规作出是否予以准入的决定,或由市场主体依照政府规定的准入条件和准入方式合规进入;对应该放给企业的权力要松开手、放到位,做到负面清单以外的事项由市场主体依法决定。《意见》指出,市场准入负面清单由国务院统一制定发布;地方政府需进行调整的,由省级人民政府报经国务院批准。未经国务院授权,各地区各部门不得自行发布市场准入负面清单,不得擅自增减市场准入负面清单条目。按照先行先试、逐步推开的原则,从2015年至2017年,在部分地区试行市场准入负面清单制度,积累经验、逐步完善,探索形成全国统一的市场准入负面清单及相应的体制机制,从2018年起正式实行全国统一的市场准入负面清单制度。据了解,作为《意见》的附件,《关于开展市场准入负面清单制度改革试点的工作方案》规定了开展市场准入负面清单制度改革试点的程序性事项,从制定目的、定义、适用范围、遵循原则、改革任务、配套措施、组织实施、指导协调、总结和报告、解释、生效时间等方面,提出了市场准入负面清单的试点程序。《意见》要求,实行市场准入负面清单制度,要做好与行政审批事项清单、《产业结构调整指导目录》《政府核准的投资项目目录》,以及与依据法律、行政法规、国务院决定设定的市场准入管理事项的衔接,并就不断改革审批体制,建立健全与市场准入负面清单制度相适应的准入机制、监管机制、社会信用体系和激励惩戒机制、信息公示制度和信息共享制度、法律法规体系等作出了规定。

五、"私产保护"的部门法完善

按照传统观念,"私产保护"属于民商法范畴。然而在人权视野里,将私有财产权保护上升到宪法高度并固定为一项"基本权利",首先体现的是该规定本身的公法价值。尽管 2004 年 3 月"私产保护"即纳入宪法权利范畴,然而现实情况表明:人们对"私产保护"的认识还有待深化,"私产保护"制度还有待于进一步完善。基于这种情况,笔者认为,应当从保障人权的角度认识"私产保护",在公法、私法领域完善"私产保护"的部门立法,同时还要健全司法救济制度,以使"私产保护"制度真正发挥实效。

虽然早在春秋战国时期我国就有关于私有财产和法律关系的精辟论述,比如"定分止争"的法律起源论。① 但是,由于重公权轻私权的法律传统和"重义轻利"的主流儒家价值观念的影响,我国对私有财产权的法律保护不可能像西方那样在国家的政治法律制度中居于非常重要的地位,"私产保护"在法律制度的设计上一直处于"细事"地位。② 2004 年"八二宪法"的第四次修改,保障人权和保护私产同时入宪,一方面说明了两者在依宪治国层面上的内在联系,另一方面也说明了两者具有基本权利的宪法地位。然而必须看到,宪法对私有财产及财产权地位的确立,不能等同于"私产"有了完善的法律保护。至少在立法层面上可以说,对私有财产权的保护,仅有根本法的原则规定而无普通法的配合,"私产保护"制度还不能产生法律实效。我们必须进一步完善各部门法,如行政法、刑法、程序法以及民商法等保护措施和制度。由于我国司法奉行国家法条主义,而不是依靠法官适时的自由裁量权,因此有必要探讨各个部门法的完善问题。

(一) 公法的立法完善

"人权保护"在世界各国首先是公法的基本使命,所以对保护作为人权重要内容的私有财产权来说,公法的立法完善不可或缺。公法,按照大陆法系国家法学理论的传统分类是指宪法、行政法、刑法和程序法,因此除了宪法的原则规定

① 俞荣根.中国法律思想史[M].北京:法律出版社,2000.91.
② 张晋藩.中华法制文明的演进[M].北京:中国政法大学出版社,1999.8.

外,公法的完善主要是指以下几个方面:(1)行政法领域的完善。众所周知,行政法是管理法,从法律关系角度来讲是一种支配与被支配的法律关系。就中国现实情况来看,行政立法大多是"管你没商量",也正因为如此,行政立法的科学性和民主性向来受到学术界和社会公众的质疑。因此,欲完善行政立法,就必须先完善行政立法的程序。行政立法要举行听证会、专家座谈会并通过媒体向社会公众征求意见,这样就会消除行政立法的合法性质疑和合理性质疑。在行政法规定的内容当中,摒弃一切行政权参与商业行为的做法,而且应详细规定参与商业行为或帮助一方当事人参与商业行为的法律责任。现行行政法的"通病"就是规定行政机关管理权力过多而规定相应责任过少。因此,对现行行政法进行修改的主要方向,是行政权力与法律责任对等;规定的法律责任要具体化和可操作化;注意采用"降职""责令辞职""开除"等有力度的惩戒方法。否则,行政法条文无论如何严格,也发挥不了预防政府官员违法的作用。(2)刑法领域的完善。在刑法的立法实践中,立法者应尽快转变观念,对私有财产的保护力度应与对国有财产的保护力度在立法上"同等体现";在客体的立法分类上也应着重于私人领域的关系,如合同诈骗罪应归责于侵犯财产罪,而不应归责于侵犯社会主义市场经济秩序罪;①尤其在刑法的设置上应着重于"财产刑"(即罚金、没收财产等)并注重提升赔偿损失的力度和份额。(3)程序法领域的完善。程序法的完善,主要体现在财产保全和没收财产方面;另外,人民法院在判决执行过程中易于侵犯私有财产以及国家赔偿数额过低也是侵犯私人财产的主要表现。对此,应对程序法进行全面修改,注意保护私有财产权。

(二)　私法的立法完善

私有财产权既是一项人权,又是一项传统的民事权利。这种双重性特点,决

---

① 在我国,合同诈骗罪规定在刑法分则第三章"破坏社会主义市场经济秩序罪"的第八节"扰乱市场秩序罪"中,第二百二十四条规定:"有下列情形之一,以非法占有为目的,在签订、履行合同过程中,骗取对方当事人财物,数额较大的,处三年以下有期徒刑或者拘役,并处或者单处罚金;数额巨大或者有其他严重情节的,处三年以上十年以下有期徒刑,并处罚金;数额特别巨大或者有其他特别严重情节的,处十年以上有期徒刑或者无期徒刑,并处罚金或者没收财产:(一)以虚构的单位或者冒用他人名义签订合同的;(二)以伪造、变造、作废的票据或者其他虚假的产权证明作担保的;(三)没有实际履行能力,以先履行小额合同或者部分履行合同的方法,诱骗对方当事人继续签订和履行合同的;(四)收受对方当事人给付的货物、货款、预付款或者担保财产后逃匿的;(五)以其他方法骗取对方当事人财物的。"

定了"私产保护"除了公法领域的完善以外,私法的立法完善同样是不可或缺的。所谓私法的完善,是指民商法的完善。我国经过三十八年的经济体制改革和对外开放,交易关系变得越来越复杂,但民商法的变化远远跟不上现实社会关系的变化,从而导致私法调整不易或有重重困难。在此背景下,《中华人民共和国物权法》由第十届全国人民代表大会第五次会议于 2007 年 3 月 16 日高票通过,于 2007 年 10 月 1 日起实施。《物权法》开篇明旨:国家实行社会主义市场经济制度,保障一切市场主体的平等法律地位和发展权利;国家、集体、私人的物权和其他权利人的物权受法律保护,任何单位和个人不得侵犯。物权法是调整财产关系的重要法律,制定物权法是我国推进社会主义市场经济发展的内在需要和必然结果。我国宪法规定了公有制为主体、多种所有制经济共同发展的社会主义基本经济制度。宪法还明确宣告:公民在法律面前一律平等;公民的合法的私有财产不受侵犯。2004 年宪法修正案又将"国家尊重和保障人权"写入宪法,确认对公民基本人权的保护,这构成了物权法平等保护原则的宪法依据。宪法第十一条还规定:"在法律规定范围内的个体经济、私营经济等非公有制经济,是社会主义市场经济的重要组成部分。""国家保护个体经济、私营经济等非公有制经济的合法的权利和利益。国家鼓励、支持和引导非公有制经济的发展,并对非公有制经济依法实行监督和管理。"可见,物权法的平等保护原则是符合宪法精神的。但是,物权法出台之后还需做好细化工作。(1)修改有关土地征收征用及拆迁的法律法规。目前,我国《国有土地上房屋征收与补偿条例》等法规与《中华人民共和国物权法》第四十二条的规定不完全一致,甚至发生冲突。《物权法》没有进一步界定"公共利益"的范围,没有对征收、征用和拆迁的规则做出具体规定。因此,制定一部新的不动产征收、征用及拆迁补偿法,准确界定"公共利益"的界限,确立不动产征收、征用以及拆迁的权限、程序、办法,特别是要规定能够保障被征收、征用人和被拆迁人的财产得到足够填补的补偿办法;对于征收土地承包经营权的农民,不仅要给予合理补偿,而且确实保证被征地农民的社会保障。(2)及时制定建设用地使用权续期的下位法。《物权法》第一百四十九条规定:"住宅建设用地使用权期间届满的,自动续期。"但是,还需要及时制定建设用地使用权续期的下位法,对建设用地使用权自动续期究竟要续多少年,自动续期是否要交纳使用费,自动续期之后房屋危旧拆建是否准许等事项作出具体规定。(3)及时清理不符合平等保护原则的法律法规、规章。《物权法》

出台后,要及时清理不符合平等保护原则的法律法规、规章,使物权法平等保护原则能够落到实处。贯彻物权法的平等保护原则,还需要结合《国务院关于鼓励支持和引导个体私营等非公有制经济发展的若干意见》,及时清理不符合平等保护原则、限制非公有制企业融资、投资、营业、市场准入等方面的滞后立法规定。(4)制定公法私法内容兼顾的国有资产管理和保护法。"国有资产管理和保护法对国有资产的兼管包括两种监管,一种是公法意义上的监管,一种是私法意义上监管。作为公法私法内容兼有的国有资产法,不能忽视私法意义上的监管,即作为国有资产的所有权人,国家作为出资人,行使的监管主要是私法意义上的监管。国家要更多地从出资人、从股东的角度而不是从行政监管的角度对国有资产进行监管。从公法角度看,国有资产的流通要规定限制性条件,但是,为防止国有资产在转让中的损失,对国有资产转让评估等事项,物权法并没有作出规定,这就需要在国有资产法中作出明确规定。从立法位阶上看,为有效保护国有资产,实现国有资产保值增值,国有资产法的位阶须提高到和物权法同样的位阶,以便发挥法律效力。"①

必须指出,2004年3月修改后的宪法第十三条虽然从形式上看明确规定了私有财产权的宪法地位,但这只不过是给私有财产权提供了一种庄严的、仪式性的"地位"宣示,这种宣示,不能代替部门立法的细化规定,因为我国法院做出判决时只考虑部门立法和司法解释如何规定,不会考虑宪法如何规定。我国法学界一度有过"宪法司法化"问题的争论,但这种争论随着齐玉玲案批复的被废止而偃旗息鼓了。笔者认为,"宪法司法化"这样的问题,不是一个可以简单地用"是"或者"否"来回答的问题,而应该区分"应然"和"实然"两个不同的视角。就"应然"而言,或者从法理和逻辑角度讲,承认宪法是"法"并且是"具有最高法律效力"的法,那么法官就没有任何正当理由拒绝适用,即在判决中援引——毕竟,"宪法具有最高法律地位和法律效力"是深深根植于我们心中且从不怀疑的命题。如果宪法不能适用或援引——无论以什么理由——则其"最高效力"如何体现?但是,从"实然"角度看,我国宪法条款过于笼统,原则规定的条文适用于具体案件时必然要涉及对该条文的解释问题。但是,在我国"议行合一"政体框架内,法官无宪法解释权,而且由于我国目前法官整体素质有待进一步提高,

---

① 陈俊.市场经济发展与《物权法》的完善[M].北京:中央财经大学学报,2007(12).49-53.

如果由他们在自己的判决中援引并解释宪法,则势必会由于对宪法解释和理解的不同而导致最相类似的情况得不到最相类似的裁判,从而损害宪法尊严。因此,对"私产保护"来说,部门法的立法对细化宪法条款、实现法律和社会实效具有非常重要的意义。

六、"私产保护"的司法救济

在制度层面上,保护私有财产权,既是私法的使命,也是公法的任务。但是宪法和法律的保护,仅仅是一种静态保护,而在现实生活中"私产"更需要动态保护,即在私有财产权的行使过程中,司法救济更能体现为一种实际的保护,因为只有司法救济才能保证私有财产和私有财产权的安全性。宪法和法律的静态保护要变为现实的动态保护,司法的救济过程是至关重要的,而这一过程必须通过司法者的判断和裁决。司法者能否将宪法和法律的规定内化为自己的司法观念并运用于司法过程,是包括宪法在内的所有法律规范保护私有财产权的现实基础。换句话说,缺乏现实基础的对私有财产权设定保护条款的所有法律规范都是毫无意义的。将宪法和法律规范的规定内化为自己的司法观念并运用于司法过程,也就是法官运用自由裁量权处理有关"私产保护"案件的过程。然而,目前我国法官自由裁量权的发挥具有极大的束缚性、障碍性和风险性。所谓束缚性,主要表现为法官依然保持以政策或上级文件和指示为准则的习惯思维方式;所谓障碍性,主要表现为法官作为国家机关的成员,难免有偏袒"国字号"的倾向。所以,我们必须采取切实可行的专门训练方法,自上而下对法官进行严格的宣传和教育,培养法官的专业素养尤其是"法治思维"。

司法救济是运用国家权力调整处理各种社会关系和矛盾并强制相关当事人履行法定义务的一种救济手段。但是,正如任何"法"都有自身局限一样,司法救济对于"私产保护"也不是万能手段。由于各种因素和条件的限制,司法救济总是具有相对性,它不能绝对地、无限地保护权利人的一切合法权益。目前,社会公众舆论过分夸大了司法救济的社会调节功能,把它宣传成唯一的、绝对的、无限的社会救济手段。当诉讼中出现难立案、难结案、难胜诉、难执行时,就统统推定为司法不公、司法腐败或司法人员失职渎职。由于舆论的误导,许多当事人把经营中的风险、合法权益的维护责任全都推给司法机关,有的把人民法院当作保险公司,不论青红皂白,案件只要起诉到法院,法院就必须保证其胜诉,保证其权益百分之百实现。一旦自己的救济欲望不能实现时,便埋怨司法机关和司法人员。有的长期上访缠诉;有的造谣中伤法官;个别当事人甚至缠着司法机关要钱要物;有的诉讼代理人和社会媒体也从中推波助澜。近年来,针对法官的人身伤害案件陡然增多,这是前所未闻也让人格外担忧的现象。2010年6月1日,一名枪手冲进湖南永州市零陵区法院,射杀两名法庭庭长和一名书记员并射伤数人;同年同月8日,广西梧州市长洲区人民法院在强制执行一起案件时,被执行人陈宏生用硫酸泼洒执法干警;2015年9月9日,湖北十堰四名法官被刺。这些现象尽管属于较少数,但那几名犯罪当事人严重损害了国家的司法权威和司法机关的形象,干扰了司法机关正常的审判和执行活动。因此,必须采取措施,从坚持依法治国的高度,在全社会加强司法救济有限性的宣传教育,以维护正常的司法秩序。概而言之,对于保护作为人权重要内容的私有财产权来说,司法救济作为社会救济中最终的救济方式,其地位和作用无可替代,它所具有的权威性、强制性也使其成为与行政救济、社会救济相并行的权利救济方式,因此它应进一步完善。

七、培育尊重私产的观念

观念的更新是社会变革和制度运行的重要基础。由于我国法律文化传统中缺乏明确界定的"不可侵犯的"私有财产权观念,新中国成立后又在相当长的一段时间里片面追求"一大二公""割资本主义尾巴",所以"私产入宪"后我们所面临的诸多任务中,更新观念、排除来自滞后的意识形态的阻力尤其刻不容缓。在社会主义初级阶段,观念上承认并从宪法和法律上保护私有财产所有权,其社会的、道德的、政治的乃至经济上的合理性和重要性是不言而喻的。贫穷不是社会主义,应当赋予和保障劳动者享有其劳动成果及成果带来的收益的权利。私有财产权对于工作是一种刺激,对个人的社会价值也是一项重要的评判指标。一般来说,私人财产通常总是比公共财产得到更悉心的照料和更好的管理,从而提高资源利用的效益。因此,使私有财产与公共财产同样获得宪法强有力的保障,应该成为我们与时俱进的宪法观念。当然,我们也要正确认识私有财产权的相对性和合理使用的必要性,防止滥用财产权。同时,应将程序透明、审判公平、执法公正的理念引入国人的法律观念中,并使其成为国家机关及其工作人员的一切抽象和具体行政行为的首要观念。

　　2004 年修宪前有人认为宪法写入"私有财产不可侵犯"实际上是在鼓励"国有资产流失",最终结果只会保护那些腐败者。这种论调实际上是以叶障目,只见树木,不见森林。确实,从我国改革开放的实践过程来看,"保护私有财产"牵涉到错综复杂的关系、利益冲突,但是这并不能成为否定"私产入宪"的理由。为什么呢? 第一,如果不否定三十八年来改革开放政策的合理性和市场经济演进的现实性,我们就应当肯定:非法或不合理的私有财产的增长毕竟不占主流,公民的绝大部分私有财产是通过合法的、正当的、合理的途径取得的。第二,退一步说,即便公民有些私有财产"来路不明",那么这也是社会转型时期的既定"国情",它的形成有深厚的体制和文化原因,不能因此抹杀作为人权基本内容的私有财产权。这种"天赋权利"的价值,远远高于一个团体和一个社会的短期物质利益。从依宪治国和法治价值角度来说,对基本人权价值的损害所付出的代价远远大于对不合法的私有财产权加以确认所付出的代价,两害相权取其轻。因噎废食,断不可取。第三,在经济转型过程中,效率与公平的关系是相对的:有时候是效率优先,有时候是公平优先,关键是要维持一种效率与公平的平衡关系。法的正义性从来都不是一成不变的,它随着时事的推移和文明的演进而不断变化,因此不能说"私产入宪"是"只讲效率,不顾公平"。说到底,这仍然是一个观念上"与时俱进"的问题。

第四专题 依宪治国实体论(二)

——有限政府

第一节 有限政府与权力制约

2014 年党的十八届四中全会通过的《中共中央关于全面推进依法治国若干重大问题的决定》指出:"强化对行政权力的制约和监督。加强党内监督、人大监督、民主监督、行政监督、司法监督、审计监督、社会监督、舆论监督制度建设,努力形成科学有效的权力运行制约和监督体系,增强监督合力和实效。"①全面推进依法治国,必须强化对行政权力的制约和监督。法令行则国治,法令弛则国乱。依法治国,建设社会主义法治国家,是中国特色社会主义理论和实践的重要组成部分,也是我们党和政府管理国家事务和社会事务的基本方略。推进依法治国,必然要求依法行政。行政权力作为国家权力的重要组成部分,一旦被滥用,就会对公民合法权益带来损害,从而影响依法治国方略实现。因此,必须加强监督制度建设,强化对行政权力的制约和监督。

一、"有限(无限)政府"概说

近代宪法可称为"限法",其重要特点之一就是它成为一个控制权力的武器。从对王权的限制逐步发展到对政府权力的限制是近代宪法的一大特色,此时宪法的主要内容仍是规定国家权力的运行和分配,宪法的功能则倾向于成为限制政府的立法——这里的政府当然是指行使国家权力的各国家机关。"宪法意识就是从权力必须受限制这个思想出发的。通过宪法限制权力的表现形式、

---

① 中共中央关于全面推进依法治国若干重大问题的决定[J].北京:求是,2014(21).3-15.

机构、程序等,各国不同或各有所侧重(有的侧重于限制中央政府的权力,有的侧重于限制地方政府的权力,有的侧重于限制立法机关的权力),但立宪政府都有一个共同的信念,就是政府权力不能无限,有权不能就有一切,权力必须受限制,而宪法是授予和限制权力的根本法——关于行政机关和立法机关的关系,关于立法和行政,关于司法独立等等,都不能侵犯公民权利,这就是现代宪法的由来。"①

"有限政府"意味着政府自身在规模、职能、权力和行为方式上受到法律和社会的严格限制和有效制约。基于政府与公众是一组政治契约关系,公民将权力授予政府,但并没有将所有权力都转让,而是保留了相当一部分权力,所以政府天然是有限的。有限政府的实质,是建立在市场自主、社会自治的基础之上。只有这样的政府,才是与自身能力相契合的政府。从一定程度上讲,政府应有"自知之明",认识到自身能力的有限,这是理性确定政府职能边界的前提。现代政府应当将自己定位于"全能"与"无为"之间,做到有所为、有所不为。事实上,只有当政府秉持了有限型的价值基准,才能将自身能力范围内的事情做好,并使自身能力得到最大限度的发挥。有限政府的实现,关键在于依宪治国的实现。依宪治国之下的权力是一种有限权力,严格依法行政的政府必然是有限政府。在法治社会,宪法和法律划定了政府行为的明确界限,行政权力的行使受到法律的限制,政府职能的设置面临法律的规定,政府机构的规模来自法律的约束,所有这些都是一个有限的框架。现代政府的职责,就是保障而不是去侵害人们的基本权利和自由,既不能有丝毫越位,也不能有半点缺位,否则都会受到社会公众的质疑。无限而有效的政府是什么都干得出来的政府。"大跃进""文革"之类做法就是这类政府的最典型的注脚。在有限政府框架之下,要使政府有所作为的最好办法就是对政府的权力和能力加以必要的限制。没有限制的权力,必然要导致对权力的滥用,从而败坏了国家的能力。因此,一个合理的政府理所当然地只能是有限的政府。

与有限政府相对立的是无限政府。所谓无限政府,是指在规模、职能、权力和行为方式上具有无限扩张、不受法律和社会有效制约的倾向的政府。有人可能会说,绝对的无限政府是不存在的,任何专制的政府至少要受到一些自然规律

---

① 馨元.宪法概念的分析[J].重庆:现代法学,2002(2).3-13.

的影响,如领导人受生老病死的制约,受家人与权臣的掣肘,以及来自民间的武装叛乱的挑战等。但是,这种影响与它给人民权利带来的损害相比可以"忽略不计"。也就是说,即使是自然规律也无法有效地遏制无限政府的权力扩张倾向。所以,这里的无限政府在概念上并不侧重于一个政府受不受自然规律的约束或能否彻底杜绝民间反抗。判断有限政府与无限政府的尺度在于一个政府或者说一个政权在权力、职能、规模上是否受到来自宪法和法律的明文限制;是否愿意公开接受社会的监督与制约;政府的权力和规模在越出其法定界限时,是否得到及时有效的纠正。

二、有限政府的思想渊源

有限政府的思想渊源最早可以追溯至亚里士多德。他认为,最好的政府就是法律统治的政府,"法治应当优于一人之治"。[1] 这里的法治主要是指统治者必须根据普通的法规而不是专断的命令实施统治。然而,有限政府论产生和发展的直接动力主要来源于近代古典自由主义思想,而且以不同时期的自然权利论、功利原理和个人权利优先论等思想为主要内容。自然权利理论认为人类具有一种不变的自然本性,通过对这种自然本性的确认,就可以确定人类应当享有的相应正当权利。[2] 这种理论认为,在人类进入国家状态之前曾存在过一个自然状态,在自然状态下每个人都应拥有利用一切可能的办法来保卫自己的自然权利。[3] 人们之所以建立政府,是为了获得比在自然状态下更多的东西而不是相反。因此,在个人与政府的关系上,应该是个人第一,政府第二。这些早期的自由主义者在政治上强调法律的权威及其对国家政治活动的指导,强调个人不受国家侵害的权利,因此必然强调对国家权力的限制。他们所推崇的自然权利、自然法、社会契约论等,都是有限政府论最初的思想理论基础。

19世纪以后,由于社会政治形势的变化,自由主义思想也有了新的发展,17、18世纪的自然权利论逐渐被以个人利益为诉求的功利主义学说所替代。边沁等功利主义思想家认为,所有政府都是达到目的的手段,个人才是至高无上

---

① (古希腊)亚里士多德著吴寿彭译.政治学[M].北京:商务印书馆,1995.168.

② [荷]斯宾诺沙著冯炳昆译[M].北京:商务印书馆,1999.11-12.

③ 张宏生等.西方法律思想史[M].北京:北京大学出版社,1990.131.

的,主张有生命的个人是唯一独立而真实的社会实体,主张个人利益是道德的基础,自爱自利是人的本性,社会和政府的一切行为均要以是否有助于促进社会的最大利益为宗旨。为了达到社会的最大利益,在政治领域中应当自觉地推行与功利原则相适应的立法;在经济领域,则应依靠市场机制而政府不应过多干预,因为以自利为基础的商品交换能够最大限度地促进个人利益和社会普遍利益的实现。① 功利主义的另一主要代表人物密尔也明确反对政府对经济生活的干预。在《论自由》一书中,密尔不仅阐述了反对政府干预的理由,而且从经济角度分析了政府过分干预带来的弊端,论证了限制政府权力的必要性,从而成为有限政府论的另一理论依据。②

个人主义是自由主义的基础和出发点,当自由主义者论及自由、民主或市场经济等观念时,重点强调的是个人的自由、个人参与或个人的经济活动,推崇个人权利优先。20 世纪的自由主义者更是把这种对个人权利的优先推到了极端。他们虽然对政府干预社会生活的界限问题存有异议,但都把个人自由作为最重要的政治追求。在个人与政府的关系上,认为个人是目的,政府和国家只是手段,这一观念的主要代表是哈耶克。哈耶克坚决反对凯恩斯主义强调国家干预和扩大国家权限的学说,认为这有悖于经济自由原则。他极力主张个人自由、限制政府权力,重视公民的私人空间。在政治上,他反对政府对于个人行为、社会道德的控制与管理,认为政府的作用应该只限于确保社会中存在一种公平法则;在经济上,他则明确表示拥护自由市场经济而反对计划经济,认为经济自由是政治自由的基础。所以,他提出,为保护个人自由、平等和人权免受政府的侵蚀,必须限制政府权力的作用范围。③ 通过以上梳理和分析可以发现,有限政府思想在不同的发展阶段有不同的赖以建立和发展的理论基础,先是自然权利理论,然后是功利原理,再后来是新自由主义的个人权利优先论,这些理论的基本依据都是建立在与私有制相依存的个人主义基础上的自由主义。自由主义者们普遍认为,国家是一种"必不可少的恶",为了便利人们的生活,必须借助于"国家"这一机构;要维持真正持久安全的生活秩序,就不能让政府权力无限扩张,因此必须

---

① 张宏生等.西方法律思想史[M].北京:北京大学出版社,2000.279-281.
② [英]密尔著程崇华译.论自由[M].北京:商务印书馆,1982.3.
③ 严存生.西方法律思想史[M].北京:法律出版社,2004.437-447.

通过宪法和法律制度等对政府权力进行限制和约束。也正是这种以个人权利和有限政府为核心的自由主义政府观,为西方宪政国家提供了核心的政治生活准则。

三、"有限"之因源于"无限"之弊

毋庸置疑,有限政府的对立面是无限政府,这也说明无限政府之流弊就成为论证"有限政府"之必然的逻辑起点。换句话说,为什么必须实行"有限政府"?因为无限政府流弊太多。判断有限政府与无限政府的尺度在于:(1)一个政府或者说一个政权在权力、职能、规模上是否受到来自法律的明文限制;(2)该政府是否愿意公开接受社会的监督与制约;(3)政府的权力和规模在越出其法定界限时,是否得到及时有效的纠正。

无限政府首先表现在政府权力不受来自下级的和独立的权力机构的约束,而只受上级主管的约束。在中国古代,皇帝的权力是最大的,是不受约束的,因为皇帝没有上级。皇帝之下的各级官吏只接受上一级的约束,而不接受下一级及其统治对象的约束。所以,皇帝可以按照自己的意志随心所欲地行使自己的权力。当天高皇帝远的时候,各级官僚就按自己的意志行使权力;当县官不在的时候,"现管"就按照自己的意志独立地行使权力。如果政府权力过大、职能过多、机构臃肿,其"胃口"就会无限扩张,就会把它赖以存在的社会基础压垮。中国历史上各个朝代开始时都是小政府,经过几十年或者几百年的经营,无不变得庞大臃肿而形成"大政府小社会";政府为维持运行只能加强税收,从而加重人民的负担,激化社会矛盾。事实上,历代王朝的覆灭也正是因为政府的权力无限膨胀,机构庞大,苛捐杂税沉重,人民不堪重负。

政府职能的无限扩张,也表现为政府越来越多地承担本来完全可以由社会或市场自己去履行的职责和完成的事情,或是把政府权力深入到纯粹属于个人生活的私人领域。这样,就使民间渐渐失去了管理自身生活、抵制政府插手的能力。权力扩张与职能扩张的直接后果是属于私人的权利和自由不断缩小,财产权和经济自由不断受到侵犯。

政府规模的无限扩张还表现为政府机构越来越多,官员越来越多。政府的膨胀必然给社会的经济发展造成沉重的负担,使正常的经济活动受到严重的妨碍。这时,只有跻身于官场,才能获得经济地位的安全感和社会地位的优越感;

只有干政府官员这一"行业",才是社会中永不亏损且一本万利的行业。于是,为了生存并在利益驱使下,人们疯狂地追逐权力,想尽办法挤入官员队伍,结果政府的规模越来越大,社会的负担越来越重。政府规模越大,就越要从社会中攫取大量钱财,用民间有限的膏脂来养活无限膨胀的政府,结果是最高权力不受约束,而普通官员则游走于利禄之中。同时,"官"对人们的诱惑通过"利"的催化越来越无限放大,整个社会就这样陷入一种"怪圈"之中无力自拔。

在无限政府之下,法制照样可能是高度完备的,但这种法制的全部使命不过是为了把每一个人约束在大一统的秩序之内。在这种情形下,生活中充满了规定、公告、指示、准则、命令和条例的"官僚网络"。作为固有的、以复杂手段主宰人们生活的直接工具,这些准则和规定在后极权社会里发挥着非常重要的作用。一个个人变成了这架庞大机器上的一个个微不足道的齿轮和螺丝钉,其存在的价值和意义仅限于其在这台机器里的作用。个人的言行被牢牢地钳制,事事受到预先决定和限制,每一个越出规矩的行动都被看作放纵、违章、违法之举。没有官僚机构难得颁发的许可,从餐馆厨师到歌唱家,每个人生活的各个方面都被一张官僚文牍的罗网所笼罩,这张罗网也是后极权制度不可避免的产物。这张罗网以自己的目标来束缚一切社会生活的目标,束缚的目的就是它自身平稳、自动运转的既得利益。由此可见,无限政府的所谓"法制"是和现代民主、依宪治国、依法治国格格不入的。

西方发达国家的经济发展史告诉我们,市场经济和有限政府是一个相伴相生的共同体,不可分割。市场经济意味着有限政府,而有限政府必然实行市场经济。市场经济顺利发展需要的是一个少干预的有限政府,而有限政府为市场经济的发展提供了制度保障,并极大地促进了社会经济的繁荣和进步。

四、权力属性与权力制约

盖尤斯说:"一切权力都是从人民来的。皇帝的命令何以有法律的效力呢?因为皇帝的地位是人民给他的;官吏为什么有权力呢? 因为官吏是人民选举出来的。"[①]因此,必须制约国家权力,勘定个人权利与国家权力的界线。就权力的

---

① 此语虽囿于时代局限,但其中透射的"权力源于人民"思想却颇具参考价值。(转引自)王人博、程燎原.法治论[M].济南:山东人民出版社,1989.7-17.

本性来说,权力具有扩张的倾向。因此,权力不受制约,必然导致权力滥用,必然滋生腐败。孟德斯鸠早就说过:"一切有权力的人都容易滥用权力,这是万古不易的一条经验。"①德国历史学家弗里德里希·迈内克也曾指出:"一个被授予权力的人,总是面临着滥用权力的诱惑、面临着逾越正义与道德界线的诱惑。人们可以将它比作附在权力上的一种咒语——它是不可抵抗的。"②

权力的属性很多,但这里只强调其中的两点,以说明政府权力为何要受到制约。这两点就是权力的相对性和权力的支配性。

就"应然"而言,权力相对性意味着:第一,权力受人民权利的制约,前者和后者在各自定位的情况下形成相互消长的关系;第二,权力总是在一定地域范围内存在的,没有"放之四海而皆准"的绝对普遍权力;第三,权力总是在一定社会层面上成立的,它不能不受制于社会领域的范围;第四,不同性质的权力总是有所分别的,权力和权力之间应当有所区别,不同的权力应由不同的机构行使。权力的相对性客观上要求对权力予以必要的制约,使其不超出应有范围而被滥用。缺乏有效制约的绝对权力必然被滥用,而权力被滥用的直接结果常常是人民权利的被损害。权力相对性也意味着必须防止和反对权力的绝对化,意味着对权力进行有效制约。

权力的支配性几乎体现在所有关于权力的定义中。孟子说:"权,然后知轻重"(《孟子·梁惠王》)。法国政治学家莫里斯·迪韦尔热(Maurice Duverger,1917—　　)认为:"给国家下定义已经不是轻而易举的,要给权力下定义更难上加难。"③德国著名思想家马克斯·韦伯(Max Weber,1864—1920)认为:"权力是某种社会关系中一个行动者将处于不顾反对而贯彻自己意志的地位的概率,不管这种概率所依据的基础是什么。"④可见,权力本质上是一种强制关系,"它永远由极少数有组织的人们所行使,这少数掌权者已经拥有并且将会拥有因时而异的使得他们凌驾于大多数人之上的手段"。⑤正如法国著名哲学家雅克·马里旦(Jacques Maritian,1882—1973)所说,权力"总有着一种越出它自己的范

①　孟德斯鸠著张雁深译.论法的精神(上)[M].北京:商务印书馆,1961.154.
②　[美]博登海默著邓正来译.法理学——法哲学及其方法[M].北京:华夏出版社,1987.347.
③　[法]莫里斯·迪韦尔热.政治社会学——政治学要素[M].北京:华夏出版社.1987.14.
④　[德]韦伯著林荣远译.经济与社会(下)[M].北京:商务印书馆,1997.264.
⑤　俞可平.权利政治与公益政治[M].北京:社会科学文献出版社,2000.326.

围而发展的本能倾向……和一种特殊诱惑。权力总是倾向于增加权力……它喜欢自己是一个目的而不是一个手段"。① 权力的支配性是权力的必要特质,没有支配性的权力就不再能称其为权力。然而,这种支配是单向的、强制的,即支配性的实现是权力拥有者单方意志外化的结果,或者说,以国家强制力为后盾,使相对人处于不得不服从的被动地位。正是因为如此,权力被滥用的可能性大大增加了。自然地,将这种支配性控制在合理的范围内对保护权利而言同样是不可或缺的。

在民主政治中,抽象的整体的权力属于人民,故在根本意义上权力不可分解。但在具体权力行使的意义上,权力不仅可以分解而且必须分解——权力所有者和权力行使者不是同一主体——因为人民拥有的全部权力并不都是可以由全体人民共同直接行使的,各个具体权力必须由人民委托其信赖的个人或者组织来行使。这一过程必须设定某种规制,以保证受托代表人民行使权力的人或者组织按照人民的愿望、意志行事,同时检验他们行使权力的行为是否正当,是否忠诚于人民利益。

权力行使之所以需要制约,也是由权力行使的主体因素决定的。任何非整体的具体权力都是由一定国家机关及其工作人员具体行使的,他们都有各自的权力认知能力和水平,都有自己相对独立的利益,因此他们就不可能对权力有完全同一的认知能力、行使水平以及行使方式、程度和效果。显然,权力行使主体的差异性,决定了必须对权力行使进行制约,以保证权力的统一性。还需强调,权力行使是一个过程——在此过程中,除时间因素外,其他各种因素都会介入其中并发挥作用,而这种作用会改变权力行使的状况和后果。所以,权力行使过程中的各种变数同样决定了必须对权力的行使进行制约。

五、制约权力的手段和路径

制约权力的手段很多,有道德、教规、纪律、政策、利益及法律等等。在众多手段中,唯有法律是最有效的制约手段——法律具有国家强制性和普遍约束力,这是任何其他手段所不及的。如何划定权力的等级和界限?如何保持权力与权力之间的协调与制衡?如何在权利的充分实现和权力的高效运行之间寻找黄金

---

① ［法］J.马里旦著霍宗彦译.人和国家［M］.北京:商务印书馆,1964.10.

分割点? 到目前为止,人们还没有找到比宪法和法律更好的手段。但是,并不是有了宪法和法律就有了良好的控权。宪法和法律必须在法治化的社会状态中才能充分实现其权力制约功能。

通过宪法和法律的权力制约也就是依法治权,即通过宪法和法律上的各种方式和手段对权力进行监督和控制,使权力与其责任相符并在宪法和法律范围内运行,以避免国家权力成为侵犯人民权利的专制工具。然而,宪法和法律本身是无力的,宪法的权威和法律的强制力本身也是以国家权力为后盾的,是从国家权力中派生出来的。甚至可以说,没有权力就没有法律。"无论持哪一种观点,法律都可被看成既是权力关系的表述,又是使这种关系形式化和合法化的主要机制。……在复杂的大规模的现代社会的范围里,相对地有权力的人需要一套精心制定的规则体系以指导并配合他的权力的行使。为了使权力有机化、正式化,法律规定了使用这种权力的必要条件。"①可以说,宪法和法律的功能之一就是规定权力的分配以及权力的具体内容,使权力合法化,并为权力的运作、制衡提供一个稳定的秩序框架。也正是在提供权力运作框架的过程中,宪法和法律借力制力,获得了自己独立存在的意义和高于权力的权威。

权力必须被制约,这是一个常识或公理。那么,制约权力有哪些路径呢? 我们认为,以权力制约权力、以权利制约权力、以社会制约权力、以程序制约权力等都是制约权力的有效路径。

(1)以权力制约权力。权力是一种强大的物质力量,必须用另外一种能够与之相等或者更强大的力量来制约——如此,被制约的权力才能循规蹈矩。为此,必须通过宪法或宪法性法律对国家权力进行合理分工,并使各部分权力相对独立而又相互制约,从而当一种权力超过其合法限度时,就会引起其他权力的制止与限制。在我国,权力之间的相互制约机制已逐步地建立起来,并呈现出以下特点:一是人民代表大会对行政、检察、审判机关拥有单向的监督权,其他机关必须对人大负责,受人大监督;二是人民法院不仅在行政诉讼中可以对行政机关的具体行政行为进行审查、裁决,并且按国家赔偿法的规定,拥有对同级侦查、检察、监狱管理机关的赔偿纠纷的最终裁决权;三是人民检察院对人民法院的审判活动有权进行法律监督。在刑事诉讼中,公、检、法三机关之间也是相互制约、相

① [英]罗杰·科特威尔著潘大松译.法律社会学导论[M].北京:华夏出版社,1989.82.

互配合的。但总的来讲,以权力制约权力的机制在我国还需要进一步加强与完善。

(2)以权利制约权力。权利是一定社会中人的行为的自由度,它体现着作为社会化了的人的自主性和主体地位。我国宪法和法律规定了人民管理国家事务和社会事务的各项基本权利,规定了对国家机关及其工作人员提出批评、建议、申诉、控告、检举的权利。从长远看,进一步扩大人民参政、议政的范围,增强公民的权利意识,从而以权利的深度、广度来抗衡权力的力度、强度,是中国依宪治国和法治建设的重要内容,也是制约权力最深厚的群众基础。权力滥用和权力腐败无不是对个人权利的侵犯,限制权力的目的即是保护个人的合法权益。

(3)以社会制约权力。要使权利有效地限制权力,还必须有一定的中介,这个中介就是市民社会。因为公民个人是分散的,面对一个巨大的国家,单个公民很难有能力与之抗衡。市民社会作为一种中介组织,则是一种组织起来的力量,可以在一定程度上限制国家权力的行使范围。为此,法律应该成为各种社会中介组织的孵化器。还应看到,国家权力之所以具有强大的支配力量,主要是它代表着社会的公共意志,掌握着大量的社会资源。因而,社会制约权力的关键,首先在于社会直接拥有资源的多少。社会拥有的资源越多,社会成员对国家的依附性就越小,享有的自由度就越大,从而社会制约国家权力的力量也就越大。社会拥有资源的多少与市场经济的发展深度是成正比的。因而,社会制约权力也只有在市场经济较为发达的情况下才有可能。

(4)以程序制约权力。法律程序是权力运行的"控制钮"和"安全阀"。法律程序通过引入分权制衡机制、权力监督机制、以权利制约权力的机制等,避免权力的过分集中、失控乃至滥用。例如,在行政处罚中,通过设立行政听证程序,让行政相对人直接参加到行政决定程序中听取行政主体决定的理由、为自己的行为进行申辩,从而可以保证行政行为的合法性与合理性。又如在刑事诉讼中,设置公诉、辩护、举证、质证、认证、陪审、合议和严格的审级等程序,都是为了抑制法官行为的随意性和随机性。

权力是把双刃剑,它既可以保护权利,也可以损害权利——问题的关键在于对权力是否制约及如何制约。因此,权力制约问题不仅为法学家所研究,也为政治家所关注。对当代中国而言,建立并完善高效运行的权力制约机制,是建设社会主义法治国家的必然抉择。

第二节　有限政府与行政合法原则

一、行政合法原则的内涵

行政合法原则是依法行政基本原则中最重要的一个原则,它是指行政主体行使行政权力时必须依据法律,符合法律,不得与法律相抵触。行政合法原则在行政法中具有不可替代的作用。可以说,在任何一个推行依宪治国和依法治国的国家,行政合法原则都是其法律制度的重要原则,它要求行政机关实施行政管理不仅应遵循宪法、法律,还要遵循行政法规、地方性法规、自治条例和单行条例等。

合法不仅指合乎实体法,也指合乎程序法。

谈到行政合法,人们首先联想到实体合法。在传统价值观里,似乎只要从良好的愿望出发并取得好的结果,过程就无所谓了。但是,在依宪治国和依法治国的视野里,行政合法意味着实体和程序的"双合法"。实体合法应当包括:(1)行政主体合法,即行政主体必须依法设立并具备相应资格。(2)行政职权合法,即行政机关的职权必须由宪法和法律规定,任何没有宪法和法律依据的职权都是不应存在的,否则其行为不具法律效力,即所谓"职权法定,越权无效"。"是否超越职权"是司法审查的一个重要标准。(3)行政行为合法,即任何一个行政行为必须以宪法和法律规定的事实要件为基础,而每一个事实要件必须有相应的事实佐证,每一个事实佐证必须经得起审查和行政管理相对人的反驳与质证。(4)行政依据合法,即行政机关援引的规范性法律文件必须是合法有效的文件,且不得与更高层次的规范性法律文件相抵触;行政机关行使职权必须具有法律的明确授权;行政行为的各个方面(如行政处罚的种类、幅度等)都要在法律所规定的范围之内,对行政相对人的认定和对事件性质的判断均应符合法律所规定的要件。

程序合法,则是一个常被人忽略的问题。"行政程序是指行政机关执行法律、行使职权行为的程序。"①程序的作用在于有效防范行政权力的专断和滥用,

① 张文显.法理学[M].北京:高等教育出版社,2002.336.

保障行政机关作出最佳的解决问题的决定,提高公民接受行政决定的能力。程序合法是实体合法、公正的保障。从法理上说,侵犯公民的程序权利,同样是违法行为。然而,我国素有重实体、轻程序的法律传统,以致至今还有许多人认为只要适用实体法律正确,程序过程怎样都无关紧要。实际上,行政程序一旦成为法律规范,就与法律的实体规定一样成为执法的准则。在实体合法的基础上重视程序,才能保证行政执法行为本身的公正、正义。近年来,被法院判为行政机关败诉或被行政复议机关变更、撤销原行政行为的,相当一部分案件不是适用实体法不正确,而是执行程序法方面出了问题。因此,必须把执行程序法同执行实体法放在同等重要的位置,决不可厚此薄彼。在行政许可方面,遵守法定程序意味着对符合法定条件的申请必须在法定时限内批准,不得拒绝、推诿;在行政处罚方面,必须严格执行行政处罚时的简易程序、一般程序和听证程序的法律规定,不能为图省事而将应适用一般程序的案件采用简易程序。《中华人民共和国行政处罚法》第三条第一款规定:"公民、法人或者其他组织违反行政管理秩序的行为,应当给予行政处罚的,依照本法由法律、法规或者规章规定,并由行政机关依照本法规定的程序实施。"第二款规定:"没有法定依据或者不遵守法定程序的,行政处罚无效。"简易程序仅仅适用于行政处罚法第三十三条规定的情形,即"违法事实确凿并有法定依据,对公民处以五十元以下、对法人或者其他组织处以一千元以下罚款或者警告的行政处罚的,可以当场做出行政处罚决定"。行政机关作出责令停产停业、吊销许可证或者执照、较大数额罚款等行政处罚决定之前,应当告知当事人有要求举行听证的权利;当事人要求听证的,行政机关应当组织听证。行政处罚必须告知当事人违法事实、处罚依据和理由;当事人享有的陈述权、辩护权、要求听证权、申请复议权、提起诉讼权、赔偿权利,必须向他们告之清楚,不得剥夺;必须先调查后取证,再作出具体行政决定,不允许先处罚后补证;必须先出示合法有效证件表明身份,并且要有两人执法;等等。这些法定程序都是"铁"规矩,因而即使有其中一条未执行而实体上适用法律正确,作出的行政决定仍然是无效的。所以,一定要增强程序意识,始终坚持依据程序行政的原则,最大限度地避免因程序不合法而导致行政行为无效现象的发生。

　　必须指出,行政合法原则中还包括"法律优先""法律保留""禁止越权"三原则。法律优先原则,即上位法律规范的效力高于下位法律规范的效力,行政行为不得与法律相抵触;法律保留原则,即某些事项只能由宪法和法律予以规定(如涉及基本制度、公民基本权利等只能由宪法规定)或必须在法律明确授权的情况下行政机关才有权进行活动;禁止越权原则,即权力只有在法定权限范围内行使才是合法的,任何"无权行使了有权"或横向越权、纵向越权、内部越权的行为都是应被禁止的,因而也是无效的。

二、"权力有限"意识与行政合法原则

习近平总书记在2013年2月23日主持中央政治局专题集体学习会时特别强调了"三个坚持",即坚持全面推进科学立法、严格执法、公正司法、全民守法,坚持依法治国、依法执政、依法行政共同推进,坚持法治国家、法治政府、法治社会一体建设,不断开创依法治国新局面。这是对于推进中国特色社会主义法治一体建设的最好说明,适应了全面建成小康社会对于全面推进依法治国的更高要求。

"依法治国"作为治国方略早已入宪,而依法治国的关键则在于行政机关做到依法行政。所谓依法行政,就是行政机关行使行政权力、管理社会公共事务必须由法律授权并依据法律规定。法律是行政机关据以活动和人们对该活动进行评判的标准。行政机关的行政行为与公民利益息息相关,因而行政机关能否依法办事,关系到政府在公民心中的形象以及公民对政府的信任程度。然而,目前我国的行政执法现状却不容乐观,有法不依,执法不严,违法不究,甚至越权执法、执法犯法、徇私枉法的现象还时有发生。这种现象不仅损害了广大公民的合法权益,而且极大地损害了法律的权威性,败坏了政府在人们心中的形象。如何解决这些问题已成为社会关注的焦点,而解决问题的关键在于行政机关的依法行政。

依法行政的当务之急是加强对执法人员素质的培养,树立正确的权力意识。这种意识的核心是要行政人员认识到他们手中的权力不是无限的,不是可以随心所欲行使的,而是有限的,是受到法律制约的权力,是受到人民监督的权力。为树立"权力有限"意识,深刻理解法律制约下的行政权力,尤其要弄清楚权力来源问题、职权法定问题和权责统一问题。

(1)权力来源问题。在文明时期的古希腊,雅典便采用了城邦民主制,它被后人视为人民主权的具体实践,而伯里克利(Pericles,约公元前495—前429)就曾在《丧礼上的演说词》中称:"我们的政治制度之所以被称为民主政治,

是因为政权是在全国公民手中,而不是在少数人手中。"①亚里士多德认为,雅典城邦民主的本质是"平民群众必须具有最高权力,政事裁决于多数人的意志,大多数人的意志就是正义"。② 盖尤斯说:"一切权力都是从人民来的。皇帝的命令何以有法律的效力呢? 因为皇帝的地位是人民给他的;官吏为什么有权力呢? 因为官吏是人民选举出来的。"③盖尤斯的这句名言之所以流传千古,是因为它深刻地揭示了权力的来源问题,"皇帝的命令"即是"权力"的代名词。托马斯·霍布斯(Thomas Hobbes,1588—1679)在《利维坦》一书中指出,主权者就是人民普遍意志的化身,是人民利益的人格承担者;主权者不存在违约与否的问题,它的一切行为都是合法的。卢梭的《社会契约论》第一次提出了"天赋人权和主权在民的思想"。法国国家格言"自由、平等、博爱"便来自《社会契约论》。1789年法国国民代表大会通过的《人权宣言》中"社会的目的是为大众谋福利的""统治权属于人民"等内容充分体现了《社会契约论》的精神。《社会契约论》还对美国的《独立宣言》产生了重要影响,从罗伯斯庇尔到列宁都曾用《社会契约论》为自己的政权做解释。社会主义国家宪法也一再宣布国家一切权力属于人民。例如,1977 年苏联宪法第二条规定:"苏联的一切权力属于人民。人民通过作为苏联政治基础的人民代表苏维埃行使国家权力。其他一切国家机关受人民代表苏维埃的监督并向人民代表苏维埃报告工作。"我国 1954 年、1975 年、1978 年、1982 年宪法,虽起伏跌宕,然而"中华人民共和国一切权力属于人民"的宪法原则始终未曾改变。我国是人民当家作主的社会主义国家,行政机关的权力来源于人民。行政机关的价值取向,最终在于保护人民的利益。行政权力一方面将致力于公民所享有的基本权利的实现和提高,另一方面要防止和纠正对公民权利的损害。长期以来"干部是人民的公仆"这句话在相当多的人心中只不过是一句口号而已,而"官本位"的思想却根深蒂固。因此,真正树立起"权力来自于人民"这一观念对行政权力的行使者来说非常必要,因为只有这样,才能进一步树立起"管理就是服务""执法就是服务"的观念。

(2)职权法定问题。职权法定,是指行政机关及其工作人员的行政权力必

---

① 戴维·赫尔德著燕继荣译.民主的模式[M].北京:中央编译出版社,1998.19.
② (古希腊)亚里士多德著吴寿彭译.政治学[M].北京:商务印书馆,1959.312.
③ 王人博等.法治论[M].济南:山东人民出版社,1989.7-17.

须有法律的明确授权,不能自行设定。行政机关要做到依法行政,必须有法律明确授予的行政职权,必须在法律规定的职权范围内活动。非经法律授权,行政机关不能做出行政管理行为;超出法律授权范围,行政机关也不享有对有关事务的管理权,否则都属于行政违法。在我国,全国人民代表大会表达意志的最基本途径和形式就是制定法律。因此,行政机关的职权法定,在我国主要是指中央政府及其所属部门和地方各级政府的职权必须由法律规定,这一点与公民的权利不同。公民权利的行使,凡是法律没有禁止的,公民皆可为之(当然,还有道德等方面的约束等),而行政机关行使行政权力则必须严格限制于法律规定的职权范围内,非经法律授权,不可能具有并行使某项职权。例如,如果法律没有授予某一行政机关行政处罚权,这一行政机关就不能对公民进行行政处罚。因此,行政机关及公务员在法律授权之外行使权力就是超越职权。所谓"民众法无禁止皆可为,政府法无授权不可为"讲的正是这个道理。2014中国共产党第十八届中央委员会第四次全体会议通过的《中共中央关于全面推进依法治国若干重大问题的决定》中将行政合法原则具体表述为:"行政机关要坚持法定职责必须为、法无授权不可为,勇于负责、敢于担当,坚决纠正不作为、乱作为,坚决克服懒政、怠政,坚决惩处失职、渎职。行政机关不得法外设定权力,没有法律法规依据不得做出减损公民、法人和其他组织合法权益或者增加其义务的决定。推行政府权力清单制度,坚决消除权力设租寻租空间"。①

(3)权责统一问题。权责统一,是指法律赋予行政机关的职权实际上是赋予行政机关的义务和责任,行政机关必须采取积极的措施和行动依法履行其职责;擅自放弃、不履行其法定职责或违法、不当行使其职权,要承担相应的法律责任。《中华人民共和国立法法》及相关法规、规章将权责统一确定为一条立法原则,率先在制度建设上注重保证行政权力与责任的统一。尔后,随着依法行政理论与实践的发展,国务院集中国内行政法学界专家学者的意见,总结政府法制工作的实践经验,将权责统一作为依法行政六项基本要求之一,载入国务院《全面推进依法行政实施纲要》,得到了社会各界的广泛认同和重视。"权责统一"不是人为的撮合和主观的臆造,而是对行政权力本质属性的客观揭示。首先,在现代民主法治条件下,行政权力源自人民主权,人民授予行政机关管理权是为了维

① 中共中央关于全面推进依法治国若干重大问题的决定[J].北京:求是,2014(21).3-15.

护人民的根本利益,因此所授之权同时承载着重大的责任。其次,在"一切权力属于人民"的宪法规定下,行政权力对于管理相对人来讲是行政职权,而对于管理相对人所归属的人民这个整体来讲则是行政职责。行政机关具有人民公仆与社会管理者的双重身份,而管理对象具有国家主人和管理相对人的双重身份,这在一定意义上直接决定了行政职权与行政职责的统一。再次,行政权力既是宪法、法律赋予行政机关依法履行职责的手段,又是宪法、法律规定的行政机关使用这些手段时应承担的责任,行政机关行权履责是同一个行为过程中的两种机制。总之,权责统一是行政权力与生俱来的本质属性,行政职责是行政职权不可分离、不可或缺的伴生物。法律授予行政机关职权的同时,实际上已经赋予了行政机关义务和责任,可以说是权责同授;行政机关在接受授权的同时,也接受了义务和责任,亦是权责同承。行政职权与行政职责不可分离,从一个角度讲是行政职权,从另一个角度讲就是行政职责,因而是一个统一体的两个对立统一的侧面。任何行政主体在行使职权时,都必须履行相应的行政职责;在履行行政职责时,也应当享有行政职权。没有无职责相伴的职权,也没有无职权相伴的职责。职权可以保障职责的履行,职责又对职权的行使进行监督制约,这样就能保证行政机关依法行权履责,做到依法行政。

树立"权力有限"意识,是公职人员的必备素质,是行政机关依法行政的必要前提,因此是十分重要的。但是由于观念的变革是最不容易的,它实际上构成了实现依法行政目标的首要障碍,因此它才成为我们的关注点,需要我们长期坚持不懈地努力。

三、行政许可与信息公开

(一) 行政许可

行政许可,是指在法律一般禁止的情况下,行政主体根据行政相对人的申请,经依法审查,通过颁发许可证、执照等形式,赋予或确认行政相对人从事某种活动的法律资格或法律权利的一种具体行政行为。为了规范行政许可的设定和实施,保护公民、法人和其他组织的合法权益,维护公共利益和社会秩序,保障和监督行政机关有效实施行政管理,2003年8月27日,第十届全国人民代表大会常务委员会第四次会议通过了《中华人民共和国行政许可法》。该法第二条规定,行政许可是指行政机关根据公民、法人或者其他组织的申请,经依法审查,准予其从事特定活动的行为。

法治政府的第一要义是保障人民的自由,而要保障人民的自由,就必须限制政府的权力,限制政府设定规制的范围,建设"有限政府"。绝对的专断权力是"与社会和政府的目的不相符合的"。① 过去,政府管事太多,大事小事都要经政府审批、许可,这就严重限制了市场主体和公民个人的自由,阻碍了市场经济的发展和公民个人积极性和创造性的发挥。因此,2003 年 8 月 27 日通过、2004 年 7 月 1 日起实施的《中华人民共和国行政许可法》第一要务即是限制政府规制人们社会生活和经济生活的范围:法律只允许对直接关系到国家安全、公共安全、人身健康与生命、财产安全、自然资源开发利用、公共资源配置、直接关系公共利益的垄断性企业的市场准入等事项设定行政许可。即便是上述事项,凡通过市场竞争机制调节、行业组织和中介机构自律性管理以及行政机关采用事后监督等方式能够予以规范的,也不得设定行政许可。

《行政许可法》限制行政许可事项的范围,体现了法治政府减少规制、放松管制的要求。法律通过限制行政许可事项的范围,一方面取消了政府过去实施的大量的不必要的规制,还市场主体和公民个人以自由;另一方面将某些必要的规制转移给行业组织和中介机构予以实施,而只保留少量的真正属于"公共物品"范畴的行政许可由政府实施,从而促使政府职能转换和转移,促使政府从"全能政府"向"有限政府"转化。

法治政府必然要求消除腐败和滥用权力,要求确立一套消除腐败和滥用权力的机制。"政治腐败的病根在于政治权力的掌握、维持和运行不受约束,民主与法制是支配和约束政治权力的最有效的武器。"②过去,我国在行政许可领域,特别是在批地、批项目及市场准入方面,正是由于缺乏这样一套机制,导致了许多腐败和权钱交易的大案要案发生。针对这种情况,《行政许可法》确立了许可实施的公开原则和一套相应的制约机制:首先,法律要求行政许可的事项、条件、程序必须公开,不允许暗箱操作;其次,行政机关实施行政许可,根据其性质,有的必须经过公开招标、拍卖等公平竞争程序,有的必须以经过统一考试为前提,有的必须事先依技术标准和技术规范进行检验、检测、检疫,凡未经过这些法定

① [英]洛克著叶启芳译.政府论(下)[M].北京:商务印书馆,1996.133.
② 夏勇.宪政建设政权与人民[M].北京:社会科学文献出版社,2004.146.

公开程序而实施的行政许可行为将被有权机关撤销或确认无效;此外,行政许可涉及申请人或利害关系人重大利益的,行政机关要为之举行听证;最后,行政许可的结果应当公开,接受相对人和社会公众的监督。显然,这种公开、透明的原则及其制约机制,对于防止行政机关及其工作人员腐败或滥用权力、建设廉洁政府具有重要意义。

普遍性、非歧视性、稳定性和可预期性是法的基本特征,从而必然要求法治政府公正、公平、诚信。在行政许可领域,保障公正、公平、诚信的最重要的机制是程序。过去,许多行政相对人对政府行政许可行为不满,其主要原因就是因为许可程序不公,程序不公导致偏私,导致不平等对待,导致政府失信。因此,《行政许可法》把规范许可程序作为立法的重要目标,确立了一系列保障公正、公平、诚信的规则和制度,其中最主要的有:(1)该法将公平、公正确定为行政许可的基本原则,规定行政机关对任何许可申请人应一视同仁,凡符合法定条件和标准的,均应平等给予获得行政许可的机会,不能厚此薄彼;(2)对于有数量限制的行政许可,如有两个或两个以上的申请人均符合法定条件或标准,法律要求行政机关根据受理申请的先后顺序予以许可,或者通过招标、拍卖、统一考试等公平竞争的方式确定被许可人;(3)行政机关审查行政许可申请,发现许可事项直接关系第三人重大利益的,应当告知第三人,申请人、利害关系人有权进行陈述和申辩,行政机关应当充分听取申请人、利害关系人的意见;(4)行政相对人依法取得行政许可后,行政机关不得擅自撤销、变更或注销其许可;当行政许可决定所依据的法律、法规、规章修改或者废止,或者颁发行政许可所依据的客观情况发生重大变化时,为了公共利益需要,行政机关虽可依法变更或者终止已经生效的行政许可,但对由此给行政相对人造成的财产损失应依法给予补偿。

（二）信息公开

信息公开,是指政府和各种组织机构向社会公众公开或开放自己所拥有的信息,使其他组织机构和个人可以基于任何正当理由和采用尽可能简便的方法获得上述信息。

政府信息公开制度最早出现在北欧的瑞典。早在1776年,瑞典就制定了《出版自由法》,赋予了普通市民享有要求法院和行政机关公开有关公文的权利。不过,真正率先实现政府信息公开制度规范化的当属美国。到目前为止,世界上已经有澳大利亚、加拿大、法国、德国、英国、韩国、日本等四十多个国家和地区制定了专门的信息公开法。纵观世界各国的政府信息公开立法史，我们可以从中获得一些有益的启示。（1）内部协调一致的立法体系。由于信息公开的法制化涉及政府文件、会议、电子记录等诸多信息载体的公开以及公民隐私权、国家秘密、商业秘密的保护等一系列问题，因而制定一部包罗万象的信息公开法是相当困难的，尤其是在一国信息公开制度改革刚刚启动之时，制定单一的信息公开法典几乎是不可能的，美国信息公开的立法经验已经充分证明了这一点。从美国的情况来看，美国的政务信息公开制度由一系列法律构成，美国《信息自由法》是政府信息公开法律中最具代表性和示范意义的法律，这一法律对美国联邦政府各机构公开政府信息作出了规定。此外，美国于1972年制定的《联邦咨询委员会法》规定联邦行政机关的咨询委员会的组织、会议等必须公开。1976年出台的美国《阳光下的政府法》进一步规定合议制行政机关的会议必须公开，公众有权观察会议，取得会议情报。与此同时，为保护公民隐私权，1974年美国又制定了《隐私权法》，旨在保护公民隐私权不受政府机关侵害，控制行政机关处理个人记录的行为，保护个人检阅关于自己的档案的权利。美国这种分阶段、分步骤地进行信息公开立法而最终形成一个内部和谐一致的法律体系的务实做法，对中国来说无疑是值得借鉴的。（2）从局部到整体的立法走向。从表面上看，世界范围内已经实现信息公开法治化的国家都是以议会制定专门的信息公开法作为标志的。然而，韩国的经验却表明，先在地方制定相应的信息公开条例，待时机成熟之后再进行全国层面的统一立法，也不失为一条可行的立法道路。韩国议会正是在总结各地条例制定经验的基础上，才制定出在全国范围内实施的信息公开法。中央层面的统一立法固然具有效力等级高、约束范围广等优点，但这需要很多先决条件，如果时机不成熟就匆忙地制定全国统一的信息公开法，将会产生一定的负面影响。（3）诉讼机制的有力保障。综观发达国家信息公开法治化的进程，有效的诉讼机制往往都是信息公开制度改革中极为重要的环节，美国的经验为此提供了有力的证据。在美国，涉及信息公开的诉讼有两种：一是"信息自由法诉讼"，即公众有权针对政府信息不公开而向法院起诉，请求法院命令政府信息公开；①二是"反信息自由

---

① 1966年美国国会通过《信息自由法》（Freedom of Information Act）并于1967年开始实施。该法规定，除了九项涉及国家机密的情况下不予公开以外，一切政府文件必须对公众公开。任何人不需要说明任何理由，只要能指明所要求的文件，按照规定办理手续，都能得到政府文件。如果行政机关拒绝公开文件，那么当事人可以提起诉讼。

的诉讼",①即资讯原始提供人阻止行政机关依申请而为公开资讯之诉讼。美国的经验显示出较为完善的信息公开诉讼权制对信息公开法治化具有巨大的推动作用。

与日、韩、美政府信息公开制度进行比较会发现,我国政府信息公开制度还存在很多不足,因此我国应借鉴外国的一些成功经验,在构建政府信息公开法律规范体系、细化公民救济途径和程序等方面予以立法完善。

为了保障公民、法人和其他组织依法获取政府信息的权利,提高政府工作的透明度,促进依法行政,充分发挥政府信息对人民群众生产、生活和经济社会活动的服务作用,2007 年 1 月 17 日,国务院第 165 次常务会议通过《中华人民共和国政府信息公开条例》。该法第六条规定:"行政机关应当及时、准确地公开政府信息。"第九条规定:"行政机关对符合下列基本要求之一的政府信息应当主动公开:(一)涉及公民、法人或者其他组织切身利益的;(二)需要社会公众广泛知晓或者参与的;(三)反映本行政机关机构设置、职能、办事程序等情况的;(四)其他依照法律、法规和国家有关规定应当主动公开的。"第三十五条规定:"行政机关违反本条例的规定,有下列情形之一的,由监察机关、上一级行政机关责令改正;情节严重的,对行政机关直接负责的主管人员和其他直接责任人员依法给予处分;构成犯罪的,依法追究刑事责任:(一)不依法履行政府信息公开义务的;(二)不及时更新公开的政府信息内容、政府信息公开指南和政府信息公开目录的;(三)违反规定收取费用的;(四)通过其他组织、个人以有偿服务方式提供政府信息的;(五)公开不应当公开的政府信息的;(六)违反本条例规定的其他行为。"由这些规定可见,"信息公开"是政府必须履行的义务;反过来说,"信息公开"是公民、法人和其他组织依法监督政府的有效手段;从依宪治国视角讲,"信息公开"是权利制约权力的"手筋"之一。

---

① 反公开诉讼(reverse FOIA suits),在美国也称反信息自由法诉讼,哥伦比亚巡回上诉法院将之界定为"向行政机关提出信息的主体(主要是公司或者其他商业实体)提起诉讼禁止行政机关根据第三者的请求而向第三者提供他向行政机关提供的有关政策、经营和产品的秘密信息"(CNA Fin.Corp.v.Donovan,830 F.2d 1132,1133 n.1(D.C.Cir.1987))。美国的反公开诉讼源于商业领域诉求,但在后来的司法实践中也扩展到对隐私权的保护;反公开诉讼也不仅仅限于针对依请求的信息公开行为,还包括其他的信息公开行为即行政机关主动的信息公开行为。

四、打造"有限政府"任重道远

在计划经济年代,政府的作用是全方位的,不仅要发挥传统的维护公共秩序和社会利益的守夜警察的作用,而且还要充分发挥分配资源、安排生产、照顾社会的"家长"作用。政府乐得为人民群众多做事,而老百姓把一切交给政府也心安理得。但是,由此也产生了很多负面效应,如我国行政许可制度便出现了不当扩大的混乱现象,行政机关享有和设定许可权缺乏法律限制,所有机关都试图设定许可制度,并借此扩张权力以获得利益,其结果是政府管了许多不该管也管不好的事,导致行政之手无处不在,行政许可作为行政机关履行政府职能的手段也无奇不有。有人据此以"三化"概括,即政府权力部门化,部门权力利益化,行政职能审批化。

在社会主义市场经济条件下,政府的作用和权力的行使应当是有限的,应有所为有所不为,应不越位、不缺位、不错位、不扰民。政府的作用是为市场竞争提供、创造公平竞争的制度环境,为市场主体提供良好服务,解决市场机制解决不了也解决不好的问题,现代政府应是有限而不是一个"保姆"式的政府。在《行政许可法》第十二条、第十三条中,便明确规定了六项可设定行政许可的事项和四项可不设定行政许可的事项,规定了政府哪些可为、哪些可不为。

打造有限政府,就要坚持依法行政。凡是有行政权力适用的地方,都需要用法律对其进行规制。"政府的强制权力只能在事先由法律规定的情况下,并按照预先知道的方式被行使。"①依法行政要求国家行政机关及其工作人员的一切行为都要有法律依据,在法定职权范围内,严格依照法定方式和程序做出行政行为。一旦违反法律规定,就要承担相应的行政法律责任。

这些年来,我们在执政理念上已经有了巨大的进步,那种"权大于法"的主张终于输给了依法行政的制度。但是,在对依法行政的理解上,一段时间里仍然存在着很大偏颇,更多强调行政权力的命令性,而忽视它的责任性,一提依法行政,就是依法治民、刚性管理。由于认识上的片面性,导致相当多的行政机关漠视法律,随意将"国家权力部门化,部门权力个人化";党政不分,政企不分,不按规则办事,该管的不管,不该管的瞎管;什么都想管,又什么都管不好,政府越位、缺位、错位的现象相当普遍。其实,依法行政首先是依法治权、依法治政。在公

---

① [英]哈耶克著王明毅译.通往奴役之路[M].北京:社会科学出版社,1997.73-74.

民遵守法律和政府依法办事二者中,政府依法办事是主要方面,保障行政管理有效实施是以行政行为合法为前提的。

打造有限政府,还要树立服务意识。法律授予政府职权的根本目的,是为了使政府更有效地为公众和社会提供最好的服务和最大的福利。政府使用纳税人的钱,理所当然要为纳税人提供服务。对于这样一个浅显的道理,多年来我们并未真正搞明白。一些政府部门高高在上,只讲管理不讲服务,还有一些行政机关和执法人员利用审批搞"权力寻租",把行政许可作为自己手中的特权,享受权力带来的利益。

要打造有限政府,行政执法人员就要从灵魂深处摒弃"官"念,把自己定位于勤政亲民的"服务者",而不是高高在上的"管制者"。

打造有限政府,就要完善监督机制。任何权力都有潜在的扩张性、侵犯性、排他性、诱惑性和腐蚀性。18 世纪法国著名思想家孟德斯鸠曾经指出,一切有权力的人都容易滥用权力,并且会把权力用到有界限的地方才会停止,这是一条万古不易的规律。①

行政权是实权,是一种"实践的力量",更具有扩张和侵害的危险性。不受监督和制约的权力,必然会被肆无忌惮地滥用——要防止国家权力被滥用,就必须完善行政监督机制。首先,要以权制权,即通过合理配置国家不同职能机构的权力,以达到权力的适度分散与平衡,并相互制约。其次,要以法治权,即明确执法者行使职权的适用范围,以法制化的规则和程序制约权力,使掌握行政权力的人在法律界定的范围内行事。要建立过错责任追究制,从制度上解决权力与责任脱钩、有权无责的问题。

值得注意的是,2014 年党的十八届四中全会特别提到了"建立行政机关内部重大决策合法性审查机制,建立重大决策终身责任追究制度及责任倒查机制"。这一规定,无疑是我国打造"有限政府"历史的里程碑。

第三节　作为权利制约权力路径的"听证"

听证(hearing)最早源于英国普通法中"自然公正(natural justice)"原则,最

---

① [法]孟德斯鸠著张雁深译.论法的精神(上)[M].北京:商务印书馆,1982.188.

初运用于司法领域,故谓之"司法听证"(judicial hearing)。① 该制度传入美国后,则被进一步移植到立法活动和行政实践中去。"二战"后,听证制度日益为越来越多的国家或地区所接纳,成为立法和行政运作中的一种颇具实效和影响力的程序性民主形式。我国的听证制度还处于起步阶段,而且人们更多是在行政领域使用之——鉴于此,这里主要探讨行政听证制度在我国行政领域的应用,具体阐述分析听证制度应用于我国行政领域的价值、原则、缺失和完善路径,以抛砖引玉。

一、听证制度概念

"听证"概念有着各种不同的表述,美国《布莱克法律辞典》关于"听证"一词的释义是:"听证在立法和行政机构中广泛使用,可以是裁定性的(adjudicative)或仅是调查性。裁定听证可以在普通法院中申述。国会委员会在立法前常实行听证,这些听证从而成为立法史的重要渊源。"②国内外众多学者从行政听证角度对听证概念做出多种解释。比如有学者认为:"听证是指行政机关在做出影响相对人权益的行政决定时,就与该行政决定有关的事实及基于此的法律适用问题,提供申述意见,提供证据的机会的程序"。③ 有学者认为:"听证是指行政主体在做出影响行政相对人合法权益的决定前,由行政相对人表达意见、提供证据的程序以及行政主体听取意见、接受证据的程序所构成的法律制度"。④ 当然,也有从立法听证的角度给听证下定义的,比如汪全胜在《立法听证研究》中说:"听证是立法主体在立法过程中,进行有关涉及公民、法人或其他组织的权益的立法时,给予利害当事人发表意见,由立法主体听取意见的程序的法律制度。"⑤借鉴上述表述,笔者认为,听证的定义可归纳为:国家机关在行使权力做出影响公民权利义务的决定前,⑥告知全体公民或相关公民该决定的

---

① 在英语中,"审理案件"通常表述为"hearing a case",即是一个例证。

② HENRY CAMPBELL BLACK.M.A FIFTH EDITION.Black's law Dictionary,WEST PUSLISHING,1979,15th ed.,p.649.

③ [日]室井力著吴微译.日本现代行政法[M].北京:中国政法大学出版社,1988.178.

④ 章剑升.行政程序法学原理[M].北京:中国政法大学出版社,1994.121.

⑤ 汪全胜著.立法听证研究[M].北京:北京大学出版社,2003.3.

⑥ 广义而言,这种决定可以表现为一个抽象的针对一般人的法律法规,也可以表现为一个具体的行政决定或司法判决。

理由,给予并保证公民对该决定表达意见的权利,以便对该决定所涉及事项进行论证,使国家机关以公正、公开、民主的方式行使权力的一种程序制度。

可以看出,除"司法听证"外,听证在外延上主要有立法听证和行政听证。①

（一）立法听证

立法听证是指立法机关在进行影响公民权利义务的立法前给社会公众以表达意见的权利,以此作为立法决策的依据和参考,以提高立法质量的一种制度。国内有些学者认为,"立法听证会只是立法过程中听取意见的一种方式,是一种可供选择的程序,并非必经程序"②。笔者认为这种观点是值得商榷的,立法听证制度作为一种程序性制度,与实质性法律制度是相互补充的。目前,我国中央一级立法听证已经比较规范,但地方立法听证中存在诸多问题:如立法听证规则的法律依据存在较大的模糊性;立法听证相关人的权利与义务未作明确界定;立法听证结果未能得到应有的重视;缺乏必要的技术性规定,导致立法听证的非规范化;等等。虽然如此,随着现代社会的不断发展,公民权利意识的不断提高,立法质量将日益被人们所关注,立法听证制度将成为不可或缺的制度。所以在现阶段,应加快立法听证制度建设,寻求在当前政治体制下立法听证的充分发展。只有这样,才能进一步跟上时代潮流,促进我国社会主义法治建设。

（二）行政听证

行政听证是行政程序的一项重要制度。所谓行政听证,是指行政机关在行使行政权做出影响行政相对人权利义务的决定前,告知相对人该决定的理由并给予相对人表达意见的权利,以便对所涉事项进行举证、质证并全面了解案情,从而保证行政机关以公正、公开、民主的方式行使行政权力的一种程序制度。许多国家都规定,行政机关在做出可能影响公民权利义务的行政决定时,必须通过听证程序。美国是最早在法律上确立听证制度的国家,1946 年《联邦行政程序法》规定:凡行政机关做出涉及公民利害关系的行政决定,包括制定行政规章和行政裁决,都应当给予利害关系人陈述意见的机会,除非法律有例外的规定。该法的制定,改变了传统的效率优先的行政法原则,而代之以保障公民基本权利和

---

①　世界大部分国家都建立了自己完善的司法程序,故虽然"听政"源于司法领域,但现在使用最多的则是行政领域,其次是立法领域。虽司法审判严格说来也是一种"听证",但人们习惯称之为"诉讼"。所以,本文此处把"听政"主要分立法听证和行政听证两种。

②　王兰翔等.举行立法听证会应采取积极又审慎的态度[J],兰州:人大研究.2004(7).25.

对行政权力的行使加以控制的行政法原则。因此,听证程序构成了美国联邦行政程序法的核心内容,并为许多国家所仿效。中国的听证程序产生于1996年通过的《中华人民共和国行政处罚法》,主要是在借鉴美国听证制度的基础上产生的。听证程序对提高行政执法的透明度,增强行政执法的公正性,保护当事人的合法权益,能起到非常积极的作用。由于我国行政机关在行政执法过程中,有强大的权力和优越的地位,其行政处罚的对象又是公民、法人和其他组织的人身权和财产权,因而如何保证他们的合法权益不受侵害,如何约束行政机关公正行使权力,就成为我国"依宪治国""依法治国""依法行政"中的一个重大问题。听证程序则为公民、法人或其他组织充分行使和维护自己的合法权益,设置了一种程序上的保障制度。在听证程序中,当事人有权充分表达自己的意见和主张;有权为自己辩解;有权要求行政机关提供证据和处罚依据;有权与执法者进行对质和辩论。同时,听证程序的运用,也可使行政机关在执法时,防止执法人员主观臆断,滥用职权。听证的适用是为了实现公正,保护个人的合法权益,提高行政决定的可接受性。但是,行政程序的经济与效率也是应当维护的公共利益之一。因此考虑听证的适用事项范围时,也要顾及行政效率及行政资源的利用。

二、我国现行听证制度及其价值

我国最早引进听证制度的是深圳市。1990年,深圳市成立了全国第一个"价格咨询委员会",委员会直接参与了深圳市水价调整咨询和决策过程,这是我国听证制度的雏形。但是,听证制度真正在全国普及则是在六年以后。1996年通过的《中华人民共和国行政处罚法》首次以立法形式确立了具体行政行为做出前的听证程序,标志着我国行政听证制度的正式建立。该法第五章第三节对听政程序的定义、听证程序的适用范围和条件、听证的告知通知制度、主持人及其回避制度、对抗辩论制度、公开听证制度和听证笔录制度等均作出明确规定。《行政处罚法》是我国结合自己的国情借鉴国外听证制度的首次尝试,也是我国行政程序制度发展的重要突破。1997年通过的《中华人民共和国价格法》规定了抽象行政行为做出前的听证程序,表明我国的行政听证制度开始越出具体行政行为的范围而进入抽象行政行为领域。《价格法》第二十三条规定,制定关系到群众切身利益的公用事业价格、公益性服务价格、自然垄断经营的商品价格等政府指导价、政府定价,应当建立听证会制度,由政府价格主管部门主持,征求消费者、经营者和有关方面的意见,论证其必要性和可行性。2000 年通过的《中华人民共和国立法法》规定,法律、法规、规章在起草过程中应当广泛听取有关机关、组织和公民的意见;听取意见可以采取座谈会、论证会、听证会等多种形式;审核行政法规、规章送审稿时,凡送审稿直接涉及公民、法人或者其他组织的切身利益的,审核的法制机构可以举行听证会,听取有关机关、组织和公民的意见。为了贯彻《立法法》的有关规定,国务院在 2001 年发布了《行政法规制定程序条例》和《规章制定程序条例》两个文件,对立法听证制度做了进一步的规定。2003 年通过的《中华人民共和国行政许可法》第四章"行政许可的实施程序"中第四节专门规定了"听证",第四十六条至第四十八条对行政许可听证的范围、程序、要求等作出了具体的规定,将听证制度的适用范围扩大化。2011 年 6 月 30 日,第十一届全国人民代表大会常务委员会第二十一次会议表决通过《中华人民共和国行政强制法》,自 2012 年 1 月 1 日起施行。该法第十四条规定:起草法律草案、法规草案,拟设定行政强制的,起草单位应当采取听证会、论证会等形式听取意见,并向制定机关说明设定该行政强制的必要性、可能产生的影响以及听取和采纳意见的情况。

行政听证制度的建立及其实行,对于中国社会主义民主与法制建设起到了积极的作用,具有重要的价值,这种价值主要体现为:平衡、平等、民主、科学、公正、效率、廉政。

"平衡($Bmax+Imax$)是公共利益与个体利益均至最大值时的状态。"[1]行政权是实权,更具有扩张和侵害公民权利的危险性,因此更需要"控权"。听证制度这一阳光下的程序设置,通过使相对人以平等的姿态进入程序,按明确的预设程序规则以主体的姿态与行政机关交涉与辩论,并且使行政机关负有听取当事人意见的义务和做出决定必须说明理由的义务,从而推动公正的裁决,保证行政相对人的合法利益,有效防止行政权的恣意滥用,平衡了行政权力与相对人的权利。

听证制度使行政立法、行政决策的透明度大增,为民众了解行政决策、参与行政决策提供了合适的通道。民众参与听证程序可以发挥其主体性作用,使其充分发表自己的意见,使决策的过程与结果更加民主,从而为未来决策的施行奠

---

① 罗豪才.现代行政法的平衡理论[M].北京:北京大学出版社,2003.387.

定了深厚的民意基础。同时,听证制度可以使专家学者参与行政立法过程,从各自专业的视角提出专业性意见,以论证行政立法的可行性与合理性,这就大大增强了行政立法的严谨与科学性,有利于提高立法质量。

当今行政权的扩张早已使自由裁量权的存在具有必要性与合理性,但自由裁量权并不意味着法律允许权力的无限化,自由裁量不仅意味着"裁量"本身的形式合理性,还要追求精神层面的实质合理性。听证,通过当事人参与和介入行政行为而对相关的事实和理由加以论证,通过质证与辩论而促进理性裁量并促使行政机关公正地行使自由裁量权。同时,行政机关在做出行政决定时举行听证会,可以通过行政机关与民众之间的沟通,使民众了解行政机关做出行政决定的动机、原因以及必要性,加上行政机关通过听证会了解民众的想法,做出行政决定时在一定程度上反映了民众的意见,因而提高了行政行为的可接受性,增加了行政效率。

行政听证会可以使行政机关的决策过程、决策依据在一定程度上为民众所了解,使公民有效地行使监督权,从而可以减少"暗箱操作""内幕交易",在一定程度上有利于减少贪污腐败现象的发生,树立行政机关的良好形象。

三、行政听证制度的一般原则

(一) 程序法定原则

程序法定原则,这里是指听证程序必须依据法律、符合法律,不得与法律相抵触。它是行政合法原则在行政听证程序领域的具体运用,其基本内容包括:(1)行政主体实施行政听证行为时必须严格按照法律所规定的方式、步骤和顺序进行。(2)行政主体行使职权所选择适用的听证程序必须有利于保护行政相对人的合法权益,不得侵犯公民的基本权利和自由。(3)违反法定听证程序的行为,应予以撤销。(4)违反法定听证程序的行政主体应承担相应的法律责任。

近代以来,程序法定原则已逐渐为世界大多数国家所接纳,它对于建构近现代社会的法治秩序发挥了重要作用。然而,受"重实体、轻程序"的传统法律观念及"程序工具主义"思想的影响,我国实施行政听证制度虽已二十余年,然而法律实效和社会实效仍不尽如人意。

(二) 程序公开原则

程序公开原则,要求听证程序必须公开进行。具体而言,举行听证会之前应发出公告,告知利害关系人听证程序举行的时间、地点、案由等情况;在听证过程中,当事人有权进行陈述和申辩,提出自己的主张和证据,反驳对方主张和证据;允许其他人旁听,允许记者采访报道;行政机关做出决定的事实根据必须公开并经当事人质证。这样,就可以避免被调查人"处于黑暗之中"。① 当然,凡涉及国家机密、个人隐私的事项可以不公开听证,这是很多国家的习惯做法,有些国家的法律甚至规定了听证不公开举行。例如,日本《行政程序法》规定"听证一般应当不公开进行"。② 德国《行政程序法》也规定"言词辩论采用不公开原则"。③

（三）职能分离原则

职能分离原则,是指在听证过程中从事裁决和审判型听证的机构或者人员,不能从事与听证和裁决行为不相容的活动,以保证裁决公平。④《英国行政法》一书对此作了比较全面的介绍:"公民在其权利和合理的利益受到行政决定不利影响时,不仅有权为自己辩护,而且有权要求他的意见必须由一个没有偏见的行政官员决定。一个行政决定不能由和该决定有利益牵连的人做出,这是自然公正原则对行政程序的要求。"⑤当然,行政机关不同于司法机构,它不是专门的裁决机构,因此行政听证只能做到行政机关内部职能分离,即在同一行政机关内部,执行调查追诉职能的人,不得主持听证和参加裁决。

（四）事先告知原则

行政机关举行听证、做出行政决定前,应当告知行政相对人听证所涉及的主要事项和听证时间、地点,以确保相对人有效行使抗辩权,从而保证行政决定的适当性与合法性。不能及时得到通知,没有充分的准备时间,就意味着当事人没有机会取证和准备辩论,不知道听证涉及的主要问题,就无法做必要的听证准备,难以行使自卫抗辩的权利。

（五）案卷排他性原则

案卷排他性原则,是指行政机关按照正式听证程序做出的决定只能以案卷为根据,不能在案卷之外以当事人未知悉或未论证的事实为根据。该原则的目

① Margaret Allars.*Introduction to Australian Administrative law* ,Butterworth's,1990.265.
② 章剑生.行政程序法比较研究[M].杭州:杭州大学出版社,1997.108.
③ 章剑生.行政程序法比较研究[M].杭州:杭州大学出版社,1997.108.
④ 王名扬.美国行政法[M].北京:中国法制出版社,1993.433-438.
⑤ 王名扬.英国行政法[M].北京:中国政法大学出版社,1987.152-154.

的是保障当事人有效行使陈述意见的权利和反驳于己不利证据的权利。

以上是听证程序的主要原则和制度,除此之外,还有回避原则、禁止单方面接触原则、案卷阅览原则、委托代理原则等。这些原则的重要性并不亚于前述五项原则,只是由于它们多为行政程序的一般原则,且为人们更加熟悉等原因,在此不作详细论述。

四、我国行政听证制度实施中的问题

从宏观上看,我国现行行政听证制度整体设计过于空泛,可操作性明显不足,具体表现为:第一,立法不健全。在听证程序上没有高位阶法律支撑,因此在听证的证据种类、举证责任方面存在立法缺陷。第二,听证程序适用范围过于狭窄。但是,这里我们暂不深究我国现行行政听证制度的整体设计问题,而把目光聚焦于具体问题——透视实践环节,就我国现行行政听证制度具体实施中的问题略举几例。

(一) 听证主持人身份问题

《立法法》和《价格法》均未对听证会主持人的身份或资格做出规定。《行政处罚法》第四十二条第四款规定:"听证由行政机关指定的非本案调查人员主持。当事人认为主持人与本案有直接利害关系的,有权申请回避"。《行政许可法》第四十八条第一款第三项规定:"行政机关应当指定审查该行政许可申请的工作人员以外的人员为听证主持人,申请人、利害关系人认为主持人与该行政许可事项有直接利害关系的,有权申请回避。"这里只规定了两种限制:一是本案调查或审查人员;二是因与本案有直接利害关系而需要回避的人员。可见,这两种人员以外的任何人在法律上都可能成为主持人。从已经举行的行政听证会的情况看,许多听证会的主持人是由做出行政决定的行政机关委派本机关人员担任的,因而在公众的心目中,其公正性、客观性和可信度都严重不足。另外,当事人的回避申请由谁决定成立与否? 如果当事人申请回避的人正好是有权决定回避是否成立的人怎么办? 法律并未有细化规定。

(二) 听证会参与人结构问题

现在许多听证会的代表,既有政府官员、人大和政协代表,又有专家学者,也有普通群众,看起来参加者面面俱到,但实际上,有直接利害关系的群体代表所占比例过小。不言而喻,只有听证会代表具有足够的广泛性、代表性,听证会才能在政策的制定中真正起到沟通政府与民众的"桥梁"作用。但是,迄今为止,听证会代表究竟该按什么程序挑选,如何才能确保其代表性、公正性,却缺乏严格的操作规程,难以保证利益相关人的声音都能"带"到会上。

（三）听证结果对行政决定的约束力问题

现行有关听证的五个法律（《行政处罚法》《价格法》《立法法》《行政许可法》《行政强制法》)都没有就听证结果对拟出行政决定的约束力问题做出规定。最近几年举行的公交价格听证会、电信价格听证会、自来水价格听证会等等,听证的结果对行政机关最后做出的决定几乎没有产生太大影响,价格听证会成了"提价听证会",严重打击了人们对行政听证会的信心。这种现象从另一个层面反映出:听证代表意见影响决策的过程缺乏刚性制约。在新闻媒体关于听证会的报道中,代表们慷慨激昂的陈词和旁征博引的论证不时可见,但听证会代表的意见究竟在多大程度上影响了最终决策却鲜有报道,这样的结果只有一个:"形象秀"般的听证会最终必然丧失公信力。

（四）行政机关的信息公开问题

在行政听证会上,行政机关所提供的信息（特别是即将做出的行政决定的依据),可以帮助社会公众了解和判断行政机关做出决定的合法性,从而使社会公众可以提出有效的赞成或反对意见。但是,现在许多行政机关在听证会上所提供的信息都是不完整的、片面的。

五、完善我国行政听证制度的路径

2008 年 10 月 15 日,国家发展和改革委员会发布了《政府制定价格听证办法》,但是一部完整的《中华人民共和国听证法》至今尚未出台。① 完善我国现行行政听证制度,当然离不开制订一部高位阶的《听证法》,但是在正式《听证法》出台以前,我们还是有足够的活动空间在实践环节上完善我国现行行政听

---

① 在我国,关于制定出台《中华人民共和国听证法》的呼声已经存在很久了。这种呼吁得到了立法上的一些回应,《行政许可法》《行政处罚法》《价格法》《立法法》《环境影响评价法》都有相关条款体现了这一思想。但从相关法律内容来看,由于条文分散,听证制度还是概括性的。比如,把申请听证的权利仅仅赋予了"相关利益人",把是否需要听证的裁定权简单赋予了行政机关,对听证代表的标准与选择程序更是没有规定。在这个意义上,我们仅仅是实现了形式上的听证制度。近年来,随着人们法律意识的增强,已经开始由对形式正义的追求上升到对形式正义和实质正义的"双追求"。

证制度。

（一）扩大行政听证制度适用范围

目前我国行政听证制度只在行政许可、行政处罚、政府定价行为以及行政法规制定等领域适用,这与政府管理社会公共事务的广大范围相比,显然过于狭窄。在应然的视野里,可以考虑在城市规划、国家重大工程建设项目确定、国家重大产业政策制定、重要的矿山建设等诸多方面实施行政听证制度,以更好地向民众公开行政决策信息,同时听取人民群众的意见,更好地维护公民权益。

（二）行政听证主持人中立

行政听证制度所具有的准司法属性,使得社会公众特别关注听证过程中听证主持人的中立性。目前,我国行政听证主持人多为行政机关人员或其指定人员,这种听证主持人身份的非中立性,使得听证活动的公平、公正和公开性难以保证,也使得听证结果难以令人信服。笔者认为,主持人地位的独立可以增强公众对听证程序公正性的信心,所以应该从制度上解决主持人中立问题,即明确听证主持人的产生办法以及听证主持人、听证人员、书记员的资格、职权与法律责任、主持人回避事由,适当赋予主持人以调解权并赋予行政相对人以和解权。

（三）公正合理遴选听证代表

目前,我国行政听证代表产生的过程不公开、不透明,代表的结构和比例不合理。因此,今后听证代表的产生,应该增加透明度;特别是在涉及公民切身利益事项听证的代表的产生更应该公开、公正,代表结构、比例更应该合理。它不仅要求代表中应当有各个阶层、各个行业的人员,而且受影响最大的人群应该有适当大比例的代表参加听证会。

（四）听证结果对行政决定的约束力

现在有关行政听证的一些法律法规,大多没有对听证结果的约束力问题作出明确规定。如果听证活动的结果对行政机关做出决定不能产生较大影响,就在一定程度上失去了听证活动的意义。目前,有些部门规章对《行政处罚法》等法律规定的不足进行了一定的弥补,比如《劳动行政处罚听证程序规定》第十六条规定:"劳动行政部门不得以未经听证认定的证据作为行政处罚的依据",这种做法值得借鉴。

（五）听证过程的透明性

听证过程应当充分公开信息。为此,无论哪一层级或何种问题听证会,一般都不应该以种种借口秘密举行,而应该在开会之前的一定时间内通过媒体向全社会公布拟订方案和有关材料,让公民通过各种途径有直接或间接的知情权。特别是,听证代表在接到通知后应进行一定范围的社会调查,以保证他们在听证会上的发言并非仅仅代表他们自身,而真正代表其背后的利益群体;在可能的情况下,举行听证会应容许一定数量的普通公民旁听;重大事项的听证会可以通过电视、广播以及互联网进行直播;行政机关应当向听证代表提供客观、全面的材料;听证代表应该有权查阅行政机关的相关文件资料。只有真正按照上述思路解决了听证会的公开性问题,才有利于实现听证会的民主性、科学性、规范性、公正性和效率性。

　　总之,我国现行行政听证制度的法律规定还很不完善,这方面的实践也刚刚起步。无论是价格听证,还是其他问题的行政听证,都有很长的路要走,这一制度在深度和广度上都需要进一步发展。然而,瑕不掩瑜,从长远看,听证制度作为现代民主社会普遍推行的用于保证各方利益主体平等参与公共决策过程而最终实现决策民主化、公开化、公正化、科学化乃至法制化的一种重要制度设计,必将会在我国依宪治国、依法治国、依法行政道路上发挥其应有的作用。

第四节　反腐治权的国际合作

　　19世纪英国历史学家、政治家阿克顿勋爵(Lord Acton)说过一句传世名言:"权力导致腐败,绝对权力导致绝对腐败。"①它深刻揭示了权力与腐败之间的内在联系:权力失去制约必然导致腐败。腐败问题伴随着我国市场经济的建立,越来越受到人们的重视,反腐败已成为我们党和国家刻不容缓的事情。邓小平曾说过:"不惩治腐败,特别是党内的高层的腐败现象,确实有失败的危险。"②这一高瞻远瞩的醒世判断,刚好印证了当下以习近平为首的中国共产党人对腐败"零容忍"、铁腕反腐、高举依法治国(依宪治国)大旗、推进法治中国的现实紧迫性和历史必然性。可以说,腐败侵蚀着亿万中国人的根本利益,腐败不除,中国

---

①　英人阿克顿(1834—1902)名言:"Power tends to corrupt;absolute power corrupts absolutely."通常被译作"权力导致腐败,绝对权力导致绝对腐败。"[英]阿克顿著侯健等译.自由与权力[M].北京:商务印书馆,2001.342.

②　中共中央文献编辑委员会.邓小平文选第三卷[M].北京:人民出版社,1993.313.

梦难圆。"腐败"是依法治国的死敌,也是依宪治国之"熵"。依法治国和依宪治国强调的无非是一种在宪法和法律主导下的秩序,而"腐败"是一种使国家和社会偏离这一目标的力量;全面推进依法治国和依宪治国,必须反腐治权。关于国内反腐,各类报告、文章、著作已有很多,探讨也比较深入,此处自不赘述。这里,拟探讨的是反腐治权的另一个领域——"国际合作"。之所以如此,是因为这方面深化的空间依然很大,在当前和今后一段时期内,依然是反腐治权需要强化的领域。2005 年 10 月 27 日,十届全国人大常委会第十八次会议通过全国人大常委会关于批准《联合国反腐败公约》(以下简称《公约》)的决定,同时声明中华人民共和国不受《公约》第六十六条第二款的约束。①《公约》是联合国历史上通过的第一个用于指导国际反腐败斗争的法律文件,对预防腐败、界定腐败犯罪、反腐败国际合作、非法资产追缴等问题进行了法律上的规范,对各国加强国内的反腐行动、提高反腐成效、促进反腐国际合作具有重要意义。但是,由于《公约》本身为非强制性规范,条款弹性过大,所以《公约》本身不能替代国内"反腐"。相反,批准加入公约后,我们面临诸多任务:既要解决国内法与《公约》的衔接问题,又要完善相关制度。只有如此,才能真正在"反腐"国际合作中受益。

一、我国加入《联合国反腐败公约》的背景和意义

(一)《联合国反腐败公约》出台背景

21 世纪以来,伴随着经济全球化尤其是高技术的快速发展和信息高速公路的突飞猛进,国际社会相互联系、相互依赖更加紧密,贪污贿赂等腐败犯罪也日益突破区域特征而呈现国际化态势——腐败资金转移、腐败犯罪嫌疑人外逃等活动十分活跃,从而使原本属于国内社会问题的腐败犯罪成为众多国家乃至整个国际社会所共同关注的一种国际现象。在此情势下,无论是发达国家还是发展中国家,要有效地打击和遏制腐败犯罪,客观上都需要加强国际社会的携手合作,共同研究解决这一人类社会的顽疾,《公约》正是适应这种客观需要而出台的。

具体分析之,《公约》的出台有着政治与法律的双重背景。就政治背景而

---

① 这一款的内容是各缔约国之间对公约的解释或者适用发生争端而不能解决时,争端任何一方可将争端提交国际法院。

言,近年来腐败犯罪嫌疑人携带大量非法资金潜逃海外而置身法外的现象已引起了世界各国的共同关注,越来越多的国家意识到,打击腐败犯罪不应闭关锁国,而应跨国开放。从法律层面上看,如果国家之间不能形成反腐合力,就可能使腐败犯罪嫌疑人一旦出逃成功,就会长期逍遥法外。因此在联合国框架内,制定一部全球性的反腐败法律文件,已是世界各国的共同愿望。

在此背景下,2000 年 12 月 4 日,第 55 届联合国大会 55/61 号决议提出设立特别委员会,起草一份预防和打击腐败的综合性国际法律文件。在完成一系列的准备工作后,从 2002 年 2 月开始至 2003 年 10 月,包括中国在内的 107 个国家及 28 个国际组织和非政府组织代表在维也纳就《公约》前后进行了七轮谈判,终于完成了起草工作。2003 年 10 月 31 日,《公约》经第五十八届联合国大会审议通过。2003 年 12 月 10 日,外交部副部长张业遂代表我国政府签署了《公约》。2005 年 10 月 27 日,十届全国人大常委会第十八次会议表决通过了全国人大常委会关于批准《联合国反腐败公约》的决定,使中国成为《公约》2005年 12 月 14 日生效后即付诸实施的首批国家之一。

(二) 我国加入《联合国反腐败公约》的意义

1. 凸显我国反腐治权国际合作的意愿决心

批准加入《公约》,体现了我国与国际社会治理腐败的共同意愿和决心,必将推动我国与国际社会在预防和惩治腐败方面的合作。《公约》是联合国历史上第一部指导国际反腐败斗争的法律文件,它的制定和生效,不但在国际社会倡导了治理腐败的科学理念和策略,更为国际社会反腐败提供了基本的法律指南和行动准则,是国际社会治理腐败的法律基石。

2. 促进我国经济健康发展

《公约》将对我国促进经济健康发展、降低金融风险、维护社会公平正义起到积极作用。如《公约》提出了打击私营机构腐败现象和国际商务中的贿赂行为,建立良好的商业惯例,允许将腐败视为撤销或废止合同的理由,强化反洗钱和资金监控措施,承认腐败有受害人并允许其获得赔偿等。因此,《公约》不仅对我国反腐败是一个促进,而且对我国财税体制、金融体制、司法体制改革也将产生推动作用。

3. 强化国际合作

《公约》关于司法协助、引渡、资产追回等国际合作措施,为解决腐败犯罪嫌疑人外逃难以归案问题提供了国际法基础。加入《公约》，对中国建立健全惩治和预防腐败体系有重要促进作用，同时也将为逐步解决我国查办涉外案件中的"调查取证难、人员引渡难、资金返还难"等问题提供国际合作依据。

值得注意的是：（1）《公约》第四十四条第四款明确规定，腐败犯罪嫌疑人在缔约国境内不能被当成政治犯。该条款使得外逃犯罪嫌疑人以"政治避难"为借口逃避引渡在法律上不再具有可能性，也大大提高了"境外追逃"的效能。（2）《公约》对腐败犯罪所得资产的追回、处置和返还的依据、条件、程序、方式等作了较为完整的规定。按照规定，追回包括直接追回和通过没收的间接追回。直接追回是指当一缔约国资产因腐败犯罪被转移到另一缔约国而后者没有采取没收等措施处置时，前者可以通过一定的途径主张对该资产的合法所有权，予以追回；间接追回是指当一缔约国依据本国法律或者执行另一缔约国法院发出的没收令没收被转移到本国境内的腐败犯罪所得资产后，再返还给另一缔约国。《公约》关于资产追回的规定，对于铲除腐败犯罪的物质基础具有重大意义。

二、《联合国反腐败公约》的内容和特点

（一）《联合国反腐败公约》主要内容

《公约》除序言外，共八章七十一条，包括总则、预防措施、定罪、制裁、救济及执法、国际合作、资产的追回、技术援助和信息交流、实施机制以及最后条款等章节。总览《公约》内容，可概括为其所确立的预防机制、刑事定罪和执法机制、国际合作机制、资产追回机制、履约监督机制等五大机制。（1）预防机制。《公约》要求缔约国制定预防性反腐败政策，采取各种预防性反腐败措施，包括公共部门及公职人员行为守则、公共采购和公共财务管理、审判机关和检察机关人员保持廉洁的措施、私营部门腐败行为的预防和监督以及反洗钱机制等。（2）刑事定罪和执法机制。《公约》要求缔约国采取必要的立法措施，对贿赂、贪污、挪用公款、洗钱、妨害司法的行为进行定罪，考虑对影响力交易、滥用职权、资产非法增加、窝赃行为进行定罪，并对上述犯罪进行起诉和审判，冻结、扣押和没收犯罪所得。（3）国际合作机制。《公约》规定缔约国应当就打击《公约》规定的犯罪进行国际合作，包括引渡、司法协助、移管被判刑人、移交刑事诉讼以及执法合作等。（4）资产追回机制。《公约》规定缔约国应当对跨国流动的腐败资产的追回提供合作与协助，包括预防和监测犯罪所得的转移、直接追回财产、通过国际

合作追回财产、资产的返还和处置等。(5)履约监督机制。《公约》规定设立缔约国会议,负责监督《公约》的实施。

值得一提的是,《公约》首次以联合国公约的形式规定了对腐败行为的定罪。《公约》第三章"定罪、制裁、救济及执法"明确规定,可以定罪的腐败行为包括贿赂、贪污、挪用公款、影响力交易、窝赃、滥用职权、资产非法增加、对犯罪所得洗钱、妨害司法等,《公约》还对法人腐败犯罪、腐败犯罪的主观要素及其认定、腐败犯罪的参与、未遂和中止、腐败犯罪的刑事制裁原则、时效、管辖权及相关诉讼事项进行了规定。

(二)《联合国反腐败公约》主要特点

1. 内容的广泛性

《公约》是目前国际上多边反腐败条约中内容最全面的公约,它是在对国际组织和地区组织各种反腐败公约、决议的有效性和可行性进行全面评估的基础上拟订的,内容广泛。

2. 立法构思的整体平衡性

所谓整体,是指《公约》将反腐败作为一个系统工程来对待,认为腐败不仅表现在公职人员身上,也表现在向公职人员行贿的普通公民身上;不仅在国家机关和公共领域,私营机构也存在腐败问题;不仅表现在国内交往中,也表现在国际交往中,包括国际公共组织官员的腐败。所谓平衡,是指《公约》认为对任何一种腐败行为的惩治要体现公平、正义,如在惩治受贿人的同时,也要打击行贿人;对以贪利为目的的腐败行为,在给予刑事制裁的同时要彻底剥夺其非法获得的所有财产;在加强对公职人员腐败行为惩处的同时,要充分关注公职人员的报酬和必要的培训等。

3. 注重预防的基本理念

《公约》设立专章,对预防腐败的措施作了系统的规定,包括制定、执行和坚持有效的预防性反腐败政策和立法,设立预防性反腐败机构,加强对公务员和非选举产生的公职人员的管理,制定体现廉正、诚实和尽责的公职人员行为守则,规范公共采购和公共财政管理,提高公共行政的透明度,发挥审判和检察机关在反腐败方面的特殊作用,加强对私营部门商业活动的监管,推动社会参与反腐败,加强金融监管,防止洗钱等。尤为值得注意的是,《公约》要求各缔约国定期评估有关法律文书和行政措施是否能有效预防和打击腐败;确立专门的、具有必要独立性和人力物力资源保证的预防性反腐败机构;加强审判、检察机关人员的廉政教育并发挥他们在预防腐败方面的重要作用。这些规定,体现出《公约》所秉承的以下预防腐败犯罪的现代理念:坚持政府主导和社会参与相结合;坚持对人(腐败犯罪的高危人群)、行为(腐败犯罪的高危空间)、事项(腐败犯罪的高危因素)的全面控制;坚持由严密的立法、高效的司法、专业的防范形成的监督、预警、预测、预防、控制、惩治的一体化;坚持立法、司法、行政等多学科、多层次、多领域的综合预防。

三、《联合国反腐败公约》局限与衔接缺失

(一)《联合国反腐败公约》的效力局限

对《公约》的理性审视,意味着我们既要肯定《公约》的积极意义,也要看到《公约》的局限与不足,不能片面夸大《公约》的作用。

1.《联合国反腐败公约》的非规范性

我国批准加入《公约》对于反腐特别是"境外追贪"意义不言而喻,但是不能过高地估计这个《公约》对我国反腐败的作用,更不能因此认为《公约》生效就是腐败外逃贪官的"末日"或"丧钟"。因为《公约》只是一个指导性文书,属于非强制性规范——即使有《公约》,对方也可以因为没有双边引渡协议而拒绝引渡。《公约》只是奠定了一个国际法基础、提供了一个法律平台而已,如果一个缔约国不履行公约,也没有什么具体制裁措施适用于它,这就是国际公约效力的局限性。它的落实,要靠缔约国之间的协议,靠本国法律与国际法的衔接。

2.发生作用的非独立性

"现在并没有任何习惯国际法的普遍规则要求引渡。"[1]因此,对于国际反腐合作的真正实现来说,《公约》不能独立发生作用,而需要有关国家双边或多边涉及引渡的协定或公约的支持。据外交部的数据,截至2014年10月,中国与外国缔结司法合作类条约达122项,其中引渡条约39项(29项已生效)。[2] 与中国签订引渡条约的国家大部分是发展中国家,发达国家有韩国、西班牙等。近年来,蒙古、泰国、阿尔巴尼亚等国家都曾经向中国引渡过经济犯罪嫌疑人。总体

① [英]劳特派特修陈健等译.奥本海国际法[M].北京:商务印书馆,1981.179.
② 储信艳.中国首次从欧洲引渡经济犯罪疑犯[N].北京:新京报,2015-02-04第A01版.

而言,世界上还有很多国家没有和中国签订引渡协议。这种情况,使得很多腐败犯罪嫌疑人外逃后,我国无法通过正常的司法程序将犯罪嫌疑人引渡回国受审。2014 年公安部实施"猎狐 2014"专项行动,抓获外逃经济犯罪疑犯 680 人,涉及 69 个国家和地区。① 但是,目前通过双边司法协助、国际刑警组织等手段被遣返的腐败犯罪嫌疑人只占应抓捕归案数量的很小比例。因此,如果没有足够多的国家签署加入《公约》,腐败犯罪嫌疑人依然会有可以逃窜的"避难所"。

3.《公约》条款的伸缩性

由于各缔约国多以维护本国利益为出发点,竭力维护本国法律制度不被修改,造成《公约》中大量条款都是保护性条款和弹性条款。比如,导致国家间引渡难以执行的主要障碍为被请求国具有绝对掌控权——只要被请求国认为被引渡人被缉拿回国后有可能被判死刑或者无法保证公正审判,那么它就可以拒绝请求国的引渡请求——这是导致腐败犯罪嫌疑人外逃无法归案的主要原因。②

(二) 国内法律制度的衔接缺失

"我国签订或加入有关国际公约,就有义务在国内加以贯彻,包括采取必要的立法措施。"③因此,我国批准加入《公约》后,首先面临的是该公约在我国国内的执行以及国内法与该公约的衔接问题。由于立法理念的差异,我国国内立法与该公约尚存在诸多衔接缺失。比如,《公约》提供的是制度性腐败的预防平台,它要求我们制定有效、协调的反腐败政策,使这些政策体现法治、廉洁公正、透明度、问责制、妥善管理公共事务与财产等诸项原则,但这些政策的制定是一项系统工程,有一个逐步完善的过程。再比如,资金追回制度是《公约》的最大创新,但这恰恰也是我国现行法律中最薄弱的一环。小到资产扣押、冻结期间的具体操作,大至追回资产的措施、没收财产判决的承认,以及对失踪、逃跑、死亡

① 储信艳.中国首次从欧洲引渡经济犯罪疑犯[N].北京:新京报,2015-02-04 第 A01 版.
② 例如,厦门远华特大走私案首要犯罪嫌疑人赖昌星 1999 年案发后逃往加拿大,一直滞留在温哥华,直到 2011 年 7 月才被遣返。赖昌星之所以这么久才被遣返回国,主要原因在于加拿大已经废除了死刑,所以一直把赖昌星"免死"作为遣返条件,而中方显然无法明确接受这一点,这一博弈持续了 12 年。2011 年 7 月 23 日,赖昌星被遣返回国,2012 年 4 月,厦门市中级人民法院依法公开开庭审理赖昌星案;2012 年 5 月 18 日,该院判处赖昌星无期徒刑,并处没收个人全部财产,赖昌星未提出上诉。
③ 邵津.国际法[M].北京:北京大学出版社、高等教育出版社,2000.25.

犯罪嫌疑人财产的处理等等,目前我国国内立法尚无系统、全面、详尽、可操作性强的一整套法律法规予以支撑。另外,在具体的法律概念术语上,也存在一个语义统一的问题。如《公约》规定,"贿赂"是公职人员索取或收受的"不正当好处",而我国《刑法》则将贿赂对象规定为"财物",从打击贿赂的效果上看,规定为"不正当好处",显然比规定为"财物"要有力。①

在我国,国内法律尚且得不到很好的实施,国际公约作为国与国之间的协议,其约束力和法律实效就会更小。政府若想在打击惩处腐败分子方面取得成效的话,就必须改变观念,在主权范围内加强国际间的合作,并成立专门机构,让国际法在执行过程中变硬变强,并在法律及相关制度上完善国内反腐机制,阻断腐败犯罪嫌疑人外逃的出路。比如,目前由于相关的法规和管理体制不完善,防止资本外逃的"软硬件"尚不完备,金融外汇管制系统尚未建立起对大额资金外流进行有效监控的预警机制,从而客观上给腐败犯罪资本外逃预留了较大的空间。

四、国内立法衔接与制度配套

(一) 立法衔接

国内立法与《公约》的衔接缺失,要求我们必须对国内法进行适当修改或制定新的与《公约》精神一致的法律法规。这种法律法规既包括实体法,也包括程序法,还涉及制定一部统一的刑事司法协助法。

在实体法上,为了更有效地同腐败犯罪作斗争,针对国际合作中的障碍,应当适当地扩大刑法对域外犯罪的管辖范围,或者明确规定"中国公民在中华人民共和国领域外实施国际公约中规定的犯罪,外国人在中华人民共和国领域外

---

① 刑法第三百八十五条规定:"国家工作人员利用职务上的便利,索取他人财物的,或非法收受他人财物,为他人谋取利益的,是受贿罪;国家工作人员在经济往来中,违反国家规定,收受各种名义的回扣、手续费,归个人所有的,以受贿论处。"第三百八十九条规定:"为谋取不正当利益,给予国家工作人员以财物的,是行贿。在经济往来中,违反国家规定,给予国家工作人员以财物,数额较大的,或者违反国家规定,给予国家工作人员以各种名义的回扣、手续费,以行贿论处。"第三百九十二条规定:"向国家工作人员介绍贿赂,情节严重的,处3年以下有期徒刑或拘役。"可见,我国刑法将贿赂罪的内容仅限于财物,排除了非物质性利益,必然造成立法的不完善,在司法实践中往往会遇到许多非财物性利益为内容的贿赂案件,也往往造成较严重的危害,却由于法无明文规定,使之逃脱法律制裁。

对中华人民共和国国家或者公民实施国际公约规定的犯罪,适用中国刑法",以使中国刑法更有效地适应惩治腐败犯罪的需要。另外,《公约》规定的一些具体犯罪在我国刑法中尚未规定(如贿赂外国公职人员或者国际组织官员),所以应增加关于贿赂外国公职人员和国际组织公职人员罪的规定,或通过立法明确规定对外国公职人员和国际组织公职人员在中国境内实施的腐败犯罪比照国家工作人员定罪处罚。

在程序法上,应当修改刑事诉讼法的相关条款,强化证人保护和举报人保护的规定,建立刑事缺席审判制度,完善刑事没收程序的规定,①适当赋予反腐败犯罪侦查机关以特殊侦查手段,以与《公约》中业已确定的国际刑事司法合作相关机制相协调。

应当指出,在刑事司法协助问题上,中国应尽快制定一部统一的刑事司法协助法,以规范中国的刑事司法协助行为。

(二) 制度配套

1. 改革审判制度

为了强化反腐治权国际合作力度,理顺国内法律制度与《公约》的关系,提高打击腐败犯罪的法律实效,必须改革现行刑事审判制度。具体内容应该包括但不限于:(1)建立缺席审判制度。通过国际合作追回财产的重要依据是生效的法院判决,因此如果因为腐败犯罪嫌疑人外逃就不对其罪行进行缺席审判,就会使追究其责失去法律依据;(2)建立令状发布程序。在判决一时无法做出,又必须对腐败犯罪涉案财产进行控制的情况下,国外相关经验是以查封令、扣押令、禁止令、责任令等程序性令状的形式制止其流失,再以赔偿令的形式恢复相关权益,最后以没收令的形式对非法财产予以永久剥夺。这一系列过程都纳入司法审查程序,具有较高的法律效力,在相关反腐败财产没收和追缴的国际合作中,都容易得到承认和执行。

2. 建立财产追回配套制度

财产追回制度是《公约》的重要内容,也是国内立法配套的重点之一。具体

---

① 2012年新刑诉法第二百八十条第一款规定:"对于贪污贿赂犯罪、恐怖活动犯罪等重大犯罪案件,犯罪嫌疑人、被告人逃匿,在通缉一年后不能到案,或者犯罪嫌疑人、被告人死亡,依照刑法规定应当追缴其违法所得及其他涉案财产的,人民检察院可以向人民法院提出没收违法所得的申请。"这一规定,对于没收外逃罪犯的财产提供了法律依据。

内容包括:(1)建立规范化的赃款赃物确认制度。应在我国国内由司法机关、财政和审计机关共同依照国有资产以及集体资产产权界定的办法,制定一个评估界定腐败财产的规范性文件,以利于对腐败犯罪涉案财产的控制和追缴。确认制度的建立,可以改变司法实践中非法财产与合法财产混合后就无能为力的状况,甚至可规定对混合财产先行全部查封,待判明后解封。(2)完善银行制度。银行是腐败犯罪涉案财产"外流"的主要渠道,健全银行监控机制对于控制和追缴腐败犯罪涉案财产有重要意义。在国际反腐败合作过程中,要向国外银行和私营企业管理机构查询和请求协助追缴财产,我国银行自身就应建立相应机制,以适应国际对等交流和协助。

3. 建立双向的国际合作程序

双向的国际合作程序是指在对外方面建立国内机构请求国外机构进行司法合作的程序,在对内方面建立外国机构请求我国机构进行司法合作的明确程序。例如规定,检察机关的司法协助事宜由最高人民检察院外事局负责管理、协调和对外联络,由省级检察院负责承办。这类明确清晰的程序,更有利于国际合作的规范化、制度化。

4. 完善权力监督机制

权力是"个人或集团通过威慑力量不顾反对而把其意志强加于他人的能力"。① "有权力的人们使用权力一直到遇有界限的地方才休止。"②事实上,"在现实生活中,腐败的泛滥主要表现为权力的滥用"。③ 从根本上杜绝腐败,就必须不断完善权力监督机制,综合运用经济的、制度的、法律的、教育的等手段,标本兼治。特别是,要建立与市场经济平等准则相适应的权力制衡机制,限制一些权力参与市场运作;推进司法改革,发挥司法在反腐中的作用,同时"加强司法权力的独立地位,使其能够克服来自政治和行政的不当干预"。④

"徒法不足以自行",因此在加强制度建设的同时,关键还是要加强监督,保证各项规章制度的落实。特别要注意对特殊群体的监督,把监督渗透在日常管理之中,涵盖在学习、工作、生活、消费、社交等各方面,延伸到家庭、亲属之中,做

---

① [英]罗德里克·马丁著丰子义等译.权力社会学[M].三联书店,1992.17.
② [法]孟德斯鸠著张雁深译.论法的精神[M].北京:商务印书馆,1982.188.
③ 白桂梅.法治视野下的人权问题[M].北京:北京大学出版社,2003.39.
④ 王舟波.世纪脉搏[M].北京:中国书籍出版社,1998.234.

到超前监督、事前监督,防微杜渐,防患于未然,最大限度地遏制滥用权力的现象,这样才能有效地预防或消除腐败现象,真正实现依法治国和反腐治权,最终实现"制约权力"保障权利的宪法目标。

第五专题 依宪治国实体论(三)

——司法

党的十八届四中全会通过的《中共中央关于全面推进依法治国若干重大问题的决定》指出:"公正是法治的生命线。司法公正对社会公正具有重要引领作用,司法不公对社会公正具有致命破坏作用。"①习近平总书记在《关于〈中共中央关于全面推进依法治国若干重大问题的决定〉的说明》中也说:"提高司法公信力。司法是维护社会公平正义的最后一道防线。……如果司法这道防线缺乏公信力,社会公正就会受到普遍质疑,社会和谐稳定就难以保障。……司法不公的深层次原因在于司法体制不完善、司法职权配置和权力运行机制不科学、人权司法保障制度不健全。"②因此,如果我们要全面推进依法治国和依宪治国,那么司法公正、司法体制改革、司法的人权保障等都是必须触及的话题。但是,这里从依宪治国对司法的要求的视角,只选择司法公正、司法改革、弱势群体诉讼平等权(以刑事被告人为样本)三个主题进行探讨。

第一节 依宪治国中的司法公正

2014年10月,《中共中央关于全面推进依法治国若干重大问题的决定》中正式提出"科学立法、严格执法、司法公正、全民守法"的"新十六字方针"。司法公正,是其中重要内容,因此对于依宪治国和依法治国来说,"司法公正"是一个

---

① 中共中央关于全面推进依法治国若干重大问题的决定[J].北京:求是,2014(21).3-15.
② 习近平.关于《中共中央关于全面推进依法治国若干重大问题的决定》的说明[J].北京:求是,2014(21).16-23.

极其重要的问题。换个角度看,司法公正也是社会公平正义的重要组成部分,而社会公平正义正是依宪治国追求的重要价值目标。社会公众对司法公正的要求是具体的、现实的,他们既关注执法为民、从严治警、司法体制改革等等,更关心自身的权益是否得到公正保护,自己遇到的问题是否得到公正解决。司法机关处在维护社会公平正义的最后一道防线。如果罪犯没有得到应有惩处、当事人胜诉权益没有得到及时实现,社会正义就难以伸张;如果司法不公,甚至办关系案、人情案、金钱案,社会就会失去最起码的公平公正,人们对公平公正的最后一线希望就会破灭。习近平总书记提出要努力让人民群众在每一个司法案件中都感受到公平正义,要求所有司法机关都要紧紧围绕这个目标来改进工作,重点解决影响司法公正和制约司法能力的深层次问题,这对于推动司法权力公正、高效、廉洁运行必将起到十分重要的作用。①

一、依宪治国引导下法治社会的特征

司法公正在依宪治国中的功能定位应当是实现民主法治、促进社会公平正义、维护社会安定有序。要建构这样一种社会和谐状态,必须处理好政府与个体、个体与个体以及个体与自然三种关系,必须具备以下特征:

（一）宪法至上

宪法至上,主要指宪法是一个国家法律制度和法律体系的核心和基础,具有最高法律效力,国家的一切法律和法律制度都不得与宪法和宪法制度相冲突,其他法律和法律制度之间的关系,包括法律效力等级均由宪法予以规定。现行《中华人民共和国宪法》在序言中明确地指出:"本宪法以法律形式确认了中国各族人民奋斗的成果,规定了国家的根本制度和根本任务,是国家的根本法,具有最高法律效力。"宪法至上,意味着"依法治国首先要依宪治国",意味着依宪执政、依法执政、依法行政,严格地依法办事,把国家和社会的公共管理活动纳入到一个规范有序的法治轨道;也意味着各级党组织和党员要带头遵守宪法和法律,同时要教育培养社会成员对宪法和法律的信仰,在全社会形成崇尚宪法和法律的良好氛围。

---

① 程海波.加快建设社会主义法治国家——学习习近平总书记关于依法治国的重要论述[N].北京:光明日报,2013-07-19 第 01 版。

（二）社会公正保障体系健全

依宪治国引导下的法治社会应当是一个公正的社会。何为公正？博登海默曾将其比喻为"普洛修斯的脸"。① 但是简单说，公正应当是"人们之间分配关系上的合理状态"。② 社会公正是依宪治国的一个十分重要的价值目标，因此要把维护社会公平放到更加突出的位置，依法逐步建立健全以权利公平、机会公平、规则公平、分配公平为主要内容的社会公正保障体系。

（三）稳定与权威并存

依宪治国引导下的法治社会应当是一个稳定的社会。当前，我国经济社会发展进入了一个关键性的历史阶段，这个阶段是各种社会矛盾凸显、社会稳定秩序面临冲击危险的时期。因此，全力维护国家安全和社会稳定，保证社会生活的安定有序，已经成为构建法治社会的一个极其重要的课题。法治社会应当是一个权威的社会。宪法和法律的权威，与党的权威、国家的权威是统一的；维护法律的权威，就是维护党的权威，就是维护国家的权威，这也就是十八届四中全会《决定》所讲的"维护宪法法律权威就是维护党和人民共同意志的权威，捍卫宪法法律尊严就是捍卫党和人民共同意志的尊严，保证宪法法律实施就是保证党和人民共同意志的实现"。③ 没有宪法和法律的权威，国家的治理、经济的发展、人民的安康、社会的和谐稳定，都是不可思议的。

二、依宪治国下司法公正的功能定位

在推进依宪治国的进程中，司法必将扮演更加重要的角色，其新的功能将更加凸显出来。一方面，随着改革的逐渐深入、社会结构的逐渐调整、社会利益的多元和分化，各种社会矛盾逐渐凸显；另一方面，多年的普法教育使我国公民的权利意识、法律意识日益增强。因此，越来越多的民众倾向于采取法律手段来解决各种矛盾和问题。为顺应这种形势，我们必须把司法公正作为推进依宪治国的基础性工程来加以重视和建设。在当代中国，从司法视角，我们可以将公正定

① ［美］博登海默.法理学——法哲学及其方法(邓正来等译)［M］.北京:中国政法大学出版社,1999.252.
② 陈桂明.诉讼公正与程序保障［M］.北京:法律出版社,1996.2.
③ 中共中央关于全面推进依法治国若干重大问题的决定［J］.北京:求是,2014(21).3–15.

义为旨在实现社会关系合理状态的司法行为、司法过程、司法结果的合理合法状态，①这也就是所谓司法公正。基于推进依宪治国这一时代背景，司法公正功能可以进行以下定位：

（一）促进实现民主

民主是法治社会的首要要素。新时期社会的发展不仅仅是经济增长与效率提高，而且应当是包括民主法治在内的社会全面发展和可持续发展。依法治国和依宪治国是党中央确立的治国方略，其基本要求就是党的十八大报告提出、十八届四中全会强调的"科学立法、严格执法、司法公正、全民守法"。司法公正是这一要求的应有之义。从这个意义上讲，法治社会必定是"司法公正"的社会。2014 年《中共中央关于全面推进依法治国若干重大问题的决定》提出要保障人民群众参与司法，这既是增强司法的民主性、强化对司法的监督的需要，也是提升司法公信力、促进司法公正的重要手段和渠道。要切实有效地保障人民群众参与司法，就不光是在形式上，更要在实质上采取有力措施。《决定》中提出要完善人民陪审员制度，保障公民陪审的权利，扩大参审的范围，完善随机抽选人民陪审员的方式，并逐步实行人民陪审员不再审理法律适用问题、只参与审理事实认定问题，这对发挥人民陪审员的实质作用，纠正目前某些地方的人民陪审员陪而不审、走过场等现象，提高人民陪审制度的公信度，都有十分重要的意义。当前，我国很多法院网站都设立了"法院概况""诉讼指南""裁判文书""法院公告"等栏目，还有一些法院在网站首页专门开辟了司法公开活动专栏，提供信息公开目录导航，方便公众更快捷准确地查找信息。从保障人民参与司法、促进司法公正的视角讲，我们还要提高网站的简洁性和易用性，同时加强有用信息的公开力度，并且针对不同的信息类型划分出相应的版块，使公众在访问法院网站的时候能够一目了然。重视"网上法院"建设，可以实现民意沟通与司法公开的融合互动。从网上司法公开系统的构成要素看，司法公开系统应该包括两部分，即向公众开放系统和向当事人开放系统。向公众开放系统中，可包括诉讼指南、立案信息、开庭公告、庭审现场、执行信息、鉴定拍卖、裁判文书、典型案例、重大案件审判情况等审判信息，非涉密司法统计数据、审判工作报告、工作动态信息、法院人员状况、

---

① 公正司法的完美结果当然是合理合法的统一，但是有时两者不能兼顾，则应坚持"合法优于合理"的原则。

规范性文件、新闻发布等审务信息;向当事人开放的司法公开系统中,可包括案件流程查询、电子阅卷等。无论哪一个系统,均应设置公众评价模块,随时收集民众对司法公开工作的评价、意见和建议,实现以民主促司法、以司法促民主。

（二）促进社会公平正义

公平正义是法治社会的重要标志。司法作为社会公正的最后防线,具有维护社会公平正义的功能。因此,如果司法是公正的,即使社会上存在着不公正的现象,亦可通过司法来矫正和补救,使社会公正得以恢复;但如果司法丧失公正,就会纵容和放大了社会不公,更会造成社会公平正义底线的严重损害,整个社会就没有公正可言了。从这个意义上讲,司法公正是维护和实现社会公平正义的基础条件和底线保障。《中共中央关于全面推进依法治国若干重大问题的决定》提出,要构建开放、动态、透明、便民的阳光司法机制,要推进审判公开,依法及时公开司法依据、程序、流程、结果和生效法律文书,加强法律文书的释法说理,建立生效法律文书统一上网和公开查询制度,这既是对人民法院近年来司法实践中的一些有益探索的充分肯定和经验总结,也对今后这方面的工作提出了更高的要求和期待,相信对杜绝司法暗箱操作、以公开促公正会起到巨大的推动作用。司法公正是人类进入文明社会以来解决纠纷的一种法律理想和信仰,也是依宪治国和依法治国的崇高目标。公正是司法的最高价值,司法公正是实现法治的保证,也是司法中立的基础和原因。法律的生命在于它的执行,只有司法公正,才能树立法律的权威,才能确保国家的政治安定和社会稳定;只有司法公正,才能维护法律的尊严,才能保证社会主义市场经济健康、有序发展;不公正的司法,则是对法治的否定和背叛,是司法权滥用的结果,它不仅混淆了是非,而且会造成人们对法律权威性的怀疑,从而使得依宪治国和依法治国无从谈起。要依宪治国和依法治国、建设社会主义法治国家,法律权威无疑是个核心问题。树立法的权威性有赖于完善的制度,通过制度保障法的尊严,发挥法的作用,实现法的价值;通过制度来限制人的随心所欲,规范人的行为,避免"人治"对法的权威性的损害。司法执法制度是法的权威性能否树立的关键,司法公正与法的权威性有着直接的关系。正如习近平总书记在《关于〈中共中央关于全面推进依法治国若干重大问题的决定〉的说明》中所说的那样:"司法是维护社会公平正义的最后一道防线。我曾经引用过英国哲学家培根的一段话,他说:'一次不公正的审判,其恶果甚至超过十次犯罪。因为犯罪虽是无视法律——好比污染了水流,而不公正的审判则是毁坏法律——好比污染了水源.'这其中的道理是深刻的。如果司法这道防线缺乏公信力,社会公正就会受到普遍质疑,社会和谐稳定就难以保障。因此,全会决定指出,公正是法治的生命线;司法公正对社会公正具有重要引领作用,司法不公对社会公正具有致命破坏作用。"①这一告诫是发人深省的,它告诉人们:司法不公会带来怎样的恶果。

(三) 维护社会安定有序

法治社会是宪法和法律主导下的有序社会,但这一命题并不意味着法治社会是不存在矛盾和冲突的社会。一个无可辩驳的历史事实是:有人类社会,就有冲突和矛盾。这种冲突和矛盾不管以什么方式表现出来,背后都隐藏着利益,分别仅仅在于是个人利益还是阶级利益、种族利益、国家利益或其他利益。正如马克思所说:"人们为之奋斗的一切,都同他们的利益有关"。② 也就是说,利益冲突是当事人各方产生纠纷和争执的主要事由,而一定的社会秩序,既是法律和司法的基本价值之一,又是社会生活的必要条件。秩序与冲突的对立统一便成为社会进步的直接动力。"冲突本身并不会彻底根除。冲突实际上会产生许多能使人类生活更具实际意义的东西。没有冲突,社会就会呆滞,就会灭亡。关键在于社会必须对冲突进行适当的调节,使冲突不以将会毁掉整个社会的暴力方式而进行。"③在一个利益分化和利益主体多元化的社会中,一个好的制度往往并不是表现为其中没有或很少有矛盾或冲突,而是表现为它能够容纳矛盾与冲突,在矛盾和冲突面前不至于显得束手无策或过于脆弱,同时能够表现出很强的解决冲突与纠纷的能力。在真正的法治社会中,政治冲突和矛盾往往可以通过司法和准司法途径得以解决而成功地避免政治危机,④至于通过普通司法程序解

---

① 习近平.关于《中共中央关于全面推进依法治国若干重大问题的决定》的说明[J].北京:求是,2014(21).16—23.

② 马克思恩格斯全集:第一卷[M]1北京:人民出版社,1995.187.

③ 戴维·米勒.布来克维尔.政治学百科全书[M].北京:中国政法大学出版社,1992:377.

④ "布什诉戈尔案"就是一个很好的例证。2000年美国总统大选的两位主角是共和党的小布什(George W.Bush)和民主党的戈尔(Albert Gore)。当时,两党均拿下了自己的"票仓州",只剩佛罗里达州成为胜负关键。佛州选举法规定,如果候选人所得的选票差距在0.5%以内,各选区(县)选举委员会必须重新机器计票一次。2000年11月8日下午,佛罗里达州完成计票工作,布什仅比戈尔多得1784张选民票(相当于佛罗里达选票总数的0.0299%)。于是,戈尔及其支持者要求重新计票,布什自然反对,官司一直从佛罗里达的地方法院打到联邦最高法院。最高法院以5:4作出裁定:"推翻佛州最高法院命令继续人工计票的决定。"

决各类经济纠纷自不待说。

法治社会是宪法和法律主导下的有序社会,这个命题只是意味着法治社会拥有一套有效处理和化解矛盾冲突的社会机制,司法就是这种社会机制的重要构成部分。

对于大量一般性的社会矛盾和冲突的化解,很大程度上取决于当事人的诉求能够得到充分表达,正义能够得到伸张,"努力让人民群众在每一个司法案件中感受到公平正义"。① 司法公正是化解矛盾冲突的有效方式,公正的司法过程恰恰具有让当事人充分表达诉求、使正义得以伸张的功能。司法机关通过彰显司法公正,充分发挥法对社会的调控功能,依法妥善处理矛盾和冲突,及时消除社会紧张关系,维护和谐的社会秩序。如果司法不公,即使司法裁判可以靠国家强制力来执行,也只能是权宜之计,社会的矛盾和冲突不仅不会得到有效解决,反而可能越来越激烈。因此,实现社会安定有序,需要以司法公正为保障。

三、司法公正必备条件

司法公正虽然在依宪治国中具有不可替代的功能,但实现司法公正离不开一定的条件,这些条件主要是宪法法治条件、独立行使司法权的体制条件以及司法人员综合素质和司法机关内部审判机制要件。

(一) 宪法法治条件

列宁曾经说过:"宪法就是一张写着人民权利的纸。"②司法公正的最低要求和最重要内容是保障公民的基本权利得以实现。建立和健全中国特色的社会主义法治体系,是实现社会真正和谐以及司法公正必然的政治选择。依宪治国以宪法为前提,以民主政治为核心,以法治为基石,以保障人权为目的。科学完备的宪法和法律只为实现司法公正提供了理论前提,所以要真正实现司法公正,还必须使既定的宪法和法律付诸实践。依法治国,从根本上讲就是依宪治国,"坚持依法治国首要坚持依宪治国,坚持依法执政首要坚持依宪执政"。③ 公民的基本权利和自由就是最基本的人权,宪法的使命和目的在于确认和保障人权,

---

① 中共中央关于全面推进依法治国若干重大问题的决定[J].北京:求是,2014(21).3-15.
② 中央编译局.列宁全集第12卷[M].北京:人民出版社,1987.50.
③ 中共中央关于全面推进依法治国若干重大问题的决定[J].北京:求是,2014(21).3-15.

而公民基本权利和自由的真正实现也就达到了最基本、最重要的司法公正。

全面推进依法治国,首先是依宪治国;依法执政,关键是依宪执政。依宪治国,就是要用宪法约束公权力,把公权力关进宪法制度的笼子。依宪执政,要求党必须实现执政方式的转变,要求党必须在宪法法律范围内活动,不能拥有任何超越宪法和法律的特权。依宪执政,要求党领导立法、保证执法、带头守法,任何组织与个人都不能凌驾于宪法和法律之上;任何权力都要受到宪法和法律的约束,不能允许任何人以权代法、以权压法、以权废法。依宪执政,要求领导干部要运用法治思维和法治方式深化改革、推动发展,化解矛盾,维护稳定。依宪执政,要求执政党要学会运用法治思维和法治方法,要让法治在改革中发挥引领和推动的作用。此外,按照依法执政的要求,各级党组织从方向和组织上实现对政法工作的领导,但在具体工作中,要理顺党委政法委和司法机关之间的关系,支持司法机关依照宪法法律独立行使职权,而不能非法干预,甚至越俎代庖。

(二) 独立行使司法权的体制条件

这里所谓独立行使司法权的体制条件,包括司法机构独立和司法审判独立两个方面。宪法第一百二十六条虽然规定"人民法院依照法律规定独立行使审判权",但该条规定以列举的方式将不得干涉司法的主体局限为行政机关、社会团体和个人,这明显是宪法的硬伤。但是退一步讲,这种表面看来瑕疵明显的规定倒也符合我国国情,因为在我国独立行使司法权的主要威胁来自政府,[①]而政府对司法的干预显然有悖于法治这一时代主流。正如哈耶克曾说:"法治的意思就是政府在一切行动中都受到事前规定并宣布的规则的约束。"[②]有学者将宪法至上原则、司法独立原则、司法和执法官员的"绩优"选拔和考评原则归纳为法治的三大原则。[③] 不论是西方自由政体的国家,还是非西方国家,独立和公正都是模范司法体系必须遵循的原则。[④] 这是因为,"对于司法权而言,在失去独

---

① 纯粹意义上的社会团体几乎不能对司法独立施加什么影响(受政府控制作为延伸意义上"政府机构"的社会团体不在此列),而一般个人也难以左右司法裁判的走向(作为政府官员的个人或与之有密切关系的其他个人也不在此列)。

② [英]哈耶克著王明毅译.通往奴役之路[M]北京:中国社会科学出版社,1999.73.

③ 潘维.法治与"民主迷信"——一个法治主义者眼中的中国现代化和世界秩序[M].香港:香港社会科学出版社有限公司,2003.143-146.

④ 王利民.司法改革研究[M].北京:法律出版社,2002.109—111.

立决策权的同时,失去了独立承担责任的义务".① 当前,司法领域存在的主要问题是司法不公、司法公信力不高,一些司法人员作风不正、办案不廉,办金钱案、关系案、人情案,"吃了原告吃被告",等等。司法不公的深层次原因在于司法体制不完善、司法职权配置和权力运行机制不科学、人权司法保障制度不健全。党的十八届三中全会针对司法领域存在的突出问题提出了一系列改革举措,司法体制和运行机制改革正在有序推进。党的十八届四中全会《决定》在党的十八届三中全会《决定》的基础上对保障司法公正做出了更深入的部署。比如,为确保依法独立公正行使审判权和检察权,党的十八届四中全会《决定》规定,建立领导干部干预司法活动、插手具体案件处理的记录、通报和责任追究制度;健全行政机关依法出庭应诉、支持法院受理行政案件、尊重并执行法院生效裁判的制度;建立健全司法人员履行法定职责保护机制;等等。为优化司法职权配置,党的十八届四中全会《决定》提出,推动实行审判权和执行权相分离的体制改革试点;统一刑罚执行体制;探索实行法院、检察院司法行政事务管理权和审判权、检察权相分离;变立案审查制为立案登记制;等等。

(三) 司法人员素质和司法机关内部审判机制条件

2001 年中央颁布的《公民道德建设实施纲要》中提出了"爱岗敬业、诚实守信、办事公道、服务群众、奉献社会"的二十字职业道德规范,是所有从业人员应具备的基本道德素养,当然也适用于所有司法人员的职业道德——司法道德。司法道德是一个相对独立的职业道德体系,它要求从事司法工作的人员必须具备公正、廉洁、宽容、耐心、人权意识等性格特征,刚正不阿、不畏权势、法律至上的理念和崇高的人格魅力;具有强烈的社会良知和社会责任感;不仅要具备社会公德的一般要求,还要有作为国家公务人员所应具备的政治道德和公务道德,更需具备司法系统人员所特有的道德要求和品格标准。司法人员的职业技能、职业伦理和职业道德等综合职业素质,是实现司法公正的主体条件。2009 年 9 月通过的《中华人民共和国检察官职业道德基本准则(试行)》和 2010 年 12 月发布的《中华人民共和国法官职业道德基本准则》规定了司法职业道德的具体内容,为提高司法人员素质提供了指南。

完善司法机关内部审判独立机制,是保障司法独立和司法公正的基本要素。

---

① 田科.深化司法改革,实现司法公正[J].北京:人民司法 2001(5).4.

具体而言,首先,法官是法院的最小构成单元和行使司法权的最基本主体,所以依法独立审判最本质的含义就是法官依据职权独立行使审判权;其次,院长、审判委员会、庭长应依法行使司法监督权。没有监督的权力必然会导致腐败,所以法官的司法活动应该而且必须置于法院内部有关机关和人员的监督之下。

四、影响司法公正的因素

目前在我国,与依宪治国相适应的司法公正还远远没有实现。这种司法公正的缺失,原因是多方面的,但主要是体制因素、主体因素、文化心理因素。

(一) 体制因素

体制因素主要表现在以下三个方面:(1)法院的宪法地位"虚位化"。现行宪法第一百二十六条虽然规定"人民法院依照法律规定独立行使审判权,不受行政机关、社会团体和个人干涉"。但实际上,该宪法条款根本没有实现,主要表现在:第一,人民法院的人事权、财政权、物资配备权由党委和政府控制和支配。第二,很多地方党政机关领导人法律意识淡漠,习惯于把法院当作其下属部门看待,甚至以言代法,以权压法,干预案件审理。正是因为如此,党的十八届四中全会《决定》提出,"建立领导干部干预司法活动、插手具体案件处理的记录、通报和责任追究制度。任何党政机关和领导干部都不得让司法机关做违反法定职责、有碍司法公正的事情,任何司法机关都不得执行党政机关和领导干部违法干预司法活动的要求。对干预司法机关办案的,给予党纪政纪处分;造成冤假错案或者其他严重后果的,依法追究刑事责任"。① (2)审判权的分散行使。司法的专属性要求审判权只能由法院行使,但是我国有关法律规定却违反了这一原则。2012 年新修改的《中华人民共和国刑事诉讼法》第一百七十三条第二款规定:"对于犯罪情节轻微,依照刑法规定不需要判处刑罚或者免除刑罚的,人民检察院可以做出不起诉决定。"但是,是否"不需要判处刑罚或者免除刑罚"属于判断权(审判后进行司法判断)范畴,该条规定的"不起诉"实际上是检察官行使了法官的判断权——是否需要判处刑罚或者免除刑罚,应该以法官的判决或裁

---

① 中共中央关于全面推进依法治国若干重大问题的决定[J].北京:求是,2014(21).3-15.

定为准。(3)传统审判模式的制约。最突出的表现是:法院审判案件时沿用行政管理方式,在案件审理中实行庭长、院长审批定案的做法,导致"审者不判,判者不审"的不合理现象。这种模式,不能保持司法的中立性,甚至会做出有损当事人合法权益的判决,严重影响司法公正。正是因为如此,党的十八届四中全会《决定》明确提出,"推进以审判为中心的诉讼制度改革,确保侦查、审查起诉的案件事实证据经得起法律的检验。全面贯彻证据裁判规则,严格依法收集、固定、保存、审查、运用证据,完善证人、鉴定人出庭制度,保证庭审在查明事实、认定证据、保护诉权、公正裁判中发挥决定性作用。明确各类司法人员工作职责、工作流程、工作标准,实行办案质量终身负责制和错案责任倒查问责制,确保案件处理经得起法律和历史检验"。①

(二)　主体因素

"由于法律专门化程度的提高,法律将越来越多地体现为一种专门的技术知识。"②司法能否体现公正,法官素质是关键。目前,从整体上看,我国法官素质尚不完全适应独立审判的需要。有的法官在权势、金钱、女色面前站不住脚跟,甚至变成某些人捞取非法利益的工具。让这样的法官行使审判权,独立审判和司法公正就会成为虚无缥缈的"水中花"和"镜中月"。面对这样的情形,很多学者津津乐道的一个话题便是"法官职业化"。这种提法体现了我国法治建设和司法改革中一种反思性、批判性的视点转换:从一味地注重"规则因素"、强调建规立制,转换为对变动不居的"人的因素"的重视。"徒法不足以自行"这一古训在新的时空条件下复苏于人们的记忆,不仅体现了在任何类型的社会治理模式中都包含了规则因素和人的因素以及两种因素之间一种内在的逻辑关联,而且反映了在我国当前的社会发展和法治进程中人们正在寻求并努力建立两种因素之间新的动态平衡关系。

(三)　文化心理因素

我国传统法律文化中重行政轻司法、重效率轻公平的思想观念根深蒂固,表现在权力格局中就是行政权具有绝对优势,司法权多方受制,以致宪法中"不受行政机关干涉"的明确规定根本难以落实。行政本位的思想观念在司法机关建

---

① 中共中央关于全面推进依法治国若干重大问题的决定[J].北京:求是,2014(21).3-15.
② 苏力.法律活动专门化的法律社会学思考[J]北京:中国社会科学,1994(6).12.

设和司法"官员"意识中有着很深的影响力。① 诸如司法机关、司法"官员"一律
套用行政级别,法院内部按照行政首长负责制决定办案事务,乃至法官判案要听
从于并未直接审理案件的庭长、院长等"行政长官"。尽管"依法治国"作为治
国方略早已"写入宪法",但是现实中依然普遍存在着轻法治、重"关系"的人
治情结和心理定势。因此,相关配套法律制度很难建立起来或发挥作用,司法
机关也很难理直气壮地独立司法,外界对司法的干涉也就必然无孔不入、肆无
忌惮。

五、司法公正的切入点

（一）以先进司法理念引领司法实践

"司法公正"离不开先进司法理念的引领。在现代社会,先进司法理念意味
着公平、正义和保护人权的司法理念。宪法和法律是司法机关处理案件的唯一
标准,公平、正义是司法人员最根本的职业准则,而保障人权则是宪法和法律赋
予司法机关的法定义务。笔者不赞成将"效率"与公平正义相提并论的做法,因
为"效率"与公平正义不是两个平行的概念和价值,而有主次之分,正像罗尔斯
主张正义对效率和福利的优先性一样。② 由此看来,的确应当摒弃一些司法机
关与司法人员的所谓"效率观",③因为"效率"是经济发展的理念,民主是政治
领域的理念,司法的理念就应当是依法维护公平、伸张正义,进而实现社会和谐。
还应当强调,"八二宪法"的第四次修改,已经明确写入"国家尊重与保障人权",
这表明保护人权已经成为我国司法系统的重要任务。确立保护人权的理念,就
是要立足于尊重人权,切实维护人权,进而确立依法办案、无罪推定的司法原则。
唯有如此,司法公正才能建立在科学、理性的司法理念之上。

---

① 尽管严格说来,司法人员不应该被称为"官员",但在"官本位"传统法律文化的影响下,人们习
惯将司法人员看作是"官",而且《中华人民共和国公务员法》将司法人员纳入公务员范畴并设
定与行政机关相同的职务与级别序列。

② 沈宗灵.现代西方法理学[M].北京:北京大学出版社,1992.104.

③ "10分钟判决"就是一个"效率 VS.公正"的典型例证。据人民网2003年3月24日报道,重庆
法院对适用简易程序审理的刑事案件,只要被告人自愿认罪,法庭对证据做出简要说明后,就
可以直接对被告人进行判决,而不需要再像过去那样宣读或出示证据,并由被告人予以质证后
才能进行判决。法院人士表示,按这种方式操作,一个案件在10分钟左右就可审理完毕。"10
分钟判决"效率之高有目共睹,但却有悖于"对一切案件的判处都要重证据,重调查研究,不轻
信口供"之刑事诉颂法原则。

（二）以程序促公正

程序是实现公正的重要手段和保障。在司法领域,与实体法规范平行对应的诉讼程序则是对诉讼结构中各个环节、各种要素进行规制使之达到一种相互协调状态的体现,它蕴含着对各种利益合理表达、权利妥当行使、主体各安其位的理性追求。程序法的宗旨在于约束司法权,防止法官的恣意妄为与权力滥用,从而保护当事人的程序权利,促进社会正义的实现。① 程序公正意味着程序的协调、安定,有助于实现程序应有的民主、文明、效率、公平的价值,是依宪治国和法治的题中应有之义,也是社会和谐大系统的重要组成部分。"程序正义思想的精髓,是当事人诉讼权利对司法权力的公然和合法的遏制,它也是近代以来司法民主化的核心内容。"②因此,要实现"司法公正",就必须"建立统一协调、逻辑严密、普遍有效、健全而自治的法律规则体系;确立程序公正理念,赋予程序以公正、中立、参与、平等、理性、公开、反思等应有的内在价值;培养公权力主体、司法执法主体和社会成员的普遍守法精神与程序正义观念,并努力提高司法执法人员适应法治要求的职业和道德素质,进而确立程序公正的价值和功能的实现机制。"③

（三）以实体促和谐

对司法来说,程序意义固然不能忽视,但实体意义却更加重要,因为前者只是手段,后者才是目的。实体公正是司法裁判的灵魂,是审判工作追求的终极价值目标。公正裁判所体现出的个案公正既是实现社会公平正义的重要基础,又是依宪治国和法治社会的必要途径。

司法的公信力、权威性很大程度上来源于裁判公正,其具体表现就是当事人服判息诉。这种表现的实质,就个体而言,当指各方当事人对裁判结果的认可;就群体而言,当指社会对裁判结果的广泛同意。前者是主观标准,后者是客观标准,一般而言两者应是统一的,然而出于利益的复杂性,有时两个标准会出现冲突。尤其是在人们对自我的认识愈来愈过于自信、藐视一切的现象明显增多的情况下,要使矛盾尖锐的双方当事人在利益此消彼长的情况下均对判决表示满

① 江伟.中国民事诉讼法专论[M]北京:中国政法大学出版社,1998.229.
② 吕世伦.法理念探索[M].北京:法律出版社,2002.54.
③ 马长山.国家、市民社会与法制[M].北京:商务印书馆,2002.275.

意几乎不可能,所以就必须依赖客观标准——社会广泛认同来评判裁判结果,这也是消解纠纷实现和谐的应有态度。

第二节　体制内的司法改革

"体制内的"这一定语,意味着我们所谓司法改革不是"另起炉灶",不是"推倒重来",也不是与现行政治体制相撞的冒失"改革"。一言蔽之,"体制内的司法改革"意味着我们讨论的司法改革是置于十八届四中全会划定的蓝图之中且与依宪治国和依法治国总目标并行不悖的改革,意味着我们所谓改革是"在中国共产党领导下,坚持中国特色社会主义制度,贯彻中国特色社会主义法治理论,形成完备的法律规范体系、高效的法治实施体系、严密的法治监督体系、有力的法治保障体系,形成完善的党内法规体系,坚持依法治国、依法执政、依法行政共同推进,坚持法治国家、法治政府、法治社会一体建设,实现科学立法、严格执法、公正司法、全民守法,促进国家治理体系和治理能力现代化"。[①] 同时应该看到,基于现实国情,我国的司法改革只能是渐进式的,任何脱离现实国情的冒进"改革"都可能引起社会震荡而背离司法改革的终极目标。

一、全球化背景下的司法改革

当代以经济全球化为先导的全球化运动给法律制度带来了深刻变化,因为法律作为文化现象不可能脱离社会而存在,法律思维方式的全球化正是全球化运动不可分割的一部分。同时,世界各国司法都面临着诉讼迟延、成本较高、整体运行效率低下等共同问题,所以自20世纪开始,世界很多国家即开始了一系列影响深远的司法改革。

在很长一段时期,英国一直奉行彻底的当事人主义,法官在诉讼中角色十分消极,作用极为有限,英国法官也常以此为荣。但是进入20世纪以来,英国司法诉讼制度固有弊端日渐突出,所以早在1953年拉蒙德·埃弗西爵士等法律界人士就直言不讳地建议改革"现行法院规则"。1998年12月,英国公布了《司法现

---

① 中共中央关于全面推进依法治国若干重大问题的决定[J].北京:求是,2014(21).3-15.

代化》白皮书,阐述了政府对民事司法改革的一般性观点。

　　作为奉行彻底的当事人主义的另一西方大国,美国司法制度长期以来存在两个问题:一是诉讼迟延,二是费用高昂。因此自 20 世纪 80 年代以来,美国对联邦民事诉讼规则先后进行了几次大的修改,1986 年美国法律协会提出了简化民事诉讼和降低诉讼费用的具体建议,1990 年美国联邦法院研究委员会也成立类似组织,针对民事诉讼制度尤其是联邦民事诉讼制度进行讨论。作为大陆法系国家的代表,德国民事司法改革始于 20 世纪 70 年代,其指导思想比较明确,即在审判机构和审判人员数量有限的情况下,保证在合理的期间内完成对数量不断增加的诉讼案件的及时和充分审理,同时将成本耗费控制在国家可以承受的范围内。意大利则从 20 世纪 70 年代开始对民事诉讼制度进行改革,主要是扩大适用简易裁决的范围以替代普通诉讼程序,以应付越来越重的案件压力。在我国台湾地区,目前民事诉讼制度仍以 1935 年南京政府颁布的民事诉讼法为基础,但已历经多次修改,而最近一次修改则在 1999 年 2 月 3 日,主要针对调解程序、简易程序以及人事诉讼程序进行修正并增加小额诉讼程序,遂使民事诉讼程序日臻完备。

　　国家司法体制作为一种组织制度,从本质上说是对国家司法权力和职能的一种授予和配置,而司法权作为一种运用法律裁判案件的权力,则在于其必须具有中立性、正当性和终极性。因此,确立司法体制,就必须满足司法权的这一特质,只有确立了这样一种体制,才有可能保证司法权的良性运行和司法职能的正常发挥。世界上法制比较健全的国家,基本都是按照司法权的这一特质来构建其司法体制的,它们的司法实践也有力地证明了按照这一特质构建的司法体制是完全适合司法工作的本质要求和内在规律的,是行之有效的。然而,深入分析我国现行司法体制的结构就会发现,它与其本应具有的中立性、正当性、终极性的本质要求是有相当差距的。所以,对于我国现行的司法改革,我们既可以认为是世界性大趋势的一部分,也可以认为是顺应司法体制本质规定性的客观必然。

　　不存在绝对完善或永远完善的司法制度。任何一个国家的司法制度即使原来形成的时候是"完善"的,但随着社会进步和发展,也会落后于现实需要,从而由"完善"到"不完善"。因此,司法改革是世界各国面临的共同性问题。作为一个大力推进依宪治国和依法治国的发展中国家,中国自不例外。

二、司法改革的价值目标

司法改革必须稳妥、渐进,我国司法改革的务实思路应当是立足于现行政治体制,以维护社会整体利益为价值目标。为此,应科学地制定和设计体制内司法改革目标蓝图,立足本国,适度借鉴西方社会业已成熟的法治经验,使我国的司法改革逐步走向深入。

司法的价值取向是决定司法体制改革价值取舍的基础。在我国,法官代表国家利益、社会公共利益的理论有着根深蒂固的传统。人们一直认为,司法权本来就是国家权力的一部分,法院只能是国家利益的维护者,当国家、社会和个人利益发生冲突时,法院只能站在国家立场上。然而,20世纪以来,在全球法治主义日盛、权利意识觉醒的时代背景下,国家主义注定了日渐衰微。在法治国家中,国家利益泛指一切国家法律予以保护的利益,也就是说,某一利益,一旦经国家法律规定和确认,就成为国家利益并受法律保护。因此,国家利益不是一个孤立的概念,所有法律保护的利益都可以称之为国家利益。在一个特定的案件或某一纠纷中,法律所保护的国家利益之间会发生冲突,需要法官在不同利益主体之间做出裁定,判断和阐述哪一个利益超出了法律保护的范围。如果在此情况下,法官不分青红皂白地判定所有以国家为主体的利益都必须受法律保护,排斥保护那些非以国家为主体的利益,那么势必既损害了案件中非国家主体一方的具体权益,也破坏了法律的威严,更长远地说,也滋生了可能危及社会和谐的潜在因素。因此,并不是只有那些以国家为主体的利益才可以构成国家利益,必须区分国家利益和以国家为主体的利益之间的区别。只有当个人利益、社会利益和国家利益受到同样保护,才可以说该社会是一个民主、法治、和谐的社会,才是在更深刻的意义上维护国家整体利益。所以,司法的任务就在于站在中立的立场上对纠纷进行裁断,在涉及国家利益的是非中,不能为了以国家为主体的一方的利益而忽视甚至损害个人和社会的利益。在我国目前正在进行的司法体制改革中,尤其应该注意这方面的问题,应把维护社会整体利益作为司法体制改革的价值目标。只有如此,才能发挥司法在维持社会和谐方面的盾牌功能。

三、司法改革的务实思路

2015年4月,中共中央办公厅、国务院办公厅印发了《关于贯彻落实党的十八届四中全会决定进一步深化司法体制和社会体制改革的实施方案》(以下简称《实施方案》)。《实施方案》中,84 项改革举措着眼于在解决深层次体制机制问题上取得实质性进展,敢于"啃硬骨头",突破利益格局的藩篱,逐项明确了责任单位、工作进度和成果要求,为进一步深化司法体制和社会体制改革绘就了路线图和时间表。

党的十八届四中全会提出的 190 项重大改革举措中,有关进一步深化司法体制和社会体制改革的有 84 项,主要体现在三大方面:一是在保证司法公正、提高司法公信力方面共有 48 项改革举措,重点包括探索建立检察机关提起公益诉讼制度,实行办案质量终身负责制和错案责任倒查问责制等;二是在增强全民法治观念、推进法治社会建设方面共有 18 项改革举措,重点包括把法治教育纳入国民教育体系和精神文明创建内容,完善守法诚信褒奖机制和违法失信行为惩戒机制等;三是在加强法治工作队伍建设方面共有 18 项改革举措,重点包括完善法律职业准入制度,加快建立符合职业特点的法治工作人员管理制度,建立法官、检察官逐级遴选制度等。统计分析可以发现,84 项改革措施中近 6 成旨在确保司法公正。这说明,司法公正是司法改革的"重中之重"。

《实施方案》堪称我国司法体制改革史上的里程碑,对于进一步深化司法体制和社会体制改革必将产生全面而深刻的影响。《实施方案》对进一步深化司法体制和社会体制改革做出了全面系统的规划,将党的十八届四中全会提出的有关司法体制和社会体制改革 84 项举措逐项具体化,明确工作进度和时间节点,提出可检验的成果要求,提升了改革举措的可操作性。按照《实施方案》的时间安排,这些改革举措都要在 2015 年至 2017 年的三年内出台具体落实的政策和措施。

(一)　内外"双管"齐下防范司法"打招呼"

一直以来,一些领导干部出于个人私利或地方利益、部门利益,为案件当事人请托说情,对案件处理提出倾向性意见或者具体要求,甚至以公文公函等形式,直接向司法机关发号施令,以言代法,以权压法。一些司法机关内部人员利用上下级领导、同事、熟人等关系,通过各种方式打探案情、说情、施加压力,非法干预、阻碍办案,或者提出不符合办案规定的其他要求。这些现象的客观存在,严重影响了司法公正。只有将排除外部干预与加强内部监督相结合,建立一整套的防止干预司法的制度体系,才能从根本上解决司法机关和司法人员受各种因素非法干扰,办权力案、关系案、人情案的问题。因此,《实施方案》要求建立领导干部干预司法活动、插手具体案件处理的记录、通报和责任追究制度,确保司法机关依法独立公正行使职权。建立司法机关内部人员过问案件的记录制度和责任追究制度,防止司法机关内部人员干预其他人员正在办理的案件。

（二）用符合职业特点的管理制度留住人才

长期以来,我国对司法人员等法治工作人员实行与普通公务员基本相同的管理模式,不能充分体现法律职业特点,不利于把优秀人才留在法治工作第一线。因此,需要进一步推动实施人员分类管理制度改革,建立法官检察官员额制、专业职务序列和单独薪酬制度,强化职业保障,提升职业尊荣感,实现责权利相统一。因此,《实施方案》要求建立符合职业特点的司法人员管理制度改革任务,建立健全法治工作人员管理制度,完善职业保障体系,建立法官、检察官、人民警察专业职务序列及工资制度。

（三）明确错案倒查问责制度启动程序

只有建立符合司法规律的办案责任制,做到"有权必有责、用权受监督、失职要问责、违法要追究",才有助于建设公正高效权威的社会主义司法制度,实现司法公正。因此,《实施方案》要求实行办案质量终身负责制和错案责任倒查问责制的同时,还要求统一错案认定标准,明确纠错主体和启动程序,保证这一制度的顺利实施。

（四）建立立案登记制推行网上立案

2015年4月1日,中央全面深化改革领导小组第十一次会议审议通过了《关于人民法院推行立案登记制改革的意见》。新修改的《中华人民共和国行政诉讼法》已经对立案登记制作出了详细规定:法院在接到起诉状时,对符合起诉条件规定的应当登记立案。不能当场判定的,应接收起诉状,出具书面凭证,七日内决定是否立案。

为解决"立案难"问题,《实施方案》的一个重要举措就是变立案审查制为立案登记制,对人民法院依法应该受理的案件,做到有案必立、有诉必理,保障当事人诉权;建立预约立案制度,因地制宜推行网上立案及其他远程立案方式,方便当事人诉讼;建立对无正当理由不予立案的司法救济机制;加大立案信息的网上公开力度。

（五）探索检察机关提起公益诉讼

当前,很多损害公共利益的行为和事件因为没有主体提起诉讼,而处于"不告不理"的尴尬境地。由于公益诉讼相关法律制度不完善,缺乏明确的程序规定,各地司法机关在探索中做法也不一,不利于公益诉讼工作的规范化开展。因此,《实施方案》要求探索建立检察机关提起公益诉讼制度,对提起公益诉讼的条件、适用范围和程序进行探索,明确公益诉讼的参加人、案件管辖、举证责任分配。

（六）研究论证审判权和执行权"外部分离"

法院作为裁判机关,而裁判内容的执行又主要是行政权的范畴。党的十八届四中全会提出,推动实行审判权和执行权相分离的体制改革试点,由不同部门承担执行权,使审判和执行的分离更加彻底,有助于司法公正。因此,《实施方案》要求实行审判权和执行权相分离的体制改革试点;在总结人民法院内部审执分离改革经验的基础上,研究论证审判权与执行权外部分离的模式。

（七）立法为社区矫正"保驾护航"

社区矫正是与监禁相对的刑罚执行方式,目的是使罪犯在社区中完成改造,适应并顺利回归社会。社区矫正工作从2003年开始试点,目前已经进入全面推进的阶段。据相关数据,我国社区服刑人员已达73.9万人。①《实施方案》要求明确规定社区矫正管理体制、执行程序、矫正措施、法律责任,实现社区矫正制度化、法律化,加快建立监禁刑和非监禁刑相协调的刑罚执行体制;2015年推动制定社区矫正法。

（八）法治教育贯穿国民教育始终

只有知法懂法才会信法用法,进而牢固树立起对法治的信仰,使法治真正融入国家的主流意识形态和核心价值观。把法治教育纳入到国民教育体系是落实全面依法治国的必然要求。《实施方案》明确,把法治教育纳入国民教育体系,2015年制定青少年法治教育大纲,制定在中小学设立法治知识课程的实施方

---

① 据新华网北京2014年11月5日电(记者陈菲、罗沙),司法部副部长张苏军5日说,目前我国社区服刑人员已达73.1万人,从试点的2003年开始到现在,已经累计接收了211.3万人,社区服刑人员矫正期间再犯罪率一直处于0.2%以下的较好水平。详见《司法部:我国社区服刑人员已达73.1万人再犯罪率0.2%以下》,网址 http://news.xinhuanet.com/legal/2014-11/05/c_1113128598.htm。

案;2016 年提出把法治教育纳入国民教育体系的意见,同时把法治教育纳入精神文明创建内容。

四、正当程序下的"公正"

司法改革还有一个容易被忽略的问题,那就是程序公正保障机制。从法学角度分析,程序是从事法律行为做出某种决定的过程、方式和关系。"程序一方面维持法的稳定性和权威性,另一方面又'使无限的未来可能性尽归于一己'。"①虽然人们常常将立法权、行政权、司法权这三种权力行使运作的差别归结为:行政追求效率,立法讲究权衡,司法强调公正,但事实上这种说法有片面性。因为,立法也同样需要强调公正和效率,行政同样不能忽视公正和权衡;而效率也同样是司法不可或缺的,②至于司法裁判对利益的权衡,更是司空见惯的现象。可见,司法不同于立法和行政之处主要在于司法以特定程序为基础实现公正、追求效率、讲究权衡。也就是说,正是司法程序的特殊性,使司法不同于立法和行政。"公正的司法活动是通过科学、合理的程序,正确、及时地适用法律解决争议的过程。"③因此,如果司法改革的目标是提高实现公正的水平、增强追求效率的能力、讲究利益权衡的艺术,那么就应当从完善司法程序入手,将司法程序改革作为司法改革的基础问题。"审判程序和法律应该具有同样的精神,因为审判程序只是法律的生命形式,因而也是法律的内部生命的表现。"④

"正当法律程序"是英美法律中有关程序的最高原则,就正当程序的最低标准而言,它要求:公民的权利义务将因为决定而受到影响时,在决定之前必须给予当事人或利害关系人知情和申辩的机会和权利。对决定者而言,就是履行告知和听证的义务。然而,长期以来,人们对司法的特殊性缺乏认识,将司法混同于行政权力,司法机关也曾被称之为"专政机关"⑤。

法律所选择的司法程序对行政有极强的依附性,几乎没有显示出其特定的方式、方法、专业技术。在司法未脱离行政等国家权力的古代社会,这并不会成

---

① 张文显.法理学[M].北京:高等教育出版社、北京大学出版社,2002.343.
② 所谓"迟来的正义是非正义"这句针对司法的谚语,鲜明地揭示了司法应追求效率的特点。
③ 李龙.法理学[M].北京:人民法院出版社、中国社会科学出版社,2003.401.
④ 马克思恩格斯全集第一卷[M].北京:人民出版社,1956.178.
⑤ 郭道辉.毛泽东邓小平治国方略与法制思想比较研究[J].北京:法学研究,2000(2).20.

为问题。古代入仕儒士虽然读的只不过是圣贤之书,但其行司法之权却并不会产生什么问题。原因就在于,古代司法并没有现代意义上的特殊程序以及由此而来的特定方式、方法。程序,是时代发展对司法提出专业化要求的结果。行政与司法合一,法官与大夫通行,这在今天看来是不可思议的事,但在古代则并不反常,显然是因为古代的司法专业化水平与现代大不相同。如果今天的司法专业化水平仍然像古代那样低下,那么要求执掌司法权的应是法律专业人士就显得毫无意义,而所谓"法律专业人士"不仅意味着其精通实体法,而且意味着其深谙程序法。因此,只有在司法强调其特殊的程序以及由此而来的特定方式、方法之时,对司法人员素质的特别要求、司法体制的专门设置等才会是有意义的。司法程序的完善因此是司法改革的基础问题。

应当指出,司法绝不仅仅是个对案件事实的认识问题,而是一个按照特定程序、根据法律规定认定和裁判事实的问题。换句话说,司法程序具有极强的专业性这一命题并不主要是指认识事实、判断事实的技术意义而言,而是指其在认识事实、判断事实时有法律程序意义上的特殊性。例如,证据规则作为程序规则,一方面应以科学意义上的认识事实、判断事实的方法为基础,另一方面还应以司法程序的特殊要求为基础。后者是指:基于司法公正、效率、权衡所提出的要求,如果搜集证据违反法定程序,那么即使所获得的证据符合科学意义上的认识要求,该证据也不能作为定案的根据——这也就是所谓"非法证据排除"。

"非法证据排除"是正当程序的题中应有之义。1994 年 9 月世界刑法学会第十五届代表大会通过的《关于刑事诉讼中的人权问题的决定》第十条规定:"任何侵犯基本权利的行为取得的证据,包括派生出来的间接证据,均属无效"。联合国 1984 年通过、我国 1986 年签署的《禁止酷刑和其他残忍、不人道或侮辱人格的待遇或处罚公约》第十五条规定:"缔约国家应确保在任何诉讼中,不得援引任何业经确认系以酷刑取得的口供为证据。"我国现行宪法第十三条规定:"公民的合法的私有财产不受侵犯。"第三十七条第三款规定:"禁止非法拘禁和以其他方法非法剥夺或者限制公民的人身自由,禁止非法搜查公民的身体。"第三十九条规定:"中华人民共和国公民的住宅不受侵犯。禁止非法搜查或者非法侵入公民的住宅。"第四十条规定:"中华人民共和国公民的通信自由和通信秘密受法律的保护。除因国家安全或者追查刑事犯罪的需要,由公安机关或者检察机关依照法律规定的程序对通信进行检查外,任何组织或者个人不得以任何理由侵犯公民的通信自由和通信秘密。"2012年新修改的《中华人民共和国刑事诉讼法》第五十条规定:"审判人员、检察人员、侦查人员必须依照法定程序,收集能够证实犯罪嫌疑人、被告人有罪或者无罪、犯罪情节轻重的各种证据。严禁刑讯逼供和以威胁、引诱、欺骗以及其他非法方法收集证据,不得强迫任何人证实自己有罪。必须保证一切与案件有关或者了解案情的公民,有客观地充分地提供证据的条件,除特殊情况外,可以吸收他们协助调查。"第五十四条规定:"采用刑讯逼供等非法方法收集的犯罪嫌疑人、被告人供述和采用暴力、威胁等非法方法收集的证人证言、被害人陈述,应当予以排除。收集物证、书证不符合法定程序,可能严重影响司法公正的,应当予以补正或者做出合理解释;不能补正或者做出合理解释的,对该证据应当予以排除。"由此可见,我国立法对非法取证行为持否定态度,"缺乏程序要件的法制是难以协调运行的"。①

五、司法改革的渐进性

在司法改革的热望中,不少人试图采取"拿来主义",实现司法模式的移植,毕其功于一役,这种愿望无疑是良好的。但是,任何实质性改革的成功均有待于相关社会条件的成熟,条件不具备即意味着某一目的和计划只是"乌托邦"。

我国司法实质性改革面临的主要问题并不在于法律制度本身,而在于支撑制度的条件不具备。因此,目前司法改革只能采取一种渐进的改良方式。不可否认,我国目前司法改革,离不开中国现阶段的国体、政体、历史传统、思想观念、社会发展水平等条件。无视客观条件,试图一蹴而就,简单地采取"拿来主义",囫囵吞枣地接受西方政治学和法学的理论和主张,生搬硬套国外法律制度和条文,只能导致理论与实践脱节,法律条文执行走样。这样,不但不能达到预想的司法改革效果,反而还会因为司法体制过早的或不适当的伤筋动骨和司法环境的陡然变化,影响司法程序正常运作,最终动摇法治权威和稳定。所以,"任何其他国家依法治国的经验都只能作为一个参照系",②或者说"他国法治模式在任何情况下都必然是'参照'"。③ 构建"和谐社会"早已经成为我国当下政治生

---

① 季卫东.程序比较论[J].北京:比较法研究,1993(1).18.
② 郝铁川.论中国社会转型时期的依法治国[J].北京:中国法学,2000(2).14.
③ 姚建宗.法治的多重视野[J].长春:法制与社会发展,2000(6).21.

活的主题词,而"和谐"是一种有序状态——"一种用法律来规定的秩序",①这种秩序离开有效、公正的司法是难以想象的。由此可见,对司法改革,既要充满信心,又要冷静思考,要看到司法改革还缺乏许多主客观条件。这些条件的实现,涉及我国政治体制和经济体制改革、人们思想观念的真正变革以及许多制度性和技术性难题的破解。所以,司法改革面临的难题不可能按照人们的愿望以"拿来主义"的方式予以解决。相反,必须积极稳妥地创造条件,以渐进的方式推进司法改革,逐步实现司法改革的各项预定目标,从而最终达到司法改革的实质性目标,即使司法权真正成为维护社会正义的工具。

第三节　刑事被告人平等权的司法保障

《中华人民共和国刑事诉讼法》由于对公民权利的重要性而被称为"小宪法"。"保障人权"这一宪法原则,2004 年入"大宪法",2012 年又入"小宪法"。人权的本质特征和要求是自由和平等,人权的实质内容和目标是人的生存和发展。人权完整的意义是人自由、平等地生存和发展的权利,或者说是人基于生存和发展所必需的自由、平等权利,而保障公民基本的自由权利不被侵害,成为新《刑事诉讼法》的重要内容。2012 年新《刑事诉讼法》第二条载明"中华人民共和国刑事诉讼法的任务,是保证准确、及时地查明犯罪事实,正确应用法律,惩罚犯罪分子,保障无罪的人不受刑事追究,教育公民自觉遵守法律,积极同犯罪行为作斗争,维护社会主义法制,尊重和保障人权,保护公民的人身权利、财产权利、民主权利和其他权利,保障社会主义建设事业的顺利进行。"在总则中明确规定"尊重和保障人权",立法者对人权保障的重视程度可见一斑。我们看到,立法者并没有将"尊重和保障人权"停留在口号上,从《刑事诉讼法》具体条文规定中我们可以看到,"人权"充分落实在当事人各项诉讼权利上。比如,在辩护制度中,对犯罪嫌疑人、被告人人权的保护,就充分体现了"人权保障"的要求。2014 年《中共中央关于全面推进依法治国若干重大问题的决定》指出:"加强人权司法保障。强化诉

---

① 康德语,但是康德这里并未使用"和谐社会"一词,只是在谈到国家时认为,国家或"文明的社会组织是唯一的法治社会",在这种国家或组织中,人们过着"一种用法律来规定的秩序"的生活。([德]康德著沈叔平译.法的形而上学[M].北京:商务印书馆,1991.48.)

讼过程中当事人和其他诉讼参与人的知情权、陈述权、辩护辩论权、申请权、申诉权的制度保障。健全落实罪刑法定、疑罪从无、非法证据排除等法律原则的法律制度。完善对限制人身自由司法措施和侦查手段的司法监督,加强对刑讯逼供和非法取证的源头预防,健全冤假错案有效防范、及时纠正机制。"可见,"人权司法保障"是《决定》的主题词之一。探究"人权司法保障",站在与司法的关联性角度,最理想的选择是以"刑事被告人"作为样本。之所以如此,是因为"刑事被告人"的权利最容易被侵犯、最容易被忽略。刑事诉讼是围绕对被告人是否定罪量刑这一核心主题进行的,所以被告人理应成为刑事诉讼的中心。然而,在我国现行刑事诉讼体制中,较之其他诉讼主体,被告人是地位最低的一方。这种不平等设置是与我国人民当家作主的社会主义体制不相符,也与法治主义精神相悖。因此,分析我国刑事诉讼中被告人地位弱势的根源、正确定位被告人应然法律地位并明确保障被告人平等法律地位的必要性,对促进我国人权保障事业、推进依法治国和依宪治国具有非常重要的意义。

一、"重公轻私"法律传统下被告人弱势地位

从世界法制史看,各国都经历过一个忽视刑事被告人权利的历史阶段。在资本主义社会之前,被告人在刑事诉讼中还不是一个真正意义上的"主体",在诉讼中没有保障自己获得公正对待的必要权利——被告人只是作为刑事诉讼中的"客体"任由法官处理;只是到了 19 世纪控诉式程序被欧洲大陆国家普遍采行以后,被告人在程序法上才开始有独立的法律地位,成为一种诉讼主体。在我国等级森严的古代和近代社会,法是以维护不平等的社会关系作为本质特征,刑事被告人只是"法于法"的对象。① 只是到了现代社会,在日益高涨的人权思潮影响下,被告人法律地位问题才越来越为人们所关注。然而,在我国现行刑事诉讼体制中,被告人地位仍处弱势。究其根源,乃为重"公"轻"私"的法律文化传统和根深蒂固的权力本位意识使然。

在我国现行刑事诉讼体制中,被告人在刑事诉讼中几乎只是司法的客体,其地位是无法同作为司法权力行使者的检察官和法官平等的。我国《民事诉讼法》和《行政诉讼法》都规定了当事人地位平等,而《刑事诉讼法》中没有相关规定。

---

① 　张晋藩.中华法制文明的演进[M].北京:中国政法大学出版社,1999.3.

实际上,在刑事诉讼中只承认公民之间的平等,而作为控辩双方的检察官和被告人的地位是不平等的。在刑事诉讼中,检察官是"裁判的裁判",可以监督法官。在这样的"法律游戏"中,一方只是作为"运动员"的绝对弱势的刑事被告人,另一方则既是"运动员"又是"裁判的裁判"——博弈双方地位的不平等是法定的,检察官是国家权力的化身,刑事被告人只是国家权力行使的对象。

从《刑事诉讼法》规定可以看出,立法者是从国家机关角度、从权力行使者角度来制定规则的。立法赋予了国家机关充分的权力,而对犯罪嫌疑人、被告人权利着墨甚少,且多为义务性规定。更重要的是,对国家机关权力缺乏有效制约机制,而对犯罪嫌疑人、被告人权利缺乏保障机制,重"公"轻"私"之立法价值取向可见一斑。在此价值取向的指引下,刑事诉讼程序的规定多以便于行使权力(包括侦查、起诉、审判权)为目的,即使有些对犯罪嫌疑人、被告人有利的规定,在实践中也难以真正落实。比如,2012年新《刑事诉讼法》第九十二条规定:"人民法院、人民检察院对于各自决定逮捕的人,公安机关对于经人民检察院批准逮捕的人,都必须在逮捕后的二十四小时以内进行讯问。在发现不应当逮捕的时候,必须立即释放,发给释放证明。"第九十三条规定:"犯罪嫌疑人、被告人被逮捕后,人民检察院仍应当对羁押的必要性进行审查。对不需要继续羁押的,应当建议予以释放或者变更强制措施。有关机关应当在十日以内将处理情况通知人民检察院。"第九十四条规定:"人民法院、人民检察院和公安机关如果发现对犯罪嫌疑人、被告人采取强制措施不当的,应当及时撤销或者变更。公安机关释放被逮捕的人或者变更逮捕措施的,应当通知原批准的人民检察院。"第九十五条规定:"犯罪嫌疑人、被告人及其法定代理人、近亲属或者辩护人有权申请变更强制措施。人民法院、人民检察院和公安机关收到申请后,应当在三日以内做出决定;不同意变更强制措施的,应当告知申请人,并说明不同意的理由。"这些对犯罪嫌疑人、被告人的权利保障规定在实践中缺乏有效的操作机制,法院以及检察院是否按照这些规定来做,主动权在于他们自己,犯罪嫌疑人、被告人及其辩护人是不可能据以主张权利的。

虽然新《刑事诉讼法》较之以前强调了对公民权利的保护,在一定程度上限制了国家权力行使的任意性,但从实际效果看,距法治和人权保障的目标还有很大差距,刑事司法实践在很大程度上仍然是由"司法习惯"所驱使,它依然未摆脱打击犯罪的工具面相:在侦查阶段律师仍然很难介入诉讼,刑讯逼供、久押不决、超期羁押的情况仍然存在,庭审走过场的现象也未见有多大改观,非常规化的"严打"或变相"严打"活动仍在根据形势的需要被反复发动,甚至像公开审判这样的现代司法原则——本来是用来监督权力的正当行使——也被置换用以展示犯罪、威慑犯罪。以强制措施规定为例,具体适用取保候审等强制措施的标准基本上是由司法机关自己掌握的,缺乏明确的客观标准,并且对错误采取强制措施的制裁没有明确规定。

对刑事被告人正当权利的忽视是对保护人权目的的逾越,它违背了人民主权原则,违背了国家权力为公民权利服务的社会主义性质。因此,从维护公民权利出发,在刑事诉讼中国家权力不能任意侵犯被告人的合法权利,不能为了司法权行使的便利对被告人、犯罪嫌疑人滥施刑罚。在刑事诉讼中对强制措施的运用只能以必要性为原则,可以不施行就不应施行,可以用监视居住就不应适用羁押。

二、被告人应为刑诉中心并被平等对待

(一) 被告人应是刑事诉讼程序的中心

刑事诉讼中被告人的地位反映着公民在国家中的地位,表现着公民与政府之间、公民权利与国家权力之间的关系,是国家政治体系中的基础问题。实践中及理论上刑事诉讼中各个主体的关系一向是以法官为中心,认为法官拥有庭审指挥权,拥有对案件的最终处理权,理所当然是刑事诉讼的中心——这是从权力角度来审查得出的结论,从对各个主体权力(权利)的比较中认定法官是刑事诉讼中的中心。但在民主社会中,刑事诉讼程序的目的是维护公民的权利,从维护权利这一目的出发,以法官作为刑事诉讼程序的中心显然是不合适的。

从刑事诉讼维护权利的目的来看,法官在刑事诉讼中不存在任何自身利益,这也是刑事诉讼对法官中立性的要求所决定的。在刑事诉讼中,法官只能是纠纷的局外人,其在刑事诉讼程序中的位置只能是中立而不是中心。在具体刑事诉讼程序中,被告人的权利和其他社会成员的权利是刑事诉讼程序要保护的目标。在被告人和检察官之间比较,刑事诉讼中各个主体的活动都是围绕着是否给被告人定罪量刑而展开的,被告人理应是刑事诉讼程序的中心。检察官在刑事诉讼程序中代表的是其他社会成员包括被害人的权利;和被告人相比较,检察官所代表的权利是比较抽象的权利,并不像被告人自己的权利那样真实而具体。

与被告人相比,检察官在刑事诉讼中的角色更具有权力性,刑事诉讼的结果对检察官自身并不具有直接的利害关系。另外,刑事诉讼对被告人权利的处分正是对其他社会成员权利保护的实现。所以,在刑事诉讼中,以被告人作为中心更能够体现出刑事诉讼维护公民权利的目的。

(二)被告人与检察官诉讼地位应该平等

宪法第三十三条第二款规定:"中华人民共和国公民在法律面前一律平等",这是平等权在我国宪法中最基本的规定。在三大诉讼法中,《民事诉讼法》和《行政诉讼法》都明确规定了当事人在诉讼中的地位平等,但《刑事诉讼法》却未规定当事人诉讼地位平等。这种差别,表现出立法者对刑事诉讼的不同价值取向:在刑事诉讼中不认为检察官是刑事诉讼中的当事人,不承认检察官与被告人诉讼地位平等。《刑事诉讼法》规定了一切公民在适用法律上一律平等,并没有规定国家机关和公民的平等。在我国刑事诉讼实践中,人们通常认为作为起诉方的检察官是代表国家在行使起诉权,它与代表国家行使审判权的法官在诉讼中地位平等,但与作为普通个人的被告人则不能平等。

对刑事诉讼中检察官的特殊地位在官方正式文件中也有所反映。例如,中央政法委在 1997 年 1 月 31 日发布的《中共中央政法委员会关于实施修改后的刑事诉讼法几个问题的通知》(政法[1997]3 号)中规定:"关于开庭审判人员入庭时,公诉人是否起立问题。鉴于我国人民检察院的职能特点,人民法院开庭审判人员进入法庭时,公诉人不起立,有一定理由。为避免在法庭上出现其他人起立而公诉人不起立的尴尬场面,改为法庭开庭审判人员进入法庭时,在场人员一律不起立。而在法庭宣告人民法院判决时,在场人员(含公诉人)全部起立,以显示国家法律的尊严。"

刑事诉讼中被告人的地位主要是相对于检察官而言的,刑事诉讼也是以控辩双方的对抗为主线进行的。如果说被告人与法官在地位上的平等更多的具有形式上和理想上的意义,那么被告人相对于检察官在地位上的平等则是现实的和迫切的要求。控辩之间的平等是刑事诉讼程序公正的前提,没有控辩之间的平等,刑事诉讼程序就没有任何公正可言。公正的诉讼就像一架天平,诉讼双方是天平的两端,而法官则是位于二者正中间的支点。这个支点偏向于任何一边,天平都会失去其准确性。在权力本位社会里,如果天平两边都是普通公民,想要做到公正还不难。然而,在刑事诉讼中一方是代表国家权力的检察机关,不仅检察官认为自己的地位要高于刑事诉讼中的被告人,法官也会有这样的看法,甚至大部分普通社会成员包括刑事诉讼中的被告人自己都会这样认为。在这样的刑事诉讼程序中要实现公正,无疑还有很长的路要走。

三、保障被告人平等地位的公法意义

(一) 维护人权的要求

维护人类的平等权是人权最基本的要求。对犯罪嫌疑人、被告人权利的保护,最主要的也是维护犯罪嫌疑人、被告人的平等权。犯罪嫌疑人、被告人是社会中最容易受到歧视的成员,是权利最容易被侵害的社会成员,处在权力最严厉和直接的控制之中。因此,对犯罪嫌疑人、被告人权利的保障在人权保障中具有特别的意义。

被告人权利实际上是一个普通个体用于维护自身在社会中利益的基本手段的一部分,也是基本人权的一部分。因此,保障犯罪嫌疑人、被告人的权利,维护犯罪嫌疑人、被告人的平等法律地位,在民主和法治比较发达的国家受到高度重视。例如,美国宪法用大量篇幅对保障犯罪嫌疑人、被告人的权利作了详细规定。美国宪法修正案第四条规定的不受非法搜查的权利;宪法修正案第五条规定的重罪必须经过大陪审团审判的权利、沉默权、正当程序等权利;宪法修正案第六条规定的"在一切刑事诉讼中,被告人有权由犯罪行为发生地的州和地区的公正陪审团予以迅速和公开的审判,该地区应事先已由法律确定;得知控告的性质和理由;同原告证人对质;以强制程序取得对其有利的证人;并取得律师帮助为其辩护"的权利;宪法修正案第七、八条亦是规定被告人的权利;等等。对于总统等掌握国家权力者,美国宪法则主要规定了对其权力的制约和限制。①

在现代民主社会,公民权利被提高到首要地位,权利在现代民主社会是所有个体固有的,不需要政府确认就可以行使,是普通公民权利对抗权力的护身符。国家权力继续存在的意义仅仅在于为公民权利的行使创造并维护一个有利的秩序。因此,如果还存在公民与国家机关在诉讼中的不平等,是有悖于社会主义民主的根本目的的。

----

① 叶志宏.外国著名法典及其评述[M].北京:中央广播电视大学出版社,1987.349.

（二）与保障公民政治权利密不可分

从法哲学角度看,诉讼地位不单纯是个法律问题,实际上诉讼地位是政治地位的表现之一。所以,要谈被告人的诉讼地位,就离不开谈公民的政治地位和政治权利——这也是依宪治国和依法治国所关注的问题之一。

公民政治地位平等有一个不可回避的问题,那就是剥夺政治权利制度,这一制度是公民政治地位平等观点不可逾越的障碍,也是在刑事诉讼中作为被告人不能和检察官、法官地位平等的"坚实"的理论依据。依照我国刑法,对某些犯罪(如危害国家安全罪)在对被告人判决有罪的同时,还要附加判处剥夺一定期限的政治权利。如果犯罪嫌疑人、被告人在刑事诉讼后被剥夺了政治权利,这些人当然不能拥有和其他社会成员平等的政治权利和地位,当然更不能说任何人都拥有平等的政治地位。但是问题在于,剥夺政治权利这一制度本身是否有足够的正当性支撑,仍然是一个需要认真求证的命题。

依照现代法治社会公认的"无罪推定"原则,在刑事诉讼程序中被告人还没有被最终判决确定有罪,所以应当被推定为无罪,应当保障其平等地位和平等权利。即使在被判决确认有罪之后,除被剥夺的政治权利外,被告人和无罪的人的政治地位和政治权利至少在理论上也是平等的。人民民主要求所有公民在政治权利上平等,而只有出于前述目的才可以对具有侵害性的社会成员施以必要的限制措施,但这一限制绝不能成为实施惩罚性措施的理由。刑法和刑事诉讼法的第一目的只能是保护人权,而不能是惩罚犯罪。

被告人在刑事诉讼中的地位反映着刑事诉讼制度文明演进的程度,反映着一个国家民主建设的深度。对维护刑事被告人平等地位的重视程度,则反映着一个国家的政府和民众的民主意识的发展程度。在某种程度上,刑事诉讼的发展史实际就是被告人人权保障不断得到加强的历史,也是被告人诉讼主体地位不断提高的历史。现代民主社会,权利本位的思想已成为人们的共识,一个公正的司法程序所能起到的作用就在于保护公民权利和限制国家权力。维护公民权利是刑事诉讼程序的目的,从维护公民权利出发才能塑造出一个公正的刑事诉讼程序。提高刑事诉讼中被告人的地位是保障公民权利的要求,是人民主权和社会主义民主的要求。

第六专题　依宪治国程序论

——宪法监督

第一节　依宪治国必需的制度支撑

　　党的十八届四中全会通过的《中共中央关于全面推进依法治国若干重大问题的决定》为"依宪治国"划定了路线图:"健全宪法实施和监督制度。宪法是党和人民意志的集中体现,是通过科学民主程序形成的根本法。坚持依法治国首先要坚持依宪治国,坚持依法执政首先要坚持依宪执政。全国各族人民、一切国家机关和武装力量、各政党和各社会团体、各企业事业组织,都必须以宪法为根本的活动准则,并且负有维护宪法尊严、保证宪法实施的职责。一切违反宪法的行为都必须予以追究和纠正。完善全国人大及其常委会宪法监督制度,健全宪法解释程序机制。加强备案审查制度和能力建设,把所有规范性文件纳入备案审查范围,依法撤销和纠正违宪违法的规范性文件,禁止地方制发带有立法性质的文件。"①可以看到,"依宪治国"是 2014 年党的十八届四中全会《决定》的文眼,标刻了法治的高度,它将推动我们的国家和社会迈向新阶段,形成价值观统一、权力运行有序、人权保障有力的局面。但是,这一目标的实现,仍然有赖于许多具体的制度支撑,比如宪法监督(违宪审查)制度、宪法解释程序机制、宪法实施的公民参与、党的决策制度等等。

一、宪法监督(违宪审查)制度

　　有关宪法监督及其定义的著述汗牛充栋,限于篇幅,我们无法一一列举引

---

① 　中共中央关于全面推进依法治国若干重大问题的决定[J].北京:求是,2014(21).3-15.

用。大体而言,人们通常在广狭二义上理解宪法监督。广义的宪法监督,是指对有关宪法的活动实行全面的监督,除了法定专职机关监督外,也包括其他国家机关、政党、社会团体、公民等主体进行的监督。① 广义宪法监督其实就是依宪治国版的"匹夫有责""齐抓共管"。有些情况下,"匹夫有责"到最后就是"谁也无责","齐抓共管"到最后就是"谁也不管"。因此,广义宪法监督容易导致监督虚化。所以,本书理解的宪法监督是狭义上的宪法监督。

在狭义上,宪法监督制度是国家保障宪法在社会生活中得以贯彻实施的一系列"宪法设计",也就是"保障文本上的宪法成为现实中的宪法的一种宪法实施制度"。② 对宪法监督的狭义理解,将监督主体限于"国家机关"。

中国特色社会主义"法治设计"要以法律体系内部的自治融贯为前提,宪法监督制度就是以宪法为标准,审查并处理各种规范性文件之间的矛盾冲突,保证法律秩序的统一。

现行宪法第六十二条规定:"全国人民代表大会行使下列职权:(一)修改宪法;(二)监督宪法的实施;……(十一)改变或者撤销全国人民代表大会常务委员会不适当的决定;……"第六十七条规定:"全国人民代表大会常务委员会行使下列职权:(一)解释宪法,监督宪法的实施;……(七)撤销国务院制定的同宪法、法律相抵触的行政法规、决定和命令;(八)撤销省、自治区、直辖市国家权力机关制定的同宪法、法律和行政法规相抵触的地方性法规和决议……"依据这些规定,全国人大及其常委会有监督宪法实施的职权;全国人大有权改变或者撤销全国人大常委会不适当的决定;全国人大常委会有权对国务院制定的行政法规、决定和命令,对省级人大及其常委会制定的地方性法规和决议进行合宪性与合法性审查。2015 年 3 月 15 日,第十二届全国人民代表大会第三次会议修改的《中华人民共和国立法法》进一步规定,所有行政法规、地方性法规、自治条例和单行条例都要报送全国人大常委会备案,接受审查。

要实现上述目标,需要在现有制度基础上做进一步完善,这些完善包括完善宪法监督机构、完善宪法监督程序、完善宪法监督的启动制度三个主要方面。(1)完善宪法监督机构,探索设立常设性的专门机构。宪法监督机构应当由全

---

① 陈道英.试论我国协作型宪法实施机制之构建[J].昆明:法制与社会,2012(7).153-155.
② 张千帆等.宪法学[M].北京:法律出版社,2008.75.

国人大产生,对其负责,受其监督。目前,全国人大常委会法制工作委员会法规备案审查室是备案审查工作的主要承担者。该室是法工委下设的工作机构,发现违宪或违法问题须由法工委向常委会提交审查意见报告。但是,法规备案审查室只是全国人大常委会下设机构法制工作委员会的下设机构,属于"下设机构的下设机构",级别太低是其"硬伤",与宪法监督之重任"尚不相称"。为提高备案审查的效力、效率和权威,宜由全国人大决定设立或者授权专门的、常设的、独立负责的机构承担宪法监督职能,进一步承担宪法保障责任。(2)完善宪法监督的程序。目前有关宪法监督的规定中,实体内容相对完善,程序性规范较少。为提高宪法监督制度的可操作性,需要通过宪法性法律来规定备案审查的标准和处理方式。对于有关国家机关和公民提出的审查要求或建议,要明确提出条件、受理部门、受理标准、具体审查程序及期限、审查结论的法律效力、能否申诉等问题。(3)完善宪法监督启动制度。如何启动宪法监督程序,决定了违宪违法的行为得到纠正是否充分及时有效。《中华人民共和国立法法》赋予国务院、中央军委、最高法院、最高检察院、省级人大常委会向全国人大常委会提出法规是否合宪合法的审查要求权。实践中虽有法规违法乃至违宪的情形,但上述机关尚无要求审查的实践。对此,除在程序上补强外,还应建立完善司法机关向全国人大常委会移送审查的制度。在案件审判中,司法机关更容易发现法律法规等规范性文件是否有违法违宪的嫌疑,建立移送审查机制有助于畅通审查程序,符合人民代表大会制度的本质要求。

宪法监督是保证宪法实施、维护宪法权威和尊严的重要制度形式。宪法实施离不开宪法监督。1954年宪法特别是1982年宪法颁布实施以来,我国不断探索并逐步建立了具有中国特色的宪法监督制度。全面推进依宪治国和依法治国、加强宪法实施,对宪法监督提出了新的更高要求。

2014年10月,党的十八届四中全会通过的《中共中央关于全面推进依法治国若干重大问题的决定》强调"完善全国人大及其常委会宪法监督制度",既突出了全国人大及其常委会具有最高的宪法监督权,又指明了推进宪法监督制度化的努力方向。要健全宪法监督机制和程序,进一步明确全国人大及其常委会进行宪法监督的对象、范围、方式等,将原则性要求具体化、程序化,使宪法监督更规范、更有效。

与宪法监督意义相近的概念是"违宪审查"。它们之意如此相近,以至于经常被作为同义词互换。当然,也有人认为,监督和保障宪法实施的制度,在社会主义国家通常称作"宪法监督制度",在资本主义国家通常称作"违宪审查制度"。① 笔者认为,"资社之别"作为这两个概念有差异的理由并不充分,事实上:(1)从二者价值功能看,宪法监督着眼于"实施"——"文本上的宪法"成为"现实中的宪法",违宪审查着眼于"纠偏"——通过审查发现并撤销违反宪法的一切规范性法律文件和行为活动;(2)从二者发生时间顺序看,宪法监督主要是"事先",违宪审查主要是"事后";(3)宪法监督事项范围更为宽泛——有些宪法监督事项(比如国家机关之间的权限争议)无法纳入"违宪审查"。② (4)宪法监督方式更为多样。现行宪法规定、形成和确认了全国人大及其常委会行使宪法监督权的方式:一是审议议案,包括法律案和有关重大问题的决议案;二是听取并审议工作报告;三是组织调查委员会;四是代表质询和视察;五是行使罢免权;六是批准或撤销法律文件或者审查备案的法律文件。③ 但是,只有第六项"批准或撤销法律文件或者审查备案的法律文件"才是违宪审查方式。可见,违宪审查是宪法监督的方式之一。除此之外,二者在审查和监督方式上、启动程序上也有不同,但它们的共同目的都是为了保障宪法得到更好的实施。

《中共中央关于全面推进依法治国若干重大问题的决定》强调,"一切违反宪法的行为都必须予以追究和纠正"。这就要制定完善违宪追究制度,对违宪构成要件、违宪责任、违宪追究措施和程序等作出明确规定并严格落实,使违反宪法的行为及时被制止和纠正,使宪法的最高权威切实得到尊重和维护。

违宪审查是宪法监督最为重要的内容,也是监督保障宪法实施最具法律效力的手段方式。所以,本书拟忽略"资社"之忌,继续借用"违宪审查"这一措辞对其进行某些思考。

二、宪法解释程序机制

宪法解释,是指宪法制定者或者根据宪法规定享有宪法解释权的国家机关,依据宪法精神对宪法规范的内容、含义和界限所作的说明,宪法解释具有宪法效

---

① 许崇德等.宪法学(中国部分)[M].北京:高等教育出版社,2005.89.
② 在宪法没有规定或者规定不明确的情况下,国家机关之间的权限争议就说不上违宪与否,此时只能通过宪法解释解决争议,使宪法得到实施。
③ 许崇德等.宪法学(中国部分)[M].北京:高等教育出版社,2005.89.

力。宪法之所以需要解释,是因为宪法规范自身具有较高的抽象性、模糊性、开放性与广泛性,许多条款的内涵需要明确。宪法解释亦有助于宪法更好地适应和规范社会现实,相对于修宪而言更加灵活。

宪法解释是探求宪法规范客观内涵的一种活动,其目标在于追求解释的合理性、正当性与宪法秩序稳定性价值。由于宪法规范与宪法条文具有模糊性、抽象性、开放性与广泛性等特点,几乎所有的宪法条文都需要通过宪法解释的活动做出客观的解释。探求宪法规范内涵的意义在于客观地认识宪法现象,在各种社会问题中寻求宪法的价值,其实质在于:一方面是对宪法问题的发现,另一方面是对宪法问题的判断与决定。

通过经常性的宪法解释,可以统一人们对宪法的认识,确立宪法价值体系的共同基础,对宪法运行机制的完善提供合理的基础,使宪法在持续性与变化中满足开放性价值的实现。特别是在中国这样缺乏依宪治国传统的国度里,通过宪法解释活动可以以生动、形象化的形式普及宪法知识,使人们在日常生活中能够感受宪法的价值,树立维护宪法价值的信念。对社会主体而言,修宪活动所带来的信息与解释活动所带来的信息是不尽相同的,宪法解释活动的信息更有助于人们在生活中感受宪法、认识宪法、运用宪法。

具体地讲,社会转型时期宪法解释的功能主要在于宪法解释有助于多元价值的协调与平衡,有助于通过有说服力的宪法解释解决社会生活中可能出现的冲突,有助于通过宪法解释形成社会共识从而为形成社会最低限度的价值体系提供条件,有助于在全社会普及宪法知识,从而推动宪法规范的社会化,有助于合理地确定公共利益的界限等。

宪法解释是宪法发展的重要方式。宪法发展的方式主要有宪法修改、宪法解释和宪法惯例。鉴于宪法修改程序的复杂性,为保持宪法的相对稳定性,不可能经常采用修改的方式发展宪法,而宪法惯例又往往需要经过长期实践才能形成。因此,宪法解释就成为宪法发展的重要方式。

宪法解释制度在中国的建立,经历了一个发展过程。1954 年宪法对宪法解释问题没有作出明确规定,只规定全国人大监督宪法的实施,全国人大常委会有权解释法律。从广义上说,解释法律也包括解释宪法。实际上,1954 年宪法实施后,全国人大常委会就曾以法令的形式作过宪法解释。1975 年宪法是在国家处于不正常的状态下制定的,它删去了全国人大监督宪法实施的职权,只保留了全国人大常委会解释法律的权力。1978 年宪法总结了这方面的经验教训,不仅明确规定全国人大有权监督宪法和法律的实施,而且把解释宪法和法律作为全国人大常委会的一项职权明确规定下来。1982 年宪法在确认 1978 年宪法规定的同时,增加规定全国人大常委会也有监督宪法实施的权力,从而使我国宪法解释制度进一步具体化和完善化。现行宪法规定,全国人大常委会有解释宪法的职权。1993 年,中共中央在《关于修改宪法部分内容的补充建议》中曾提出:"这次修改宪法不是作全面修改,可改可不改的不改,有些问题今后可以采取宪法解释的方式予以解决。"但由于种种原因,全国人大常委会尚未正式作出过宪法解释。

《中共中央关于全面推进依法治国若干重大问题的决定》要求健全宪法解释程序机制,那么如何落实? 笔者认为,应由全国人大制定《中华人民共和国宪法解释程序法》,明确宪法解释的权力主体与启动程序,启动方式包括依申请和依职权两种。明确宪法解释案的通过方式与效力,如应经全国人大常委会全体委员三分之二以上多数通过,由全国人大常委会发布公告予以公布,宪法解释案公布后相关的法律、法规等及时调整。

三、宪法实施的公民参与和党的决策机制

2014 年 10 月,党的十八届四中全会通过的《中共中央关于全面推进依法治国若干重大问题的决定》强调,完善以宪法为核心的中国特色社会主义法律体系,加强宪法实施。可以说,全面推进依法治国,首要和关键在于树立宪法权威,加强宪法实施,这是推进法治中国建设的前提和保障。宪法的权威绝不是高高在上、脱离人民。宪法也是一种特殊性质的法律,具有法律的规范性。引导全民自觉守法、遇事找法、解决问题靠法,本质上是守宪法、找宪法、靠宪法。全民守法,既包括对宪法和法律的服从和遵守,也包括运用宪法和法律维护自身合法权益,还包括为宪法和法律的发展完善建言献策。

现行宪法序言载明:"全国各族人民、一切国家机关和武装力量、各政党和各社会团体、各企业事业组织,都必须以宪法为根本的活动准则,并且负有维护宪法尊严、保证宪法实施的职责。"这一宣示,为宪法实施主体的广泛性提供了宪法依据。公民如何参与宪法实施? 笔者认为,当务之急应从三个方面入手:(1) 保障公民提出合法性与合宪性审查的请求权。《中华人民共和国立法法》规

定,公民认为法规条例违法违宪时,有提出审查建议的权利,这一条款要进一步落实;对那些因为缺乏法律法规的规定而无法得到充分保障的正当权益,也应建立公民基于宪法提出主张的程序机制。(2)保障公民的立法参与权。将征求意见和意见反馈作为所有立法活动的必经程序,有助于增强立法的科学性和民主性。(3)完善宪法权利救济机制。现行宪法规定"国家尊重和保障人权",落实现行宪法和《中共中央关于全面推进依法治国若干重大问题的决定》的要求,既要国家机关履行好法定职责,也要赋予公民对其宪法权利受到侵害时的救济渠道和方式。

建立党对重大立法活动的决策机制,是依宪治国的重要组成部分。《中共中央关于全面推进依法治国若干重大问题的决定》提出:"加强党对立法工作的领导,完善党对立法工作中重大问题决策的程序。凡立法涉及重大体制和重大政策调整的,必须报党中央讨论决定。党中央向全国人大提出宪法修改建议,依照宪法规定的程序进行宪法修改。法律制定和修改的重大问题由全国人大常委会党组向党中央报告。"[1]这包含三种具体程序:重大立法决策的讨论决定程序,宪法修改的建议程序,立法修法重大问题的报告程序。实践中,党对重大立法和宪法修改提出意见建议已形成惯例,《决定》将这些惯例进一步制度化、明确化、具体化,体现了依宪执政、依法执政的自觉。

囿于资料以及本人研究范围,本书暂不涉猎宪法解释程序机制、宪法实施的公民参与和党的决策等问题,而集中精神力探讨宪法实施中最基本的问题——宪法监督(违宪审查)制度。

第二节 宪法监督及其模式

"任何法律,即使是最好的法律,如果不能贯彻执行,不过是一张废纸。"[2]有法不依,其后果是使法律形同虚设,甚至还不如无法可依。有法不依,不仅大大践踏了法律的尊严,使人们本来就淡薄的法治观念更加淡薄,而且容易助长"人治"倾向。所以,保障法的实施(特别是宪法实施)是建设社会主义法治国家极

① 中共中央关于全面推进依法治国若干重大问题的决定[J].北京:求是,2014(21).3-15.
② 许崇德.中国宪法[M]北京:中国人民大学出版社,1996.65.

其重要的课题,而宪法监督则是其关键环节。

一、依宪治国原则与宪法监督的必要性

正如 2012 年 12 月 4 日习近平总书记在首都各界纪念宪法公布施行 30 周年大会上的讲话中所指出的那样:"保证宪法实施,就是保证人民根本利益的实现。""宪法的生命在于实施,宪法的权威也在于实施。"①正如有法不等于法治一样,有宪法也不等于依宪治国。为完善宪法监督,除法治、民主、分权、公正、程序等诸原则之外,权力有限原则和人权保障原则是必须重点强调的,这两个原则本身又说明了宪法实施及其监督的必要性。

(一)权力有限原则

对公民自由和安全权利最严重的破坏来自权力的滥用,只有在权力不被滥用的地方,公民才有安全的自由。"但是一切有权力的人都容易滥用权力,这是万古不易的一条经验。有权力的人们使用权力一直到遇有界限的地方才休止。"②这个界限,就是宪法和法律所规定的"权力边界"。在现代法治国家,一切公权力都是有自己特定边界的,越界即违法。换言之,国家权力是有限的,权力必须受到制约。

在法哲学视野里,所谓宪治或法治不过是指一种使政治运作法律化的理念或理想状态而已,它要求政府所有权力的行使都被纳入宪法和法律的轨道并受宪法和法律的制约。权力是被宪法限定的,因而是有限的,不是无限的。近代宪法理论认为,公权力(在现代社会,主要表现为国家和政府的权力)来源于人民的委托,其基本使命就是通过使用公共资源、提供公共服务来维护和增进公民的权利。为了防止和制止滥用权力损害权利的现象出现,依宪治国的一个基本原则就是以宪法和法律制度约束公共权力。世界立宪史表明,立宪政治就是控权政体,宪法不仅是一种权利,而且是一种对政府加以控制的法律。在法理视野里,"法律与赤裸裸的权力所具有的那些侵略性、扩张性趋向大相径庭,它所寻求的乃是政治与社会领域中的妥协、和平与一致。一个发达的法律制度经常试

① 习近平.在首都各界纪念现行宪法公布实施 30 周年大会上的讲话[N].北京:人民日报,2012-12-05.
② [法]孟德斯鸠著张雁深译.论法的精神[M].北京:商务印书馆,1995.104.

图阻碍压制性权力结构的出现,其依赖的一个重要手段便是通过在个人和群体中广泛分配权利以达到权力的分散和平衡"。①

(二) 人权保障原则

人权与宪法是一种共生的现象,一部宪法的历史就是一幅争取和保障人权的历史画卷,争取人权的历史过程也就构成了宪法变迁的历史过程。人权观念的演变导致了宪法观念的演变,宪法的变迁可以更好地保障人权,人权保障体现了宪法的终极价值——它是宪法的全部意义所在。宪法是人民与政府的政治契约,制宪的目的在于保护人民权利、防止政府权力的恣意妄为。在该契约里,人民与政府"约定":政府在行使人民赋予的有限权力时,必须保障人权,必须履行给社会创造安全、自由、平等以及无限福祉等义务。依宪治国是以人权和公民权利为本位的一种制度安排。人权观念演变直接导致国家权力内容与方式的变化,在不同历史时期,国家权力的内容与方式虽不同,但其体现为保障人权的目的性是一致的。1789 年法国的《人权和公民权宣言》第二条明确宣布:"一切政治结合的目的都在于保存自然的、不可消灭的权利;这些权利就是自由、财产、安全和反抗压迫。"②近代宪法观念是通过对国家权力的制约使人权得到保障的。人权保障是目的,限制国家权力是手段。如何限制国家权力是首要考虑的问题。因此,近代宪法大多数都将人权保障条款直接写进了宪法,体现出通过限制国家权力来保障人权的理念。现代宪法的人权价值已不仅在于为政府提供正当性基础,已是社会共同体的价值基础。以人的尊严为基础的人权保障,为全社会提供了价值基础。"构成宪法的各个组成部分以其不同形式体现共同体社会的价值秩序和价值决定,建立以人权为核心的价值体系。"③在新的时期,保障人权的新要求不再强调国家权力的分权、限制,而是逐渐走向了协力合作。无论国家职能从近代的消极到现代的积极,还是国家权力从严格的分权制衡到合作,都是以人权保障为根本目的的。人权的原则构成了宪法的根本原则,它支配着宪法的其他原则。"公共权力和道德以及法律规范的产生并不是权利的对立物,而是权利观念逻辑的产物。权力是作为强权的对立物产生的,其存在的逻辑基础是为

---

① Edgar bodenheimer, *Jurisprudence*.Harvard University Press,1981.281.
② 叶志宏.外国著名法典及其评述[M].北京:中央广播电视大学出版社,1987.287.
③ 徐秀义等.现代宪法学基本原理[M].北京:中国人民公安大学出版社,2001.13.

了给权利免受强权的侵害以有效地保护。"①

保障人权和公民权利,是全人类共同的最高价值,也是依宪治国最基本最核心的内涵。依宪治国的最终目标能否实现,与"有限权力"原则是否有效被恪守直接相关,因为"如果你想保护人权,你就必须限制那种凌驾于他人之上的权力,并且确保这种权力受到持续的监督"。②

(三) 宪法实施及其监督的必要性

没有宪法监督,就不会有真正的依宪治国。"徒法不足以自行",如果宪法在社会中未予实施或者其实施与否、实施效果如何、法律法规是否违宪及其如何审查、如何纠正等一系列问题的解决缺乏一个实际有效的运作机制,那么宪法就只能是一纸空文,宪法中规定的公民权利再完善也毫无意义。有无宪法、宪法如何规定是一回事,宪法是否实施、实施是否置于有效监督之下则是另一回事。用历史、理性的眼光看,尽管为包括我国在内的社会主义国家宪法监督制度的合理性和优越性进行注脚的著述可谓汗牛充栋,但实际上迄今为止我们没有运行过真正意义上的宪法监督制度,这不能不让人深陷于理论上的尴尬境地。在中国历史上,晚清《钦定宪法大纲》、袁世凯《天坛宪草》、国民党《中华民国宪法》的历史局限不言自明;新中国成立以来我国先后于1954年、1975年、1978年、1982年颁行了四部宪法,但是这些宪法或未明确载明宪法监督制度,或规定缺乏可操作性而流于形式。

综观世界各国宪政史不难发现,大凡宪政完善的国家都建立并实施了卓有成效的宪法监督制度,它们既有操作性很强的实体和程序规定,又有专门行使宪法监督权力的机构,从而保证了宪法的规定得以实施,违宪法律得以宣告无效。所以,一个难以逾越的公理是:完善宪法监督制度是依宪治国的必由之路。

二、现行宪法监督的不足之处

(一) 思想观念认识不到位

最高人民法院早在1955年的一个复函中规定,各级人民法院的判决不得援

---

① 莫纪宏.现代宪法的逻辑基础[M].北京:法律出版社,2001.205.

② 肖泽晟.宪法学——关于人权保障与权力控制的学说[M].北京:科学出版社,2003.1.

引宪法条文作为论罪科刑的依据;①1986 年又在《关于人民法院制作法律文书应如何引用法律规范性文件的批复》中,将宪法排除在可以引用的范围之外。②这两个司法解释,也许只是针对具体问题的批复,并未考虑到"宪法的感受",但无形中产生了误导作用,使人们逐渐形成了宪法不是法、不具法律强制力的观念,认为违反民法刑法是违法犯罪,而违反宪法则无所谓,以致违宪现象屡见不鲜,人们也无动于衷。由于缺乏违宪责任制度,违宪行为得不到及时有效的处理,更使人们对宪法地位和效力的错误认识进一步加深。"经验知识告诉我们,法必须受到人们的尊重,然后才有尊严,然后才能发生作用。"③可见,宪法意识不强,对宪法缺乏应有的尊重,和宪法被束之高阁有直接的关系。思想观念认识不足,已成为影响我国宪法实施的一大障碍。

（二）缺乏有效专职机构

全国人大每年只开一次会,会期仅半个月左右,而且议程多,所要行使的职权比较多,代表的素质又难以适应宪法监督工作专业性、技术性较高的要求,因而根本无暇顾及宪法监督。全国人大常委会每两个月开一次会,所要行使的职权也比较多,而且当前立法任务相当繁重,进行宪法监督实在力不从心。全国人大各专门委员会,各有各的职责,进行宪法监督又不过是协助性的工作。地方各级人大及其常委会由于多方面的原因,在保证宪法在本行政区域内的贯彻实施方面也很不尽如人意。中国共产党的执政党地位决定了加强和改善党的领导是

---

① 1955 年 7 月 30 日最高人民法院《关于在刑事判决中不宜援引宪法作论罪科刑的依据的批复》原文是:"新疆高级人民法院:你院〔55〕刑 2 字第 336 号报告收悉。中华人民共和国宪法是我们国家的根本法,也是一切法律的'母法'。刘少奇委员长在关于中华人民共和国宪法草案的报告中指出:'它在我们国家生活的最重要的问题上,规定了什么样的事是合法的,或者是法定必须执行的,又规定了什么样的事是非法的,必须禁止的。'刑事方面,它并不规定如何论罪科刑的问题,据此,我们同意你院的意见,在刑事判决中,宪法不宜引为论罪科刑的依据,此复。"

② 该司法解释已于 2013 年 1 月 18 被废止。原文中,"均可引用"的法律规范性文件列举为全国人民代表大会及其常务委员会制定的法律,国务院制订的行政法规;"也可引用"的是与宪法、法律和行政法规不相抵触的地方性法规、自治条例和单行条例;"可在办案时参照执行,但不要引用"的是与宪法、法律、行政法规不相抵触的国务院各部委发布的命令、指示和规章,各县、市人民代表大会通过和发布的决定、决议,地方各级人民政府发布的决定、命令和规章;"应当贯彻执行,但也不宜直接引用"的是最高人民法院提出的贯彻执行各种法律的意见以及批复等。可以看出,宪法都不在"引用法律规范性文件"这一范围之内。

③ 荆知仁.宪法变迁与依宪治国成长[M].台北:台湾正中书局,1979.3.

保障我国宪法实施的关键,但在宪法监督实践中党的政治保障优势并未充分发挥出来。

（三）"监督"尚未制度化和程序化

我国宪法的至上权威尚未真正确立起来,还缺乏制度上、程序上的保障。（1）一些必要的制度,如宪法解释制度、宪法修改制度和违宪责任追究制度等尚不完善。我国宪法虽然赋予全国人大常委会解释宪法的权力,但这一原则规定并未具体化、制度化,这项职权并没有真正得到行使。违宪责任追究制度的缺乏,则使大量违宪现象得不到相应制裁,从而严重损害了宪法的尊严与权威。（2）有关国家机关职权行使范围和程序还没有具体化、法律化。我国宪法只原则规定了全国人大及其常委会享有监督宪法实施的职权,但缺乏相应的法律把这一规定具体化,使宪法监督具有可操作性。（3）宪法还不具有可诉性。宪法作为最高法,与其他部门法一样,具有法律的一般属性,如规范性、可操作性、强制性等。"既然宪法的法律程序是合法的,其结构又是完整的,那么,同任何其他完整的法律一样,宪法也理所当然地具有直接法律效力。"①

（四）具体违宪行为未纳入监督视野

从宪法理论上讲,宪法监督应包含三个方面的内容:审查规范性法律文件的合宪性;审查国家机关及其工作人员以及各政党、各社会团体、全体公民行为的合宪性;处理国家机关之间的权限争端。但我国则偏重于对抽象违宪行为的审查,对具体违宪行为以及国家机关之间的权限争议则"视而不见"。根据我国宪法和有关组织法的规定,国家权力机关、行政机关及其相互之间,通过备案、批准、撤销制度来实现对法律、法律性文件等抽象违宪行为的审查和处理。尽管这方面的工作也并非尽如人意,但毕竟使对抽象违宪行为的审查和处理成为可能,在现实中也起到了一定作用。然而,对国家机关及其工作人员、各政党、社会团体、企事业组织以及全体公民行为的合宪性审查,由于相关法律不健全,又缺乏相应的政治、行政、法律责任形式,也没有可操作的程序以及主观认识上的不足等方面的原因,因而在现实政治、社会生活中往往不了了之。

---

① 李步云.宪法比较研究［M］.北京:法律出版社,1998.177.

三、议会监督模式的理性审视

我国宪法在一定程度上照搬了苏联模式。就宪法监督制度的设置而言，1936 年苏联宪法规定，苏维埃社会主义共和国联盟由其最高国家政权机关及国家管理机关行使的职权之一是"监督苏联宪法遵行情形，保证盟员共和国宪法与苏联宪法适合"（第十四条第四项）。该宪法第九章"法院和检察机关"中并无宪法监督的规定。1977 年苏联宪法规定苏维埃社会主义共和国联盟通过其最高国家权力机关和国家管理机关行使的职权之一是"监督苏联宪法的遵守情况，并保证各加盟共和国宪法符合苏联宪法"（第七十三条第十一项）。同时又规定苏联最高苏维埃主席团行使的职权之一是"监督苏联宪法的执行，并保证各加盟共和国宪法法律同苏联宪法和法律相适应"（第一百二十一条第四项）。再看我国，1954 年宪法中就规定全国人民代表大会行使的职权之一即"监督宪法的实施"（第二十七条第三项）。1978 年宪法中也规定全国人大"监督宪法和法律的实施"（第二十二条第三项）。1982 年宪法中有关监督宪法实施的规定与以前宪法相比有了一项改变：除全国人大有权监督宪法实施外，全国人大常委会也拥有这一权力。可以看出，这些规定与苏联的宪法监督制度如出一辙。

根据 1982 年宪法规定，我国实行由全国人大及其常委会保障宪法实施的宪法监督制度，属于议会型宪法监督模式。议会型宪法监督模式是由最高国家权力机关行使宪法监督权的一种宪法监督形式，以英国为代表。在英国，历来奉行"议会至上"原则，议会权力极大，可以制定和修改包括宪法性法律在内的任何法律文件。基于立法机关的至上性，立法权不受限制，这就使得其他国家机关不可能监督议会制定的法律，监督宪法实施的职责就落在了议会自己身上。议会通过日常的立法和修改法律的活动来维护宪法的各项基本原则不受普通法律的侵犯，并通过积极的法律调节活动，保持宪法各项基本原则的连续性和一致性。议会型宪法监督模式最大的优点是它的权威性。立法机关作为国家权力机关，享有立法权力，在国家机关系统中具有极高的地位，可以采取各种必要的法律措施，利用其影响力和制约作用来保障宪法的贯彻实施。但是，议会型宪法监督模式最明显的"硬伤"在于法理依据的缺失：自己监督自己——与自然正义原则相悖。

基于"议行合一"理论，社会主义国家普遍采用了通过"议会"来监督宪法实施的模式,我国亦然。但是,就我国目前宪法监督的"实然"而言:(1)现行宪法并未明文规定"违宪审查";(2)尽管现行宪法和《中华人民共和国立法法》都有关于宪法监督的规定,但该规定极为抽象、笼统,可操作性极差;(3)缺乏专门而独立的监督机关以及相应的程序性规定和适用性条款,有效性严重不足;(4)我国迄今为止尚无一起违宪审查案例的事实雄辩地说明了我们的宪法监督或者违宪审查一直只停留在纸上而实际并未运行。① 在实践中,全国人大及其常委会从来没有行使过真正意义上的宪法监督权力。尽管《立法法》规定,公民认为行政法规同宪法或法律相抵触的,可以向全国人大常委会书面提出审查的建议,但是我们既没有设置具体负责受理与审查违宪案件的专门机构,没有制定具体的违宪审查的特别程序,也没有设计出一套进行违宪审查的理论和原则。例如,在我国何谓违宪? 它有哪些构成要件? 违宪主体和违宪客体的范围分别如何界定? 违宪行为有无追诉时效? 什么样的组织和个人可以提出进行违宪审查的要求或控告? 违宪审查机构是"不告不理"还是可以主动审查? 它以何种形式进行裁决? 效力又如何? 诸如此类许多具体问题,尚未有明确、统一的认识和具有较强可操作性的实体和程序方面的规定。

　　另外,即使在宪政发达的西方国家,议会型宪法监督也并非被奉为理想模式。相反,西方学者大都不承认立法机关行使违宪审查权属于宪法监督模式的一种,理由是:(1)立法机关对其自身颁布的法律进行"自我监督"是毫无意义的,因为它无异于一个人用左手来监督右手,完全是形同虚设;(2)从来没有听说过哪个立法者会宣布自己制定的法律违宪,因为立法者完全可以通过颁布新的法律来否定违宪的法律,在他们看来,宣布违宪会有损于立法机关的尊严。

四、欧美经典模式不能简单照搬

　　相对于发展中国家而言,欧美发达国家的包括宪法监督在内的宪政建设是

---

① "齐玉苓案"曾被称为中国第一个违宪审查案例,其实该案只是涉及作为宪法权利的受教育权,审查对象乃普通人具体行为而非作为抽象规范的法律法规,故虽可称为宪法司法化的"第一",但不能被视为一个违宪审查案例。而且,该案司法解释《最高人民法院关于以侵犯姓名权的手段侵犯宪法保护的公民受教育的基本权利是否应承担民事责任的批复》已经于 2008 年被法释〔2008〕15 号明令废止。也有人将"孙志刚案"称为中国第一个违宪审查案例,但是该案涉及的《城市流浪乞讨人员收容所遣送办法》乃是被该行政法规的发布机关国务院自行宣布废止而非被全国人大常委会宣布"违宪"后撤销之。

完善的,以致有人认为中国要搞依宪治国就非用其"经典模式"不可。其实,对"经典"不能简单奉行"拿来主义"。不管是普通司法机关模式、宪法委员会模式,还是宪法法院模式,都不可能简单地直接地被移植过来。可以说,在宪法监督或违宪审查的制度设计上,没有绝对的经典,只有符合本国国情的实际有效运行的模式才是本国的"经典"模式。

（一）普通法院监督模式有悖于我国宪法规定

在众多的关于宪法或依宪治国的著述中,我们不难发现有些学者建议我国采用"司法模式"即像美国一样由国家最高司法机关行使宪法监督（违宪审查）之权力。但是,将宪法监督（违宪审查）之权力赋予司法机关或纳入司法体系,与我国现行的司法审判机关为人民代表大会的执行机关的宪法规定相悖。现行宪法明确规定,审判机关"由人民代表大会产生,对它负责,受它监督"（宪法第三条）。全国人民代表大会选举最高人民法院院长（宪法第六十二条）,全国人民代表大会有权罢免最高人民法院院长（宪法第六十三条）,全国人民代表大会常务委员会"根据最高人民法院院长的提请,任免最高人民法院副院长、审判员、审判委员会委员和军事法院院长"（宪法第六十八条）。那么,由全国人民代表大会（或其常务委员会）产生并随时可能被罢免的最高人民法院院长、副院长、审判员、审判委员会委员有足够的权限或能力去审查全国人民代表大会或其常务委员会出台的法律或者宣布该法律违宪而撤销吗? 诚然,世界宪政史上最初确立违宪审查制度的是美国著名的马伯里诉麦迪逊案,该案中首席大法官约翰·马歇尔裁定《1789 年司法条例》第十三条因违宪而无效;一百多年前清末仁人志士将"宪法"这个西文词汇翻译到中国从而开始中国一百多年来的"宪法实践"时是怀着一种强国的渴望去介绍西方宪法和推崇舶来的宪法制度的。然而,一百多年后如果我们还要不加任何改造而是直接移植美国的司法审查,那么我们是否要考虑一下它的"存活率"? 显而易见,任何舶来的制度需要一个本土化的过程才能最终"洋为中用",否则将有可能因为舶来的法律运作逻辑与中国的本土社会背景相脱节而导致"欲速而不达"。

进而言之,普通法院模式还可能存在的问题是:（1）违宪审查权是由选拔出来的法官行使的,而法律却是由全体公民选出的代表制定的,由非民选的机构或人员审查民选机关制定的法律,与主权在民原则是相冲突的;（2）很难保证宪法法院法官一定能够准确地表达立宪者的意图,则如何避免他们裁决失误的可能性?

（二）"对准议会之炮"不符合我国政体

在有关经典模式选择的诸多争论中,比较多的人推崇以法国为代表的宪法委员会模式。宪法委员会监督模式的法理依据是分权学说和社会契约论。法国是遵循分权原则的国家,1789 年《人权宣言》宣称:"任何社会,如果在其中不能使权利获得保障或者不能确立权力分力,即无宪法可言";①1795 年宪法规定立法权由上、下两院(元老院和五百人院)组成的立法团行使;1799 年宪法也将立法权在不同的机构中进行了划分,议会由四院组成,各院分别行使立法权的一部分;1814 年路易十六钦定宪法也规定议会由贵族院和众议院组成,并且国王参与宪法和法律的实施。

社会契约论对法国宪法监督模式的形成起了重要的推动作用。卢梭的社会契约和主权观点被合理地推出了以下原理:如果说主权最高,那么人民的制宪权才是最高的权力;立法权不是主权,立法权与制宪权相分离,所以立法权不是不受限制的。因此,由专门政治机关监督宪法的实施是符合人民主权原则的。制宪权的最高地位以及与立法权的分离导致监督宪法实施的权力成为传统三权之外的独立权力。法国宪法实践也证明,制宪权与立法权是明确区分的。宪法在制定程序上体现了相对于议会立法的高级法地位,1946 年宪法的制定就明显地体现了立法权与制宪权的区别。另外,从宪法授予宪法委员会的职权(审查议会立法是否规定了应当由政府条例规定的事项、审查议会选举活动的合法性——这原本为议会行使的权力,审查议会通过的法案的合宪性,甚至是强制性地规定某些议会立法要经过宪法委员会的审查)来看,宪法委员会也不是在总统、总理及议会三个主要的政治机关的关系中处于居中裁判者的地位,而是用来限制议会的政治机关,所以宪法委员会被称为"一门对准议会的大炮"。在我国,首先,主流法理平台是马克思主义,分权学说和社会契约论向来被排斥于正统之外;其次,既无"三权分立"之实践,亦无制宪权与立法权之分别;再次,全国人大是最高国家权力机关,所有其他国家机关都是由它产生并对它负责,不容许有对准它的"大炮"。很明显,单一的"宪法委员会"模式僭越了我国现行的宪法设计,不符合我国国情,因而不可能不做

---

① 　叶志宏.外国著名法典及其评述[M].北京:中央广播电视大学出版社,1987.288.

任何改造地直接移植。如果要借鉴或移植法国"宪法委员会"模式,必须对它进行大幅度改造,使其与我国政体"兼容",使其能在我国"政治土壤"中存活下来。

五、审查室和规划室尚需建设

2004 年 3 月,八二宪法第四次修改,"国家尊重和保障人权"被写进宪法。同年 5 月,全国人大常委会法制工作委员会增设了法规备案审查室,负责对报送全国人大常委会备案的行政法规、地方性法规、自治条例和单行条例、最高法院和最高检察院的司法解释的初步审查工作。2005 年 12 月 16 日,十届全国人大常委会第四十次委员长会议修订了《行政法规、地方性法规、自治条例和单行条例、经济特区法规备案审查工作程序》,并通过了《司法解释备案审查工作程序》。2007 年 2 月,全国人大常委会法制工作委员会增设了立法规划室,负责全国人大常委会五年立法规划和年度立法计划的初步编制工作。

可以肯定的是,增设法规备案审查室是全国人大常委会为维护法制统一所采取的一个重要措施,增设立法规划室是全国人大常委会为增强立法科学性所采取的一个重要措施。但是,站在宪法监督的角度,立法规划室就是一个普通的立法规划编制机构,与宪法监督并无直接的关联;法规备案审查室,如果不进行改革,至少短期内难以担当违宪审查之大任。

观察 2004—2014 年这十年的运作情况,我们可以说,正如它的名称一样,法规备案审查室主要负责法规备案,同时审查各项法规政策是否与法律和宪法相冲突。换言之,不能把它解读为一个违宪审查机构,因为它远远不具备一个违宪审查机构所具备的级别和权威。

法规审查备案室隶属全国人大常委会下设的法制工作委员会,从职责和权威上都无法担当违宪审查的重任。备案室的工作人员本身不是全国人大代表,根本谈不上行使监督权的问题。该机构的地位决定了它将更多地关注法规违反法律,而不是法律违反宪法的问题。

从宏观视野看,也不应该对法规审查备案室有太多微词。毕竟,现行宪法规定,宪法的制定者和监督者都是全国人民代表大会,而"自我监督"实行起来的难度可想而知。自我监督的特点是融监督主体与客体为一身,完全依赖监督者的自觉性。

第三节　"他山之石"——意大利宪法法院模式

如果宪法监督制度必须完善,那么违宪审查模式问题就是一个难以回避的话题;也许,直面它只是一个时间问题。其实,违宪审查制度不是资本主义国家的专利,我们不能先给它一个"资"姓,然后一棍子打死。"古为今用、洋为中用"虽然是毛泽东同志当年针对文艺工作的指示,但是对于我们做好其他方面的工作仍不失启示意义。进而言之,只要坚持中国特色社会主义道路大方向不变,我们完全可以了解和研究外国违宪审查制度,找出共性的一些具体设计或其他合理因素,为建立中国特色的违宪审查制度服务。[①] 这里,仅以意大利宪法法院为样本来介绍国外违宪审查模式的一种形式——宪法法院模式。如果我们不去纠结"法院"二字——在违宪审查制度层面上,"法院""宪法委员会"或其他名称,只是一个称谓一个符号,没有本质区别——我们完全可以借鉴意大利违宪审查制度中一些有益经验。毕竟,他山之石,可以攻玉。

一、意大利宪法概述

为了阐明意大利违宪审查制度,对意大利现行宪法进行简要的介绍是必要的。

意大利现行宪法于 1947 年 12 月 27 日由国家临时元首恩里科·德·尼科拉公布并载于政府公报第 293 号,1948 年 1 月 1 日起施行,先后于 1960 年、1963 年、1967 年、1999 年、2001 年进行了修正。该宪法由"国家临时元首""基本原则""公民的权利和义务""共和国的组织""过渡与最终规定"等五部分组成,其中"公民的权利和义务"与"共和国的组织"构成了宪法的主要内容。

"公民的基本权利和义务"为宪法第一编标题,由四章组成,依次涉及"公民关系""伦理的和社会的关系""经济关系""政治关系"等内容。

[①] 作者曾于 2002 年在罗马参加了由中、意两国外交部、经贸部、最高法院和检察院联合举办的"第二届中华人民共和国检察官和法官意大利法律培训班",系统学习和研究了罗马法基础、宪法体制、司法与监狱体制、刑法、刑事诉讼法、法官与检察官制度、信息查询工具的使用与法律工作等内容,参观了最高法院和驻最高法院总检察院等机构,旁听了意大利宪法法院的听证审理,对意大利法律制度特别是违宪审查体制有比较深入的了解。

　　"宪法系人民和国家的契约"已成为公认的宪法原理,因此关于公民权利和义务的规定构成世界各国宪法的首要内容,意大利宪法也不例外。需要指出的是,在意大利法学界流行着一种以罗马大学教授皮埃尔·弗朗切斯科·格罗西等人为代表的将宪法中规定的权利划分为"基本权利"和"不可侵犯的权利"的理论。该理论对这两个概念所进行的界定是:"基本权利是宪法规定的、较之其他原则和权利具有更重要的一些原则或权利……""不可侵犯的权利则是那些在宪法中给予更大保障、使其在宪法修改时更难于被修改的权利。"①也许,这种界定过于模糊,使人难以形成清晰的印象,而足以标定两者特征的表述可概括为:"不可侵犯的权利"在宪法修改时不能被修改,"基本权利"则可以在修宪时更改。依照该理论,《意大利共和国宪法》第一条至第十二条为"基本原则",第十三条"人身自由不受侵犯"、第十四条"住宅不受侵犯"、第十五条"通信及其他各种方式通讯的自由与秘密不受侵犯"、第二十四条第二款"辩护,是在诉讼程序的任何状态和阶段中不可侵犯的权利"为"不可侵犯的权利"规定;除第五十一条至第五十四条为公民义务规定外,第一编其他各条均为"基本权利"规定。在"基本权利"规定中,值得一提的是第二十五条"不得剥夺任何人获得法律规定的适当的审判官审判的权利"。获得审判在这里被视为一种"基本权利",显然不同于东方国家占主流地位的法律观念。

　　"共和国的组织"为宪法第二编标题,由六章组成,依次涉及"议会""共和国总统""政府""司法""区、省、市""宪法的保障"等内容。其中,"议会"由第一节"两议院"、第二节"法律的制定"组成,"政府"由第一节"内阁"、第二节"公共行政"、②第三节"辅助机关"组成,"宪法的保障"由第一节"宪法法院"、第二节"宪法的修改、宪法法"组成。

　　意大利宪法所确认的是非典型意义上的三权分立的国家政体。

　　总统是国家元首,代表国家的统一。总统由议会在两议院议员联席议会上选举,任期七年,行使公布法律、宣告公决、派遣和接受外交代表、批准国际条约、主持最高司法议会、批准特赦和减刑、授予共和国荣誉等职权。

---

① 皮埃尔·弗朗切斯科·格罗西.罗马:意大利宪法中规定的基本权利和不可侵犯的权利(意大利文)[M].罗马:ARACNE 出版社,2002.348.
② 原文为"La pubblica aministrazione",具体说即国家管理机关、行政机关。

议会由众议院和参议院组成,是行使立法职能的国家机构。众议院依普遍的直接选举选出,有议员630名;参议院以选区为单位选出,有议员315人,任何一区选出的参议员人数不得少于7名,但莫利塞只选2名,瓦莱述奥斯塔只选1名。两院任期五年,共同行使立法职能、决定战争状态、审核通过政府每年提出的预决算、就有关公共利益的事项进行调查。

政府由共同组阁的内阁总理和各部部长构成;①共和国总统任命内阁总理,并根据内阁总理的提议任命各部部长。内阁总理指导政府的总政策,促进和协调各部部长活动,维持政治的与行政的方针的统一;各部部长对内阁的行为共同负责,②并且对其主管部的行为单独负责。政府必须享有两议院的信任,但"议院或者两议院投票反对政府的建议案,并不带来政府辞职的义务"(意大利宪法第九十四条第四款)。政府的"辅助机关"为国家经济劳动委员会、行政法院、审计院。宪法规定了各辅助机关的职权,并确保行政法院和审计院对政府的独立。

司法组织由法院和检察院构成,"法官和检察官最高理事会"则为法官和检察官的自治组织。在有关司法的宪法规定中,第一百零一条是最具代表性的。该条第一款规定:"审判以人民的名义进行",这显然是古老的罗马法原则"向人民申诉"的延续;该条第二款规定:"审判官只服从法律",从而将作为三权分立政体基石和现代西方法治基本原则的"司法独立"以国家根本大法的形式确认下来。还需要指出,"关于审判的规则"表明:意大利宪法不仅确保实体权利,而且重视诉讼程序,这与东方国家"重实体而轻程序"的法律传统显然有别。

二、违宪审查的法定机构及其组成

20世纪20—40年代,法西斯控制意大利全国。墨索里尼为政府元首,法西斯政党在众议院占有绝对多数,并设立"保卫国家特别法庭",加强镇压人民。这种情形,使得三权分立的政体严重扭曲,宪法形同虚设。二战结束,法西斯垮台,重建民主共和成为众心所向和历史必然。意大利的共和政体和宪法正是在这种历史背景下诞生的,所以意大利宪法的字里行间凸显出鲜明的时代特征,例如第一百零二条第二款规定:"不得设立非常审判官或者特别审判官。关于特

---

① 原文为"Presidente del consiglio dei ministry",直译应为"部长会议主席",此处从通译。

② "行为"原文为"atti",包括内阁的决议。

定事项,可以在通常的司法机关内附设特别庭,由适当的非司法机关人员参加。"

　　当然,最足以标定意大利宪法时代特征的是"宪法的保障"被作为专章予以规定,"宪法法院"作为独立的一节置于该章之首,从而使战后意大利的违宪审查制度最终确立并安全运行。在意大利,宪法法院是法定的司宪机构,也是专门行使违宪审查权的唯一机构。也就是说,一项法律或行为是否有悖于现行宪法,宪法法院的裁决是唯一的认定依据。

　　意大利宪法第一百三十五条第一款规定:"宪法法院由审判官 15 名组成,其中三分之一由共和国总统任命,三分之一由议会在两议院联席会议中任命,三分之一由普通的和行政的最高法院审判官任命。"这里,"普通的"即指意大利最高法院,"行政的"即指意大利最高行政法院。这种由国家元首、立法机关、司法机关各任命三分之一法官组成违宪审查机构的做法,优点在于法官来源的广泛性、任命程序的严格性、职权行使的平衡性、判决结果的准确性,以及整个宪法法院的中立性和独立性,因而消除了违宪审查中可能存在的判决结果受某种人为因素影响脱离宪法精神的潜在危险。

　　意大利宪法第一百三十五条第二款和第三款接着规定:"宪法法院审判官从普通的和行政的最高法院任命的法官,包括已退休的法官在内,可从大学法学正教授以及执业至少二十年的律师中选任。宪法法院审判官的任期为九年,各人从其宣誓就职之日起算,并且不得重新被任命。宪法法院审判官在任期届满时,退职并终止执行职务。"这一规定实际上是依 1967 年 11 月 22 日宪法法第 2 号第一条规定进行修改后的新条款。1947 年宪法第一百三十五条第一款原规定:宪法法院审判官的来源不包括已退休的法官;第四款原规定其任期为十二年,不得连续选任。可以看到,较之修改前,现行条款明显地将宪法法院法官的任期缩短了,当然这一缩短是与法官来源的扩大相适应的。照此规定,1967 年 11 月 22 日前已退休法官是不可能成为宪法法院法官的,而此后却可以,相应的代价是任期由十二年缩短到九年。应当说,这种规定存在着某种合理性或规律性:其一,在意大利,普通法官退休年龄为 70 岁,最多可以延长至 72 岁;一个 72 岁的退休法官仍然可以依法当选为宪法法院法官,但是伴随高龄而来的精力不支或健康状态的下滑与宪法法院法官所肩负的法律使命的严肃与艰巨难免发生冲突,所以缩短任期是一个明智的选择·至于九年是不是冲突两参数的黄金分割点,则是另一个需要周密论证的问题。其二,宪法法院法官的名额是法定的和有限的,任期的缩短可以使其他更有资格成为宪法法院法官的人早日坐在宪法法院的法官席上。还需要注意,宪法法院法官不得连任的规定未被修改,这体现出意大利宪法对自然规律的充分注意,因为不能设想一个80—90岁的老人仍可以体能充沛地再胜任一届宪法法院法官的角色。

在对意大利违宪审查机构的组成进行剖析的时候,不能忽略这种体制所隐含的两个弊端:其一是如果强调职权行使的绝对平衡,很可能导致判决的旷日持久——事实上,意大利宪法法院经常因为判决期间过长而受到欧洲人权法院的指责;其二是固然宪法法院法官需要深厚的专业阅历和资格,但高龄化无疑会越来越成为制约违宪审查效率的一个重要因素——虽然这种高龄化导源于普通法官的高龄化,而后者与法律规定法官任职条件的过于严格有一定关系。

在意大利,宪法法院不是司法机构的组成部分,作为专门行使违宪审查权的司宪机构,其地位是与两议院、总统、最高法院平行的。宪法法院按照既定规则,从其成员中选举一人作为院长。院长全面负责宪法法院的日常工作,但不干预具体案件的审判。院长任职三年,并且可以再度当选,但若其审判官任期已届满时除外。在这里,"审判官只服从法律"的独立原则仍然是必须适用的:审判官与审判官之间是相互独立的,非案件承办法官不得向案件承办法官打探案情或发表个人意见,后者没有配合前者的义务;审判官与院长之间也是相互独立的,后者只是宪法法院的一个代表或象征,没有任何特权,不得介入具体案件或向案件承办法官发表个人意见,除非该案件本身就是自己所承办的。

为确保宪法法院法官更好地履行职务及保持应有的中立性和独立性,意大利宪法第一百三十五条第六款还规定:"宪法法院审判官不得同时兼任议会或者区议会的议员,亦不得执行律师业务或者担任法律规定的其他职务。"

三、违宪审查的工作机理

(一)审查范围

意大利宪法第一百三十四条规定:"宪法法院审理:关于国家和区的法律和具有法律效力的行为的合宪性争议;国家各权力机关之间关于权限的冲突,国家和区之间、各区之间的冲突;根据宪法的规定对共和国总统和部长的弹劾。"

需要解释,意大利行政区划单位从大到小依次是:区、省、市。区作为最大的行政区划单位,是根据宪法第一百一十五条设立的自治团体。① 意大利全国共有 20 个区,各区按照宪法规定的原则享有自己的权力和职能,区的机关是区议会、区执行委员会及其主席,其中区议会行使划给区的立法权和规章制定权,以及由宪法和法律授予的其他职能;区执行委员会是区的执行机关,其主席代表区,公布区的法律和规章、依中央政府训令执行国家委托给区的行政职能。可以看出,意大利违宪审查的范围涉及两议院和区议会制定的法律、国家和区的具有法律效力的行为、权限冲突争议、对共和国总统和各部部长的弹劾等方面。

1. 两议院和区议会制定的法律

可以说,两议院和区议会制定的法律是违宪审查的主要对象。宪法将国家立法权和区立法权分别赋予两议院和区议会,使它们能够在各自法定权力所辖范围内制定与该范围相应的法律,但它们所制定的法律不得同宪法相抵触,否则,该法律就可能被宪法法院宣告违宪而失去效力。另外需要说明,作为违宪审查对象的法律,可以是法律整体,也可以是法律中的某一条款或者某些条款。在后一种情况下,其余条款仍然具有法律效力。

2. 国家和区的具有法律效力的行为或决定

显然,除了两议院和区议会制定的法律之外,国家和区的机关所做出的具有法律效力的行为或决定也是违宪审查的重要对象。这里的"行为或决定",既包括议会的行为或决定,也包括政府的行为或决定,但从违宪审查的实践中看,主要是指后者。宪法法院常常通过宣告某一政府行为或决定违宪的方式,或使该行为产生的规章无效,或使该决定本身因失去合法性而自然撤销,从而使宪法规定的公民权利免遭政府违宪行为或决定的侵害。

3. 权限冲突争议

意大利宪法法院违宪审查的范围还涉及国家各权力机关之间的权限冲突和争议,国家与区之间、各区之间的权力冲突和争议。这里,"权力机关"并不能狭义地解释为立法机关,而是包括共和国总统、议会、政府和司法机构。意大利宪法规定了国家各机关的权限和职能,规定了国家和区之间、各区之间权力的划分和范围。但有时,国家和区的各机关倾向于按照有利于各自权限和职能的标准和方向理解这些宪法规定,从而导致前述冲突的发生。这时,宪法法院是该冲突

---

① "自治团体"(enti autonomi),意大利版英译本作"自治区域单位"。

的唯一裁决者,裁决的依据当然是意大利现行宪法。

4.对共和国总统和各部部长的弹劾

在意大利,共和国总统和各部部长可能面临的弹劾指控有两个罪名:破坏宪法、叛国。此种弹劾指控如果成立,则共和国总统或该部部长不仅会被撤销现任职务,还会被移交司法机关追究刑事责任。虽然在违宪审查实践中此类案件并不多见,但意大利宪法对此予以高度重视,第一百三十五条第七款特别规定:"在对共和国总统和部长弹劾的审判中,除宪法法院普通审判官以外,还从具有被选举为参议院议员的要件的公民名单中,以抽签方法选出十六人参加。此项名单由议会以任命普通法官所规定的同样方式,通过选举,每九年编制一次。"

（二）违宪审查程序的启动

在意大利,宪法法院法官不能主动地行使违宪审查权。也就是说,宪法法院法官不能主动审查某一项法律或行为或决定并进而宣告其违宪（即使该项法律或行为或决定确实违宪）。违宪审查权的行使是通过被动的、偶然的、随机的方式进行的,这种方式可概括为二:其一是普通法官式,其二是案件当事人式。

所谓普通法官式,即普通法官在审理案件时,如果对该案件判决所必须适用的法律是否合宪产生怀疑,则可中止案件审理,将所疑法律交由宪法法院审理决定,待宪法法院做出正式裁决后,再确定已中止审理的案件撤销还是继续审理。当然,并不是普通法官对法律的任何怀疑和疑问都能启动一个违宪审查程序,这种"启动"必须满足两个条件:其一,普通法官必须对所疑法律的重要性进行审查判断,即该法律对案件审理是否关键、是否必须适用,该法律对案件判决结果是否产生实质性影响。如果答案是否定的,则这种提交必然会被宪法法院驳回,从而不能启动违宪审查程序。其二,普通法官还必须对所疑法律是否确实违宪进行形式的初步审查并得出肯定性结论。当然,这种审查的含义是:仅就形式而言,以一个普通法官的感性认识来判断,该法律是违宪的。

案件当事人式,是指案件当事人在普通司法程序的进行中,可以以普通法官审理案件拟适用或适用的法律违宪、适用该法律会损害自己的合法权益为由,要求普通法官将该法律交由宪法法院审理决定,普通法官必须提交,而不能以任何理由拒绝或拖延。这种模式,无需普通法官对所要求提交的法律的重要性进行判断,也不必对该法律是否违宪进行形式的初步审查,从而有利于案件当事人为保护自己的合法权益而直接启动违宪审查程序。法律提交后,原审案件进入中止状态,以后的进程完全有赖于宪法法院做出了怎样的裁决。值得强调的是,在意大利,对公民权利的法律保护是非常完善的,所以即使宪法法院驳回了自己的请求,案件当事人仍然有机会依法向欧洲人权法院提起诉讼。

启动对某项行为或决定进行违宪审查的,既可以是国家机关中做出该行为或决定的人,也可以是该行为或决定指向的公民个人;国家各权力机关之间的权限冲突争议,国家和区之间、各区之间的权限冲突争议,只要冲突争议各方中任何一方向宪法法院提出请求,冲突和争议即可依违宪审查程序解决;对共和国总统和部长的弹劾案,须依五分之一议员或五十万选民或五个区议会要求时方能正式进入程序。

违宪审查程序启动的限制在于:意大利禁止一般公民个人向宪法法院提出对某项法律是否违宪进行审查的请求。这一点,与设立宪法法院的其他国家不同。

（三）案件审理

宪法法院受理合法有效的提交或申请后,院长委托一名法官作为案件主办人。该法官的职责是为案件的正式审理或表决收集相关信息、进行必要的准备工作,而没有最后决定权,即不能对案件的性质和结论自行做出终结判断。

需要指出的是,宪法法院审理案件,没有固定不变的程式。换句话说,审查的对象或内容不同,审理的过程也就不同。例如,在对政府行为或决定是否违宪所进行的审查中,启动程序的为原告方,常委托普通律师参与诉讼;政府为被告方,常委托国家律师代理诉讼。国家律师是政府下属的一个相对独立的机构,其负责人为国家总律师,他决定该案件由谁来出庭。当然,是否指派律师到庭,则是由意大利政府来决定的。案件审理由合议庭主持,若双方都派律师出庭,则案件必须公开审理。审理以交叉辩论的方式进行,所有支持自己主张的论据或证据都必须经过对方的反复质询和盘问。休庭后,由全体法官进行秘密表决,以决定所审查的行为是否违宪并做出判决或裁定。应当看到,在宪法法院的审理中,虽然沿用着"辩论中形成证据"的罗马法古训,但是这种辩论并不是真正意义上的抗辩——因为双方律师出庭时,都携带事先准备好的辩护材料,法官亦常知其内容;诉讼中双方的交叉辩护是通过法官中介进行的,其直接对抗性较之普通司法审理大为逊色。

还需要指出,审查对象或内容的不同,不仅决定着审理过程的不同,也深深地影响着审限的长短。意大利宪法法院审理案件,普通案件常常需要 1—2 年才能做出判决或裁定,而权限冲突争议案件实际上是政治力量冲突在法律上的反映,故有时为了避免政治力量对案件的影响,宪法法院经常故意拖长审限。

（四）判决或裁定

宪法法院的法律文书有两种:一是判决,如果全体法官最终表决结果为违宪,则采用判决形式;二是裁定,如果全体法官最终表决结果为合宪,则采用裁定形式。无论判决还是裁定,都必须在国家的司法公报上全文登出,以便社会公众知晓。宪法法院裁决的法律效力涉及两方面:一是对争议案件,若某项法律被宣告违宪,则导致原适用或拟适用该法律的案件被撤销;二是普通效力,若某项法律被宣告违宪,则该项法律从此被排除在现行法律体系之外,不再具有任何效力。

宪法法院的判决或裁定一般并无溯及既往的效力。但是涉及人身自由方面的判决或裁定例外,即一旦限制人身自由的某项法律被宣告违宪而失去效力,依据该法律被采取限制人身自由措施者当然获释。

宪法法院的违宪审查实行一审终审制,即它的判决或裁定不能上诉。

四、意大利违宪审查制度特点和启迪

（一）意大利违宪审查制度的特点

1. 专门机构违宪审查

从审查的法定机关来看,意大利违宪审查属于专门机构违宪审查的模式。在意大利,违宪审查的法定机关其名称中虽然有"法院"二字,但它并不是司法机关因而不是普通意义上的"法院",而是专门的司宪保障机构。它的法官组成虽然来源于国家元首、议会、司法机关的任命,但相对于后三者意大利宪法法院是独立的。

2. 事后与被动审查

从审查的方式来看,意大利违宪审查采取了事后审查、被动审查的方式。在意大利,宪法法院不能审查尚未发生效力的法律,也不能主动就某一法律或行为或决定是否合宪进行审查(即使该项法律或行为或决定确实违宪)。违宪审查权的行使是通过事后的、被动的、偶然的、随机的方式进行的,有资格提起违宪审查请求的一是普通法官,二是案件当事人。

3. 违宪即自动失效

从审查的最终结果看,对违宪的法律或行为或决定使用自动失效的方式,即如果某一法律或行为或决定被宣告违宪,则该法律或行为或决定自动丧失效力,无须另行宣告。

（二）意大利违宪审查制度对我们的启迪

如果把"宪法法院"仅仅看作是违宪审查机构的一个名称一个符号,如果我们不把意大利宪法法院等同于我国现实语境下的"法院"并且能够从"法院"审查与我国现行政体的不兼容的"纠结"中暂时脱身,我们就可以发现意大利违宪审查制度的很多设计或做法,对将来建立和完善我国的违宪审查制度具有启迪意义。

1. 主体和权限的明晰具体

我国当下行使违宪审查权的主体过于宽泛,以致事实上模糊不清,不利于行之有效的宪法监督。从现行宪法规定来看,我国行使违宪审查权的机关当然是全国人大及其常委会。然而,宪法又规定,国务院有权改变或者撤销各部、各委员会发布的不适当的命令、指示和规章,改变或撤销地方各级国家行政机关的不适当的决定和命令;地方各级人大在本行政区内保证宪法的遵守和执行,有权改变或者撤销本级人大常委会不适当的决定;等等。这些规定表面上看好像是为了健全我国的违宪审查制度,实际上矛盾百出。① 按这些规定理解,行使违宪审查权的法定机关并不专指最高国家权力机关,国务院、地方权力机关及地方各级人民政府都是法定的违宪审查机关;上述所谓"不适当"的各种规范性文件当然包括违宪的规范性文件。但是,无论是国务院还是地方权力机关、地方行政机关都没有宪法解释权,我国宪法的解释权属于全国人大常委会,而"宪法解释权是违宪审查权的前提,没有宪法解释权就无法审查规范性文件是否与宪法相抵触"。② 因而,这些规定实际上使我国行使违宪审查权的机关变得十分宽泛乃至含混不清,不利于实际操作,造成了违宪审查"齐抓共管,谁也不管"的局面。

在意大利,违宪审查的法定机关只有宪法法院,或者说只有宪法法院的 15 名法官,主体非常具体,责任非常明确,不会产生"都查或都不查"弊端。显然,

---

① 杨平.论我国违宪审查制度的完善[J].兰州:甘肃政法学院学报,2001(4).48.
② 王克稳.我国违宪审查制度建立的主要法律障碍[J].现代法学,2000(2).72.

我国要纠正"齐抓共管,谁也不管"的弊端,就应设立专门的违宪审查机构,以监督宪法的实施。虽然对设立专门机构的模式和名称存在着不同意见,但在全国人大之下设立独立行使职权的违宪审查专门机构的设想,得到了较多人士的赞同。① 在全国人大之下设立专门机构既能体现违宪审查机构崇高的法律地位,又和我国的政治体制相一致,保证了国家机关体系的统一性和协调性。违宪审查机构成员可由全国人大会议主席团提名,全国人大批准,国家主席任命。成员不应当只局限于全国人大代表,应主要由担任过国家政府机关官员、法官、检察官的人员和法律专家组成,除专家和学者外,当选后不得再兼任原来的公职。需要指出,这一机构的名称究竟是叫"宪法法院"还是"宪法委员会""宪法监督委员会""违宪审查委员会"或别的什么,则是另一回事——相对于违宪审查的制度建构而言,名称叫什么并不重要。该违宪审查机构任期也应长于人大,同时应采取定期部分更换的方式。至于职权,至少应为:(1)解释宪法。宪法解释权是违宪审查权的前提,如果违宪审查机构没有宪法解释权,就不可能对什么违宪加以理解和认定。当然,如果真有一天这样一个机构得以设立,那么为了避免与全国人大常委会的权限冲突,就应该取消全国人大常委会监督宪法实施及解释宪法的职权。(2)审查法律、行政法规、地方性法规、单行条例、自治条例和规章等规范性文件的合宪性并做出裁决。如果涉及全国人大制定的法律违宪的问题,须报全国人大以绝对多数票表决通过后生效。(3)裁决国家机关之间的权限冲突和争议。(4)对公民、社会团体、政党提起的涉宪诉讼做出裁决。

2. 违宪审查的制度化

在意大利,宪法第六章专门规定了"宪法的保障",以根本大法的形式确定了宪法法院的法律地位以及宪法的修改、宪法性法律等相应内容。但我国违宪审查制度的不完善之处除无专门机关外,也缺乏相关的一些必要制度,如宪法解释制度、宪法修改制度和违宪责任追究制度等等。我国宪法虽然赋予全国人大

---

① 不管这个机构为何名称,事实上名称只是个符号;在"符号"意义上,"宪法法院"和"宪法委员会"没区别,因为问题的焦点在且只在于该机构的实际权威是否足以支撑其担起违宪审查这一重任。当然,如果考虑到人们对"法院"一词的习惯性联想意义以及我国全国人大的常设机构和下设机构习惯使用"委员会"一词的现实情况,使用"宪法委员会"作为我国违宪审查机构的名称也不失为一个不错的选择。

常委会宪法解释权,但这项权力并没有真正得到行使。现行宪法虽对宪法修改机关、程序等都有所规定,但仍过于原则,不便操作。违宪责任追究制度也只停留在宪法原则性规定上,并未真正建立,使大量违宪现象得不到相应制裁,严重损害了宪法至上权威。同时,有关国家机关职权行使没有具体化,容易造成不同部门之间职权分工的交叉或空白,在部门利益的驱动下,不同机关往往会发生权限争议,发生权限争议后又无法解决,这不能不说是我国宪法监督制度的一大漏洞。另外,违宪审查主要限于对抽象违宪行为的审查,即对法律、法规等规范性文件的审查,而对国家机关及其工作人员、各政党和社会团体、企事业组织以及全体公民行为的合宪性进行审查,由于相关法律不健全,缺乏相应的政治、行政、法律责任形式,也没有可操作的程序,因而在现实生活中往往形同虚设。

当然,我们真正把意大利宪法法院模式作为宪法监督模式参照之一,首先必须跨越一个思维定势:就像把"宪政"与"西方"习惯性捆绑一样,说到"法院"人们马上想到的也是各种审理裁决民事、刑事、行政案件的普通法院并由此不假思索地坚决反对。也就是说,在宪法监督意义上,我们所讲的"法院"不过是一个借用名称、一个符号而已,此"法院"非彼"法院"。一言蔽之,对意大利违宪审查制度的考查研究,我们关注的重点应该是意大利违宪审查制度给了我们哪些启迪,而不是违宪审查机构的名称是什么。

第四节　中法宪法监督(违宪审查)比较

当今世界,除英国因采用不成文宪法和议会至上原则而没有也不可能有独立于议会意义上的违宪审查制度之外,其他几乎所有实行宪政的西方国家都建立了自己的违宪审查制度。可以说,没有违宪审查,就没有法治权力秩序,就没有人民的自由。缺少有效的保障措施,宪法规定不论多么完善,都终将变成一纸空文。我国"八二宪法"的第四次修改,虽有许多可圈可点之处,但缺憾也显而易见——未写入"违宪审查",亦未完善有关宪法监督的规定。然而,在"依宪治国"越来越成为主流法律意识的当代中国,包括违宪审查在内的宪法监督制度的完善和发展毕竟是大势所趋。违宪审查制度的建立和宪法监督制度的启动运行涉及包括权力再配置在内的错综复杂的诸多问题,需要在理论上进行系统周密的论证和研究,以为未来的实践提供正确指导。宪法对我们而言是舶来品,宪政发源于西方,这是无可否认的事实。西方发达国家在宪政建设方面积累了丰富的经验,我们完全可以借鉴吸收、为己所用。

法国和中国同属大陆法系,①都有以成文法形式表现的宪法和基本法律,在法律渊源、法典编纂技术、适用法律技术等方面也有诸多共同点,故从比较法角度而言两国法律存在可比性,宪法和宪法监督制度亦然。对法国和中国宪法监督制度进行比较研究,有利于借"他山之石"在尽可能短的时间内完善我国的宪法监督制度,有利于实现我国违宪审查制度设计、运作的成本最小化。

一、形成发展的历史进程比较

就形式而言,中国近现代历史上并不缺少宪法,例如晚清的《钦定宪法大纲》、孙中山的《临时约法》、袁世凯的《天坛宪草》、国民党的《中华民国宪法》等等,但是它们从来没有真正实施,当然也没有给中国带来过真正意义上的依宪治国。1949年以来,我国先后于1954年、1975年、1978年、1982年颁行了四部宪法。1982年宪法即现行宪法,到2004年3月,该宪法已经进行了四次修改。就1949年以来历史而言,我国宪法监督制度的发展主要经历了以下几个阶段。(1)"立法解释"阶段。1954年宪法规定,全国人大有权"监督宪法的实施";全国人大常委会有权"解释法律"以及"撤销国务院的同宪法、法律和法令相抵触的决议和命令"。(2)"宪法解释"阶段。1978年宪法规定,全国人大有权"监督宪法和法律实施";全国人大常委会有权"解释宪法和法律,制定法令"以及"改变或撤销省、自治区、直辖市国家权力机关的不适当的决议"。(3)宪法解释与"违宪撤销"相结合阶段。1982年宪法明确规定,全国人大常委会有权"解释宪法,监督宪法的实施"、"撤销国务院制定的同宪法、法律相抵触的行政法规、决定和命令"。可见,1982年宪法通过将宪法解释与"违宪撤销"相结合的方式,将宪法监督制度向前推进了一步。但是1982年宪法仍然没有明确规定全国人大及其常委会制定的违反宪法的法律的撤销与审查问题。因此,中国现行

---

① 虽有人反对将中国归入大陆法系,但有两点不可否认:其一,从法律渊源、法典编纂形式、适用法律技术等诸方面考察中国法律体系具有大陆法系的基本特点;其二,"礼法结合、家族本位"的传统中华法系清末已寿终正寝。

宪法监督制度仍然还不健全。较之于法国,我国宪法监督制度没有专门的机构,没有专门的组织法,立法机关置于监督之外,①所以长期处于初级发展阶段而难以有效发挥其应有的作用。

法国也是宪法变更频繁的国家。从 1791 年到 1958 年,法国出现了 11 部正式宪法。② 在法国,宪法委员会是专门的宪法监督机构,它的形成和发展大致经历了三个阶段——法国宪法委员会萌芽于波拿巴时期、形成于第四共和国时期、完善于第五共和国时期。(1)"波拿巴"时期。大革命初期,制宪会议可以解释法律是否违宪。③ 1793 年宪法规定元老院对五百人院未依宪法规定形式做出的决议可以拒绝采纳。1799 年,拿破仑·波拿巴授意西耶斯主持制定的新宪法正式确认元老院为审查法律是否违宪的机关,被元老院认为是违宪的法律不得公布。(2)第四共和国时期。1946 年宪法规定设立宪法委员会行使监督宪法实施之权。然而,该宪法确立的责任内阁制政体使宪法委员会这类机构在稳定国家政治方面的作用难以发挥。国民议会提出对内阁的不信任案获得过半数票通过后政府就必须辞职,此即国民议会的独有倒阁权。④ (3)第五共和国时期。1958 年宪法完善了宪法委员会体制,使宪法委员会成为组织完整、职能明晰、富有权威性的真正的司宪机构。具体说:第一,在宪法委员会成员的任命上较之于 1946 年宪法规定更体现任命权的均衡。第二,有关宪法委员会成员的辞职和继任者任命的规定更趋合理。第三,宪法委员会主席的作用明显提升。当宪法委员会成员在表决时出现赞成和反对票相等时,主席意见具有决定意义。

由以上对中法宪法监督制度形成和发展历史的比较可见,两国都经历了宪法的频繁变动阶段,但法国宪法监督制度早于中国且以限制立法机关权力、保持各国家机关权力平衡为主线。

二、赖以建立的法理依据比较

我国现行宪法监督模式的理论依据是"议行合一"和"民主集中"。"议行合

---

① "监督"就其本意而言,监督者和被监督者不应当是同一主体,所以我们不赞同"自我监督"之类的悖论。在某种意义上该悖论成为我国宪法监督制度长期裹足不前的观念障碍之一。

② 也有人称 15 部宪法,原因是将 1960 年、1962 年、1963 年、1974 年对 1958 年宪法的 4 个修正案视为 4 部宪法。

③ 何勤华.外国法制史[M].北京:法律出版社,1997.311.

④ 赵宝云.西方五国宪法通论[M].北京:中国人民公安大学出版社,1994.244.

一"理论制度化的体现是我国宪法第三条第三款:"国家行政机关、审判机关、检察机关都由人民代表大会产生,对它负责,受它监督"。"人大"被赋予很高的法律地位,而在实际运作中"人大"又不具有很高权威。于是,宪法监督和违宪审查制度也就不能实际运行,因为没有谁能够审查"人大"通过的法律违宪与否。我国现行宪法监督模式的另一个理论依据是导源于苏联的民主集中制。民主集中制既强调集中又强调民主,一直被视为社会主义制度的基本原则。因此,所有的社会主义国家都确立了民主集中制原则,由最高权力机关行使宪法监督和违宪审查权。从实质上来说,社会主义国家的最高权力机关行使违宪审查权和资本主义国家立法机关行使违宪审查权的理论渊源"议会至上"是不同的,二者只不过形式相近而已。

分权学说和社会契约论是法国宪法委员会监督议会立法是否合宪的法理依据。(1)分权学说影响了宪法委员会监督模式的形成。法国是遵循分权原则的国家,1789年《人权宣言》宣称:"任何社会,如果权利无保障或分权未确立,就没有宪法。"①此原则在法国各部宪法中都有一定程度的体现。宪法将国家权力分别授予立法、行政、司法机关,并且在立法机关内部也进行一定程度的分工。(2)社会契约论推动了法国宪法监督模式的形成。卢梭在《社会契约论》中完整地阐述了他的主权理论和人民主权原则:"代表主权的意志是一个整体。这一意志要么是公共的,要么不是公共的;要么是人民共同体的,要么仅是一部分人的。在前者,这种意志一经宣示就成为一种主权行为,并且构成法律。在后者,只是一种个别意志或行政的权力,至多是一道命令而已。"②

制宪权的最高地位以及与立法权的分离导致监督宪法实施的权力成为传统三权之外的独立权力。法国宪政实践也证明,制宪权与立法权是明确区分的。宪法在制定程序上体现了相对于议会立法的高级法地位。从社会契约论的观点看,1958年宪法是社会公意的体现,是民众直接参与的结果。制宪权从本质上来说是不受任何限制的,而立法机关的立法权(包括一定程度上修改宪法的权力)则是来自宪法的授权。在制宪权最高的理论下,立法机关、行政机关和司法机关在本质上都是作为主权者的人民委托行使主权权力的机构,本身并不能就

①　叶志宏.外国著名法典及其评述[M].北京:中央广播电视大学出版社,1987.288.
②　(转引自)李龙.西方法学名著提要[M].南昌:江西人民出版社,1999.177.

此被认为是主权者。因此,议会行使权力并不总是正确的和符合宪法的,在法国历史上,议会与司法机关一样常常很难获得民众的普遍和绝对的认同,这为设置专门机构限制议会立法权提供了现实基础。

　　由以上法理分析可见,法国宪法委员会监督模式基于分权制衡原则和社会契约论而建立,我国的人大及其常委会模式的理论依据是议行合一和民主集中原则。

三、宪法监督机构性质比较

　　在我国,全国人大是最高国家权力机关,所有其他国家机关都由它产生并对它负责,它的常设机关是全国人大常委会。作为法定的宪法实施的监督机关,全国人大及其常委会与法国宪法委员会不同:(1)它首先是立法机关而不是独立于立法机关之外"对准立法机关的一门大炮"。1982 年宪法第五十八条"全国人民代表大会和全国人民代表大会常务委员会行使国家立法权"的规定就充分地说明了其性质。(2)它不是专职的宪法实施监督机关,在 1982 年宪法第六十二条所列全国人大行使的 15 项职权中,涉及"监督宪法的实施"的只有 1 项;第六十七条所列全国人大常委会行使的 21 项职权中,涉及"监督宪法的实施"的只有 3 项。(3)它的代表资格无特殊要求。1995 年修订的《中华人民共和国全国人民代表大会和地方各级人民代表大会选举法》第三条规定:"中华人民共和国年满十八周岁的公民,不分民族、种族、性别、职业、家庭出身、宗教信仰、教育程序、财产状况和居住期限,都有选举权和被选举权。依照法律被剥夺政治权利的人没有选举权和被选举权。"由此看来,作为兼职的宪法实施监督机关,全国人大在代表资格上没有专业性和其他硬性指标要求。但是,与法国宪法委员会在性质上的相同之处在于两者都不是司法机关。

　　由于宪法委员会在行使监督宪法实施的权力、判断特定法案是否违宪等都是依法定程序以判决的形式作出决定的,所以宪法委员会在性质上属于政治机关还是司法机关常有争议。笔者认为,与普通法院相比较,宪法委员会在体制上所体现出来的更多的是它作为政治机关的独特性。(1)普通法院法官的任命,非常看重拟任命法官的法律专业背景,法官遴选有着近乎苛刻的硬性指标,且要求法官在政治立场上保持中立。宪法委员会成员遴选资格并无法律专业资格的硬性要求,相反却十分看重成员的政治资历;宪法委员会成员的任命权也刻意保持总统、国民议会、参议院各方面力量的平衡——由它们各任命三分之一,经任命的成员有任期限制而且不能连任。可见,宪法委员会在成员资格要求、任命权分配以及活动范围等诸方面体现出明显的政治性。(2)普通法院的法官在行使审判权时,地位平等,没有高下之分。然而,宪法委员会行使职权时并没有完全实现各位成员意见的平等性,而是使其具有了类似于行政机关或其他政治机关的一种官僚特征。从职权来看,宪法委员会也不是总统、总理及议会这三个主要政治机关的居中裁判者,而是用来限制议会的政治机关,所以宪法委员会被称为"一门对准议会的大炮"。(3)普通法院法官审理普通争议诉讼,居中裁判,唯"法"命是从,不会倾向于任何政治势力。然而,宪法委员会在处理争议时具有明显的倾向性,难于保持司法机关那种应有的独立地位。如在全民公决时,政府可以向宪法委员会进行咨询,宪法委员会咨询意见对政府具有一定的约束力。(4)宪法委员会的工作程序虽有司法的某些形式,但更多体现的是政治机关的特点。普通法院在行使司法权时遵循"不告不理"的原则,而宪法委员会却可以主动地介入有关事项。(5)在宪法委员会裁决的法律效力和历史传统等方面也体现了其政治机关的特点。普通法院的判决就其效力而言,仅仅是对特定当事人有直接约束力,而不具有普遍约束力。但法国宪法规定,宪法委员会的裁决对一切国家机关都有约束力。

由以上可见,宪法委员会属于旨在限制立法机关权力的政治机关,是行使宪法监督和违宪审查权的专门机关,而全国人大及其常委会属于立法机关,兼而行使监督宪法实施之职能。

四、宪法监督职能内容比较

我国现行宪法中有关全国人大及其常委会"监督实施宪法"的规定十分简单,如前所述:在1982年宪法第六十二条所列全国人大行使的15项职权中,涉及"监督宪法的实施"的只有1项;第六十七条所列全国人大常委会行使的21项职权中,涉及"监督宪法的实施"的只有3项。与法国宪法委员会相比,我国全国人大及其常委会有关宪法监督的规定过于笼统,既没有关于"监督宪法"的外延说明,没有"解释宪法"的情形、方式,也没有明确"违宪审查"的概念和具体实施机构。例如,依照《中华人民共和国立法法》规定,任何国家机关和社会团体、企业事业组织以及公民认为行政法规、地方性法规、自治条例和单行条例同宪法或者法律相抵触的,都可以向全国人民代表大会常务委员会书面提出进行审查的建议,由常务委员会工作机构进行研究,必要时可以送有关的专门委员会进行审查、提出意见。那么,向全国人民代表大会常务委员会的哪个部门书面提出进行审查的要求? 有关的专门委员会进行审查的依据是什么? 审查后提出的是意见而非裁决,则其法律效力如何? 被认为"违宪"的法律法规的效力是明示终止还是默示终止? 依何具体程序? 这些重要问题,都没有明确规定。所以,整体看来,我国现行宪法及立法法中关于宪法监督的规定可操作性差。

法国宪法委员会监督的内容可以归纳为:(1)审查议会通过的法案是否合宪。第一,各组织法及议会两院的规章在施行以前都必须提交宪法委员会审查,宪法委员会应就其是否符合宪法作出裁决。第二,各法案在公布前可以由共和国总统、总理或者议会两院中的任何一院议长提交宪法委员会进行审查。但是,宪法委员会的审查范围也受到法律的限制,即宪法委员会不能审查全民公决形成的法律和议会通过的宪法性法律。(2)裁决政府与议会之间的权限争议。1958年宪法第三十四条将立法权在议会与政府之间进行了划分。这种划分有可能产生争议,即对某一事项,议会和政府都认为应当或不应当由其作出规定而产生互相争权或互相推诿的情况。此时,宪法委员会有权仲裁政府和议会关于"一般原则"和"条例性质"法律界限的争讼。① (3)裁决国际条约的合宪性。某一国际条约签署之前,应总统、总理、国民议会议长、参议院议长的请求,宪法委员会可以审查该条约是否符合法国宪法并作出裁决。(4)监督选举的合法性。第一,监督共和国总统选举以及其他选举的合法性。选举前,对候选人是否具备法定条件进行审查;选举中,派员到各地巡视,监督选举合法进行;选民投票结束后,受理有关投票的诉讼并进行审理和公布投票结果。第二,裁决选举争议。国民议会议员和参议院议员的选举称为立法选举,有关争议由宪法委员会受理。(5)监督总统行使权力。第一,制约总统紧急命令权的行使。总统宣布国家处于紧急状态并采取了相应措施时,宪法委员会得参与决策。第二,确认总统因故不能视事。总统不论因任何原因缺位,经宪法委员会以其成员的绝对多数确认总统发生"故障"时,由参议院议长临时行使总统职权。这种规定在于保障总统职位的连续性和合法性,不致在总统发生变故时造成政治

---

① 林榕年.外国法制史新编[M].北京:群众出版社,1994.305.

上的混乱。

以上可见,较之于我国的全国人大及其常委会,法国宪法委员会的监督职能更广泛、具体,有关规定可操作性强。

五、两种模式的实效比较

我国宪法监督制度从形式特征看,应当属于立法机关监督模式。由立法机关行使违宪审查权的范围包括国家立法机关的立法、行政法规、地方性法规。该监督模式最大的优点在于它的权威性和有效性,从而保证了立法机关制定的法律得以更有效地贯彻和执行。但是,这种模式的缺点也显而易见:(1)不能克服代议制的固有缺陷。宪法是人民意志的完全反映,而立法机关只不过是民意代表机关,代表的意志难免和人民的意志发生冲突。此时,若由代表自己来判断其意志是否违宪,势必造成这种宪法监督、违宪审查机制形同虚设。正如麦迪逊所说:"没有一个人被准许审理他自己的案件,因为他的利益肯定会使他的判断发生偏差,而且也可能败坏他的正直为人。由于同样理由,不,由于更充分的理由,人的团体不宜于同时既做法官又做当事人。"①(2)违宪审查主体和对象混同导致审查不力。这种监督模式的实质是立法机关自己审查自己,失去了违宪审查的真正意义。因此,立法机关对其自身颁布的法律进行自我监督是毫无意义的,无异于一个人用手来监督大脑,也就是说,违宪审查主体和对象混同,这必然导致审查不力。另外,立法机关是最高权力机关,权力集中,立法机关成员要处理的事情很多,没有更多的时间和精力进行违宪审查;召开议会或者代表大会都要求一段时间间隔,但违宪事件的发生却是不分时间的,这也造成了宪法监督和违宪审查的困难。

宪法委员会由于其在宪法监督体制上的独特性,被视为四种宪法监督模式之一。显然,这种模式有其存在的合理性和科学性的一面,但更多地带有法国历史传统和政治实践的烙印。(1)事前审查之利弊。宪法委员会审查对象不是已生效的法律,而是未生效的法案,所以这是一种预防性审查,以防患于未然为其主要目标。其优点是:避免了国家对因违宪而被宣告无效的法律在适用期间给公民造成的影响而承担何种责任这一实践难题。但是,法律是否违宪在不同时

---

① 肖泽晟.宪法学——关于人权保障与权力控制的学说[M].北京:科学出版社,2003.434.

代可能会得出不同的结论,宪法委员会显然不能够将法律是否违宪置于更加广泛的时空来审视。(2)解决权限争议之利弊。解决国家机关之间的权力争执是政治稳定的重要手段,也是宪法实施监督机构的职责。法国宪法委员会在解决政府与议会之间的权限争议、保证政府的稳定性与连续性方面有明显的作用。从宪法规定看,宪法委员会主要制约议会的立法权,而对行政权和地方政府的权力并不过多干涉。但是,宪法委员会在总理与总统之间发生权限争议时却无能为力。(3)公民权利保障体制之利弊。法国受大革命时期天赋人权思想的影响,对公民权利的保障是比较重视的。宪法委员会在议会立法正式通过生效前对法案的合宪性进行审查,可以阻止违宪的法案生效,起到维护公民权利的作用。但是,有资格向宪法委员会提起对法案合法性进行审查的请求者仅限于共和国总统、总理、参议院议长、国民议会议长、60 名参议院议员、60 名国民议会议员的联合,而将权利易受违宪法律侵犯的公民排除在外,这显然有悖于近现代公民权利保障之精神。

　　概而言之,两种模式各有利弊,但总体看法国宪法委员会在违宪审查、保障公民权利方面发挥着较大的作用,而我国宪法监督制度缺乏实效性。

六、建立我国的"宪法委员会"

　　违宪审查制度存在的前提是宪法争议的存在,而宪法争议作为法律争议的一部分,其处理和解决至少必须遵守一般法律争议的处理规则包括程序规则。"既然宪法的法律程序是合法的,其结构又是完整的,宪法也理所当然地具有直接法律效力。"①在我国,宪法争议不能进行诉讼,使宪法争议无法解决,从而使宪法的最高法律效力大打折扣。人民法院对于宪法争议实际上采取了回避的态度,使大量侵犯公民权利、超越职权的规范性文件畅通无阻。一般认为,宪法不能进入诉讼的法律依据是最高人民法院在 1955 年和 1986 年的两个司法解释,②它使得"宪法不能进入诉讼"几十年来成为我们的思维定势,但社会生活和国家生活并不因此而不产生宪法问题和宪法纠纷,相反,随着社会经济的发展、

---

① 　李步云.宪法比较研究[M].北京:法律出版社,1998.177.

② 　现在已经有学者对最高人民法院在 1955 年和 1986 年的两个司法解释进行分析,认为法院对这两个司法解释有认识上的错误,我国实际上没有"宪法不能进行诉讼"的明确规定。(王振民.我国宪法可否进入诉讼[J].武汉:法商研究,1999(5).28—36.)

文明的进步,宪法争议会越来越多,我们无法继续回避这一问题。

　　前面我们讨论过"移送审查"制度——司法机关向全国人大常委会"移送审查"其认为可能违宪的法律法规——但是,对于依宪治国的长远目标而言,"移送审查"不过是权宜之计,它不可能形成依宪治国之稳定坚实的制度支撑。我国法学界对构建符合中国国情的宪法监督制度进行了广泛而深入的讨论,形成了各种有代表性的观点,此处不一一赘述。

　　笔者认为,在宪法监督和违宪审查的体制上,专门机构模式在欧洲国家的成功实践是值得我们认真思考的。作为一种政治性机构,宪法委员会模式在组织形式上比较灵活、富有弹性,更易于与我国的政治体制相融合。我们可以考虑在全国人民代表大会下设立独立的宪法委员会(也可称为宪法监督委员会),把最高国家权力机关的宪法监督与宪法委员会的专门机构违宪审查制结合起来,实行以宪法委员会的专门机构审查为主的体制。

　　我国"宪法委员会"的框架建构,应考虑以下问题:(1)监督主体。监督主体应由立法机关与相对独立的专门机关"宪法委员会"(我们暂且如此称之)构成。宪法委员会成员可由国家元首与"一府两院"协商后提名,经全国人大全体会议表决决定。宪法委员会成员一经任命,非经法定程序,任何机关、组织或个人不得罢免或撤换。(2)权力范围。宪法委员会监督权力的范围具体则应包括全国人大各专门委员会也享有的审议权、监督权、提案权和建议权;只有专门机关享有的事前审查权、事后审查权、违宪议案初审权、特别调查权、宪法解释权、提案权和咨询权;强制性建议权和司宪权。(3)监督对象和内容。应包括两类:其一是法律、法规;其二是特定个人(包括国家主席、总理、各部部长和司法官员)侵犯公民宪法权利的行为。(4)审查程序。审查规范性文件或受理宪法诉讼一般要经过提起、受理、准备、审议、表决和公布几个环节。(5)审查效力。宪法委员会对规范性文件进行的抽象性审查所形成的结论性意见具有强制效力。该项意见自动列入立法机关的议程,如果立法机关不能以三分之二以上多数予以否决,那么宪法委员会的意见自动生效。立法机关应据此修改其所制订的法律法规。

　　我国"宪法委员会"框架建构的可行性在于:(1)该模式既不悖于我国现行政治体制,又能很好兼顾改革与发展的客观要求。"完善我国的违宪审查制度固然应从我国的国情出发,与我国依宪治国的基本制度和基本理论相衔接,然而也必须充分考虑它的有效性。"①如果忽略了我国实际依宪治国状况,背离了现行政治体制,则任何模式选择和设计方案在政治体制改革没有实质性进展的情况下都是纸上谈兵。(2)宪法委员会模式具有与我国政治体制和文化传统的兼容性。宪法委员会模式所体现的宪法至上观念、违宪审查机构专门化、审查机构的组织和审查内容的政治性和司法性结合的特点以及审查方式的多样化等等,反映了当今宪法监督和违宪审查制度发展的客观要求,是可以与我国的政治体制和文化传统相兼容的。(3)宪法委员会模式有利于从总体上减少"违宪黑数"。最高权力机关及其常设机关所通过的法律是否可能发生违宪?没有人能否认这种可能性,尽管迄今为止没有哪一件法律法规被宣布"违宪",但这不等于不存在违宪的法律法规。显然,一方面违宪"黑数"客观存在,一方面我们的宪法监督和违宪审查制度实际并未运行,这一矛盾如何解决?建立独立的专门机构进行宪法监督、行使违宪审查权无疑是最具实效性的选择。

必须正视的是,即使全国人大下设独立的宪法委员会这一构想得以实现,实际运作过程中必然也会遇到这样的追问和难题:全国人大制定的法律有无可能违宪?理论上说,答案是肯定的。那么,如果这样,谁去"纠偏"?② 从法律地位上讲,宪法委员会是"下级",下级机关纠正上级机关制定的法律或作出的决定,根本没有可能。这一难题的化解,显然有赖于我国政治体制改革的深化——在此进程中逐步被认识、被重视、被解决。总之,在全国人大下设宪法委员会作为独立的违宪审查机构,只是一种在学术层面对我国依宪治国的探讨,违宪审查制度建设不可能一蹴而就,它必然要经历一个长期的实践探索过程。

依法治国的关键是依宪治国。"如果宪法权威得不到维护,不可能建立法治国家的基础,建设法治国家的进程也会受到阻碍。因此,建立完善的宪法监督制度是建设法治国家的基础和核心。"③从这个意义上说,依宪治国是法治的试

---

① 罗豪才等.资本主义国家的宪法和政治制度[M].北京:北京大学出版社,1997.4.
② 理论上讲,仍有"全民公决"这一途径可供"纠偏"。但是,我国既无"全民公决"的历史经验和思想基础,也无"全民公决"的宪法设计;违宪时时有,"全民公决"却不能时时发动。由此观之,"全民公决"只能是一种抽象的可能性而已。
③ 韩大元.宪法学专题研究[M].中国人民大学出版社,2004.247.

金石,而宪法监督制度是依宪治国的盾牌。能否建立和完善我国的宪法监督和违宪审查制度,是能否将我国建设成为社会主义法治国家的关键。达成此目的,本土法治资源是重要的,外来宪政经验同样是重要的。

主要参考文献

一、时事文献

习近平.更加科学有效地防治腐败　坚定不移把反腐倡廉建设引向深入[N].北京:人民日报,2013-01-23 第 1 版.

中共中央宣传部.习近平总书记系列重要讲话读本[M].北京:人民出版社,2014.

中共十八届三中全会公报[N].上海:东方网,2013-11-12.

中共中央关于全面推进依法治国若干重大问题的决定[J].北京:求是,2014(21).

习近平.在首都各界纪念现行宪法公布实施 30 周年大会上的讲话[N].北京:人民日报,2012-12-05.

习近平.关于《中共中央关于全面推进依法治国若干重大问题的决定》的说明[J].北京:求是,2014(21).

二、经典著作

马克思恩格斯全集(第 1 卷)[M].北京:人民出版社,1956.

马克思恩格斯选集(第 2 卷)[M].北京:人民出版社,1995.

马克思恩格斯选集(第 3 卷)[M].北京:人民出版社,1972.

列宁全集(第 12 卷)[M].北京:人民出版社,1987.

列宁选集(第 32 卷)[M].北京:人民出版社,1985.

孙中山选集[M].北京:人民出版社,1957.

孙中山选集(下)[M].北京:人民出版社,1981.

邓小平文选(第 2 卷)[M].北京:人民出版社,1994.

邓小平文选(第 3 卷)[M].北京:人民出版社,1993.

中国大百科全书(法学卷)[M].北京:中国大百科全书出版社,1984.

[英]David.M.Walkker 著李双元等译.牛津法律大词典[M].北京:光明日报出版社,1989.

(古希腊)亚里士多德著吴寿彭译.政治学[M].北京:商务印书馆,2013.

[英]洛克著叶启芳等译.政府论(下)[M].北京:商务印书馆,1981.

[英]约翰·奥斯丁著刘星译.法理学的范围[M].北京:中国法制出版社,2002.

[英]米尔恩著王先恒等译.人权哲学[M].北京:东方出版社,1991.

[英]哈耶克著王明毅等译.通往奴役之路[M].北京:中国社会科学出版社,1997.101.

[英]密尔著,程崇华译.论自由[M].北京:商务印书馆,1982.

[英]罗杰·科特威尔著潘大松译.法律社会学导论[M].北京:华夏出版社,1989.

[英]阿克顿著侯健等译.自由与权力[M].北京:商务印书馆,2001.

[英]劳特派特修陈健等译.奥本海国际法[M].北京:商务印书馆,1981.

[英]罗德里克·马丁著丰子义、张宁译.权力社会学[M].三联书店,1992.

[英]梅因著沈景一译.古代法[M].北京:商务印书馆,1959.

[英]卡尔·波普尔著郑一明译.开放社会极其敌人[M].北京:中国社会科学出版社,1998.[法]孟德斯鸠著张雁深译.论法的精神[M],北京:商务印书馆,1995.

[法]J.马里旦著霍宗彦译.人和国家[M].北京:商务印书馆,1964.10.

[德]康德著沈叔平译.法的形而上学[M].北京:商务印书馆,1991.

[爱]J.M.凯利著王笑红译.西方法律思想简史[M].北京:法律出版社2002.

[美]J.伯尔曼著梁治平译.法律与宗教[M].北京:中国政法大学出版社,2003.

[美]潘恩著吴运楠等译.潘恩选集[M].北京:商务印书馆,1981.

[美]约翰·罗尔斯著何怀宏等译.正义论[M].北京:中国社会科学出版社,2013.

[美]博登海默著邓正来姬敬武译.法理学——法哲学及其方法[M].北京:华夏出版社,1987.

[美]克特·W.巴克著南开大学社会学系译.社会心理学[M].天津:南开大学出版社,1986.

[日]室井力著吴微译.日本现代行政法[M].北京:中国政法大学出版社,1988.

梁启超.梁启超政论选[M].北京:新华出版社,1994.

龚祥瑞.比较宪法与行政法[M].北京:法律出版社,2003.

三、国内著述

白桂梅.法治视野下的人权问题[M].北京:北京大学出版社,2003.

曹众.对宪法敬而远之即为亵渎[J].兰州:人大研究,2015(1).

陈道英.试论我国协作型宪法实施机制之构建[J].昆明:法制与社会,2012(7).

陈桂明.诉讼公正与程序保障[M].北京:法律出版社,1996.

陈弘毅.法治、启蒙与现代法的精神[M].北京:中国政法大学出版社,1998.

法学教材编辑部.西方法律思想史资料选编[M].北京:北京大学出版社,1983.

葛洪义.法理学[M].北京:中国政法大学出版社,1999.

郭道晖.立宪之后贵在行宪——实行依宪治国[J].北京:理论视野,2015(1).

郭道辉.毛泽东邓小平治国方略与法制思想比较研究[J].北京:法学研究,2000(2).

韩大元.论宪法在法律体系建构中的地位与作用[J].哈尔滨:学习与探索,2009(5).

韩大元.略论宪法正当性[J].上海:上海法学,1995(2).

韩大元.宪法学专题研究[M].中国人民大学出版社,2004.

郝铁川.论中国社会转型时期的依法治国[J].北京:中国法学,2000(2).

何华辉.比较宪法学[M].武汉:武汉大学出版社,1988.

何勤华.西方法学史[M].北京:中国政法大学出版社,1996.

何勤华.外国法制史[M].北京:法律出版社,1997.

季卫东.程序比较论[J].北京:比较法研究,1993(1).

江伟.中国民事诉讼法专论[M]北京:中国政法大学出版社,1998.

姜明安.坚持依法治国首先要坚持依宪治国[J].北京:中国司法,2014(12).

荆知仁.宪法变迁与依宪治国成长[M].台北:台湾正中书局,1979.

李步云.宪法比较研究[M].北京:法律出版社,1998.

李步云.依法治国重在依宪治国[J].北京:中国人大,2002(17).

李步云.中国法治历史进程的回顾与展望[J].上海:法学,2007(9).

李非.富与德[M].天津:天津人民出版社,1999.

李龙.法理学[M].北京:人民法院出版社、中国社会科学出版社,2003.

李龙.西方法学名著提要[M].南昌:江西人民出版社,1999.

林榕年.外国法制史新编[M].北京:群众出版社,1994.

刘博识等."依宪治国"在依法治国中的核心作用[J].兰州:人大研究,2015(1).

刘茂林等.论宪法的正当性[J].武汉:法学评论,2010(5).

罗豪才.现代行政法的平衡理论[M].北京:北京大学出版社,2003.

罗豪才等.资本主义国家的宪法和政治制度[M].北京:北京大学出版社,1997.

罗玉中等.人权与法制[M].北京:北京大学出版社,2001.

吕世伦.法理念探索[M].北京:法律出版社,2002.

马长山.国家、市民社会与法制[M].北京:商务印书馆,2002.

莫于川等.贯彻四中全会精神、提高地方立法质量[J].南阳:南都学坛,2015(1).

秦强."宪法母法说"的理论形态及其价值转变[J].济南:山东大学法律评论,2008(7).

邵津.国际法[M].北京:北京大学出版社、高等教育出版社,2000.

沈宗灵.现代西方法理学[M].北京:北京大学出版社,1992.

苏力.法律活动专门化的法律社会学思考[J]北京:中国社会科学,1994(6).

田科.深化司法改革,实现司法公正[J].北京:人民司法2001(5).

汪进元.良宪论[M].济南:山东人民出版社,2005.

汪进元.良依宪治国:依法治国的核心[J].重庆:现代法学,2000(4).

汪全胜著.立法听证研究[M].北京:北京大学出版社,2003.

王克稳.我国违宪审查制度建立的主要法律障碍[J].现代法学,2000(2).

王兰翔等.举行立法听证会应采取积极又审慎的态度[J],兰州:人大研究.2004(7).

王磊.宪法的司法化[M].北京:中国政法大学出版社,2000.

王利民.司法改革研究[M].北京:法律出版社,2002.

王名扬.美国行政法[M].北京:中国法制出版社,1993.

王名扬.英国行政法[M].北京:中国政法大学出版社,1987.

王人博等.法治论[M].济南:山东人民出版社,1989.

王云飞.再论孙中山"五权宪法"[J].北京:中国法学,2003(5).

王振民.我国宪法可否进入诉讼[J].武汉:法商研究,1999(5).

王舟波.世纪脉搏[M].北京:中国书籍出版社,1998.

吴家麟.宪法学[M].北京:群众出版社,1983.

吴学义.法学纲要[M].北京:中华书局,1935.89.

夏勇.宪政建设政权与人民[M].北京:社会科学文献出版社,2004.

夏勇.走向权利的时代[M].中国政法大学出版社,2000,54.

肖泽晟.宪法学——关于人权保障与权力控制的学说[M].北京:科学出版社,2003.

谢明.宪法实施初探[J].武汉:湖北经济学院学报,2008(7).

馨元.宪法概念的分析[J].重庆:现代法学,2002(2).

徐显明.人权研究[M].济南:山东人民出版社,2000.

徐显明.人权研究[M].济南:山东人民出版社,2001.

徐秀义韩大元.法学原理(上)[M].北京:中国人民公安大学出版社,1993.

许崇德.中国宪法[M]北京:中国人民大学出版社,1996.

许崇德等.宪法学(中国部分)[M].北京:高等教育出版社,2005.

严存生.西方法律思想史[M].北京:法律出版社,2004.

杨平.论我国违宪审查制度的完善[J],兰州:甘肃政法学院学报,2001(4).

姚建宗.法治的多重视野[J].长春:法制与社会发展,2000(6).

叶志宏.外国著名法典及其评述[M].北京:中央广播电视大学出版社,1987.

俞可平.权利政治与公益政治[M].北京:社会科学文献出版社,2000.

俞可平.社群主义[M].北京:中国社会科学出版社,1998.

俞荣根.中国法律思想史[M].北京:法律出版社,2000.

张国华等.中国法律思想史纲[M].兰州:甘肃人民出版社,1984.

张宏生等.西方法律思想史[M].北京:北京大学出版社,1999.

张宏生.西方法律思想史[M].北京:北京大学出版社,1983.

张宏生等.西方法律思想史[M].北京:北京大学出版社,1990.

张宏生等.西方法律思想史[M].北京:北京大学出版社,2000.

张晋藩.中华法制文明的演进[M].北京:中国政法大学出版社,1999.

张懋等.法院独立审判问题研究[M].北京:人民法院出版社,1998.

张千帆肖泽晟.宪法学[M].北京:法律出版社,2008.

张文显.法理学[M].北京:高等教育出版社、北京大学出版社,2002.

章剑升.行政程序法学原理[M].北京:中国政法大学出版社,1994.

章剑生.行政程序法比较研究[M].杭州:杭州大学出版社,1997.

赵宝云.西方五国宪法通论[M].北京:中国人民公安大学出版社,1994.

赵峰.亚里士多德法治思想述评[J].北京:北京理工大学学报,2000(3).

赵娟.宪法是法律吗?[J].南京:南京社会科学,2014(7).

赵秀敏.宪政视野中的权力与权利关系[J].兰州:甘肃政法学院学报,2004(12).

周辅成.从文艺复兴到 19 世纪资产阶级哲学家政治思想家有关人道主义人性论言论选辑[M].北京:商务印书馆,1966.

周枏.罗马法原论(上)[M].北京:商务印书馆,1994.

周晓虹.现代社会心理学名著精华[M].南京:南京大学出版社,1992.

周叶中.宪法学[M].北京:高等教育出版社.2000.

朱晓青等.公民权利和政治权利国际公约及其实施机制[M].北京:中国社会科学出版社,2003.

四、英文文献

Henry Campbell Black.M.A, *Black's Law Dictionary*, 6thEd, St.Paul, Minn.: West Publishing Co., 1900

Edgar Bodenheimer, *Jurisprudence: The Philosophy and Method of the Law*, revised edition, Harvard University Press, 1981

Aristotle, *The Politics*(trans.by T.A.Sinclair), revised edition, Penguin Books, 1981

Montesquien, *The Spirit of Law* (tans. by Thomas Nugent), New York: Hafner Publishing Co., 1996

Rousseau, *On the Social Contract*(tans.by Donald A.Gress), Indianapolis Hackett Publishing Co., 1987

Kant, *The Philosophy of Law* (tans.by W.Hastie), Edinburgh: T.&T.Clark, 1987

Max Weber, *On Law in Economy and Society*(trans. by Edward Shils), Harvard University Press, 1954

Roscoe Pound, *Jurisprudence*, St.Paul, Minn.: West Publishing Co., 1959

John Rawls, *A theory of Justice*, Harvard University Press, 1971

Ronald Dworkin, *Taking Rights Seriously*, Harvard University Press, 1977

Ronald Dworkin, *Law's Empire*, Harvard University Press, 1986

后　记

　　断断续续的思考,写写停停,这部书算是完成了。

　　我的专业是法学理论,法学教育、法治、人权保障是我一直以来的学术兴趣所在。但是,由于工作太忙(当然,主要是因为我不是一个勤奋的人),这些方面的思考和写作没有"可持续发展",更谈不上什么建树。

　　2012年习近平总书记在纪念"八二宪法"颁行三十周年大会上讲话以及2014年党的十八届四中全会通过的《中共中央关于全面推进依法治国的决定》,激活了宪法,也重新激活了我思考和写作的冲动(此前曾有学者撰文鼓吹"宪政阴谋论""专政法治对立论"等使我迷茫停滞)。"宪法的生命在于实施,宪法的权威也在于实施。""依法治国,首先是依宪治国;依法执政,关键是依宪执政。"这些铿锵有力的表述,醍醐灌顶,构成了我思考与写作的方向。

　　本书涉及许多常见但争论颇多的概念,如法治、依宪治国、权力、权利、人权等。我的做法是,远远绕开各类定义之争,用最简短的文字给一个定义,然后直奔主题:以"依宪治国"为视角思考自己要探究的问题。当然,这些思考探究,不是系统全面的,而是"某些想法",所以我选择了以"专题研究"作为书名后缀。

　　2014年肇庆学院实施"创新强校"工程,我主持申报的《肇庆学院卓越法律人才培养机制》(项目编号:CQ2014008)获准立项,本书写作被推入快车道。

　　本书得以完成,首先要感谢我夫人苏海蓉,没有她不断地提醒和催促,没有她默默付出和支持,没有她营造的思考和写作环境,我的思考难以变成文字。感谢黎玉琴教授及政法学院同事的支持帮助。感谢李居全教授的指点,他给本书的体系结构提出了建设性意见。本书写作,也得到周庆国、淮芳、林珣、李自更、邹健等老师的帮助,一并感谢。

我不敢奢望这部书里的观点能得到很多赞许认同。但是,我已经准备好了绝对虚心地接受各种批评和指正,因为本书写作的目的是而且仅仅是"抛砖引玉"。

2015 年 4 月 13 日于广东肇庆

责任编辑：王世勇

图书在版编目（CIP）数据

依宪治国专题研究/祁建平 著. —北京：人民出版社，2016.7
ISBN 978 - 7 - 01 - 016444 - 1

Ⅰ.①依…　Ⅱ.①祁…　Ⅲ.①宪法-研究-中国②社会主义法制-建设-研究-中国　Ⅳ.①D920.4

中国版本图书馆 CIP 数据核字（2016）第 158775 号

依宪治国专题研究
YIXIAN ZHIGUO ZHUANTI YANJIU

祁建平　著

人民出版社 出版发行
（100706　北京市东城区隆福寺街99号）

环球东方（北京）印务有限公司印刷　新华书店经销

2016 年 7 月第 1 版　2016 年 7 月北京第 1 次印刷
开本：710 毫米×1000 毫米 1/16　印张：15.25
字数：257 千字　印数：0,001-2,000 册

ISBN 978 - 7 - 01 - 016444 - 1　定价：46.00 元

邮购地址 100706　北京市东城区隆福寺街99号
人民东方图书销售中心　电话 （010）65250042　65289539